요한 1,2,3서
유 다 서
강   해

가장 위대한 계명

요한 1,2,3서/유다서 강해
가장 위대한 계명
2015년 5월 20일 초판 1쇄 발행

지은이 | 김서택
펴낸이 | 박영호
펴낸곳 | 도서출판 솔로몬

주소 | 서울시 동작구 사당로 155, 신주빌딩 B1
전화 | 599-1482
팩스 | 592-2104
직영서점 | 596-5225

등록일 | 1990년 7월 31일
등록번호 | 제 16-24호

2015 © 김서택
Korean Copyright © 2015
by Solomon Publishing Co., Seoul, Korea

ISBN 978-89-8255-532-9   03230

저작권법에 의하여 한국 내에서 보호를 받는 저작물이므로
무단전재와 복제를 금합니다.

요한 1,2,3서 & 유다서 강해

가장 위대한 계명

김서택 지음

John 1.2.3 & Jude

차/례/

머리말

요한일서 01 (1:1-4) • 영원한 새 생명	009
요한일서 02 (1:5-10) • 하나님과의 사귐	025
요한일서 03 (2:1-6) • 가장 멋진 초대장	041
요한일서 04 (2:7-11) • 사랑의 계명	057
요한일서 05 (2:12-17) • 영적인 성숙단계	071
요한일서 06 (2:18-23) • 안티 그리스도	087
요한일서 07 (2:24-29) • 신앙의 뿌리	101
요한일서 08 (3:1-3) • 우리를 변화시킨 것	113
요한일서 09 (3:4-9) • 죄를 이기는 힘	129
요한일서 10 (3:10-18) • 미워하지 않기	143
요한일서 11 (3:19-24) • 영적 침체	157
요한일서 12 (4:1-6) • 영 분별하기	173

Contents

요한일서 13 (4:7-11) • 하나님은 사랑　　　　　　189
요한일서 14 (4:12-16) • 놀라운 연합　　　　　　203
요한일서 15 (4:17-21) • 사랑의 담대함　　　　　219
요한일서 16 (5:1-5) • 새로운 인생을 사는 사람　　233
요한일서 17 (5:6-12) • 세 가지 증거　　　　　　247
요한일서 18 (5:14-21) • 믿는 자의 확신　　　　　261

　　　　&

요한이서 (1:1-13) • 진리 안에 있는 사랑　　　　277
요한삼서 (1:1-15) • 축복의 비결　　　　　　　　293

　　　　&

유다서 01 (1:1-10) • 단번에 얻은 구원　　　　　309
유다서 02 (1:11-25) • 잘못된 결과　　　　　　　325

머리말

하나님의 말씀은 파면 팔수록 끊임없는 샘물과 같습니다. 처음에 우리가 성경을 읽고 설교할 때에는 어느 정도 성경을 잘 아는 것 같은데 시간이 지난 후에 보면 옛날에 자기가 좀 안다고 뽐내던 것이 너무 초보적이고 성숙하지 못했던 것을 알게 됩니다. 우리는 하나님의 말씀을 알면 알수록 더 인격적으로 깊어지며 하나님의 풍성한 능력 가운데 살아가게 됩니다.

요한일서는 사도 요한이 썼다고 알려져 있는데 그가 가장 강조했던 것은 사랑이었습니다. 그는 '하나님은 사랑이시라'(요일 4:16)는 위대한 말씀을 하셨습니다. 우리가 어떤 어려운 환경 가운데 있어도 하나님의 사랑만 확신할 수 있으면 두렵지 않습니다. 그리고 우리가 이 세상에서 돈이나 야망을 위해서 살지 않고 다른 사람을 많이 사랑했다면 죽음도 두렵지 않을 것입니다. 오늘 우리 시대는 미혹의 영들이 많이 나와서 교회나 성도들을 넘어지게 하고 있습니다. 우리가 하나님의 말씀을 붙들고 하나님의 사랑 안에 거하면 절대로 넘어지지 않을 것입니다.

이 책은 우리가 평소 잘 접하지 못하는 요한일, 이, 삼서와 유다서를 강해한 것입니다. 이 부족한 설교집을 통해서 목회자들과 성도들이 하나님의 말씀 속을 활보할 수 있기를 바랍니다. 그리고 이 설교집이 아름다운 책으로 출판되어 많은 분들이 읽을 수 있도록 수고하신 도서출판 솔로몬 박영호 사장님과 편집부 모든 직원들에게 깊이 감사드립니다.

김서택 목사

JOHN 1

요일 01
(1:1-4)

영원한 새 생명

　오늘 저희들이 이렇게 건강하게 살아 있다는 것은 너무나도 중요한 사실입니다. 만약 지금 우리가 죽어 있다면 이렇게 아름다운 하늘을 보지도 못할 것이며 친구나 사랑하는 사람도 만나지 못할 것입니다. 사람에게 가장 무서운 것은 '소외'입니다. 죽음은 사람을 영원히 소외시켜서 사랑하는 사람을 만날 수 없게 만듭니다. 그러나 사람들이 살아 있다 하더라도 살아가는 방식은 너무나도 다양한 것을 볼 수 있습니다. 어떤 사람은 살아있지만 병 때문에 병원 밖을 나가지 못하는 사람도 있습니다. 어떤 사람은 살아 있지만 죄를 지어서 감옥에 갇혀 쇠창살 안에 갇혀 있는 사람도 있습니다. 어떤 사람은 살아 있지만 야망과 욕심에 사로잡혀서 다른 사람은 일체 생각하지 않고 자기 이익만 위해서 살아가는 사람도 있습니다. 오늘 우리에게 중요한 것은 우리가 살아 있지만 과연 어떻게 사는 것이 진짜 산 것이냐 하는 것입니다.

예를 들어, 우리가 겨울에 높은 산에 올라갔는데 그만 길을 잃어버렸다고 합시다. 우리는 분명히 살아 있지만 이것은 온전히 살아 있는 것이 아닙니다. 우리는 친구들과 같이 비상식량을 먹기도 하고 서로 격려하면서 산을 오르기도 하고 내려가기도 하지만 지금 제대로 살아 있는 것이 아닙니다. 우리가 제대로 살아 있으려면 산에서 내려와서 안전한 지대까지 와야 하는 것입니다. 그러기 위해서 가장 중요한 것이 무엇일까요? 그것은 구조본부와 연락이 되어서 구조대의 도움을 받는 것입니다. 만약 조난을 당한 사람들이 다행히 구조 본부와 연락이 닿아서 구조대원이 조난당한 사람들에게까지 오게 되었다면 그 사람들은 살아난 것이나 마찬가지입니다. 이제 그들이 해야 할 것은 그 구조대원의 말만 듣고 따라가면 되는 것입니다.

우리는 이 조난당한 사람들의 이야기가 우리 신앙에서 결정적으로 중요한 비유라는 것을 알 필요가 있습니다. 왜냐하면 하나님께서는 이 세상에 사는 사람들 전체를 조난당한 사람으로 보고 계십니다. 물론 우리는 아직 살아 있습니다. 그리고 젊은 남녀가 사랑을 할 수도 있고 외국에 좋은 학교에 유학을 갈 수도 있습니다. 또 사업을 해서 성공할 수도 있습니다. 그러나 중요한 것은 죄에 빠진 인간들은 결국 지금 살아 있지만 그것은 살기 위한 본능적인 몸부림에 불과하고 죽은 후에는 영원한 심판이 있습니다. 그래서 우리 인간들이 진정으로 살 수 있는 유일한 방법은 이 세상에서 어떤 사상을 믿거나 혹은 종교적인 체험을 하는 것이 아니라 하나님이 보내신 구조대원의 말을 듣는 것입니다. 그러면 우리는 이 세상에 있지만 이미 생명을 건진 것과 같습니다.

많은 사람들은 요한일서를 진리의 서신이요, 사랑의 서신이라고 부릅니다. 그 이유는 요한일서가 기독교 진리의 핵심에 해당되는 진리를 증거하고 있기 때문입니다. 그리고 또 하나는 기독교가 바른 기독교가 될 때 나타나게 되는 사랑의 윤리에 대하여 말씀을 하고 있기 때문입니다. 요한일서의 핵심은 진정한 기독교의 정신은 하나님의 아들이 사람으로 오셔서 우리의 죄를 용서받게 하신 것과 하나님의 사랑입니다.

초대 교회 때에는 이미 여러 가지 거짓된 진리들이 나타나고 있었습니다.

그 중에서도 교회에 가장 큰 피해를 주고 있는 사상이 영지주의라는 이단이었는데 이 이단은 대단히 신비적인 것을 추구하면서 인간의 영혼은 숭고하지만 육체는 추하고 더럽다고 주장을 했습니다. 그래서 사람들은 이런 사상에 빠지면 빠질수록 현실 생활을 등한히 하고 자꾸 신비주의에 빠지려고 했습니다. 더욱이 이런 사상의 영향을 받은 자들이 교회 안에도 나타났는데 그들은 예수님이 하나님의 아들이라면 추한 육체로 이 세상에 오셨을 리가 없고 또 육체로 부활했을 리가 없다는 식으로 선전을 했습니다. 즉 이들은 예수님이 영으로 이 세상에 오셨을 뿐이지 육체로 오신 것은 아니라는 것입니다. 그러나 만일 그리스도께서 육체로 오시지 않으시면 인간의 죄는 해결이 되지 않습니다. 그리고 그리스도께서 육체로 부활하시지 않으셨다면 우리는 이 세상을 믿음으로 살 수가 없습니다. 우리가 이 세상에서 하나님의 말씀대로 살아야 하는 이유는 그리스도께서 육체로 부활하심으로 우리에게 새로운 생명을 주셨기 때문입니다.

그래서 요한일서의 핵심은 두 가지로 말할 수 있습니다. 즉 우리 믿는 사람들은 바른 진리를 붙들어야 한다는 것입니다. 바른 진리를 붙들지 않으면 능력 있는 삶을 살 수 없지만 바른 진리를 붙든다면 우리는 사랑이 넘치는 삶을 살 수 있게 됩니다.

태초부터 있던 생명의 말씀

오늘 우리가 중요하게 생각하고 있는 것은 어떻게 하면 지금 이 세상에서 비참하게 죽지 않을 수 있을까 하는 것과 또 다른 하나는 어떻게 하면 하나밖에 없는 인생을 가치 있고 보람되게 보낼 수 있을까 하는 것입니다.

우리가 유한한 인생을 가치 있게 보내는 방법으로 대개 세 가지를 생각하는 것 같습니다. 첫째는 우리의 삶의 질을 업그레이드시키기 위해서 공부를 하는 것입니다. 즉 수준 높은 공부를 하게 되면 우리는 비록 짧은 인생을 살더라도 좀 더 질이 높은 삶을 살게 된다고 생각하는 것입니다. 두 번째는 남녀 간에 뜨거운 사랑을 하는 것입니다. 사실 사랑은 우리 인간이 할 수 있는 가장 아름다운 것이고 남녀 간의 사랑도 참으로 낭만적이고 아름다운 것임에는 틀림이 없습니다. 그럼에도 불구하고 우리가 주의해야 할 것은 조난당한 사람들이 아무리 공부를 하거나 사랑을 한다고 해서 그들이 살 수 있는 것이 아닙니다. 그래서 세 번째로 사람들이 가치 있는 삶으로 생각하는 것은 남들을 위해서 봉사하는 것입니다. 사람이 자기 자신만을 위해서 살지 않고 남을 위해서 봉사를 할 때 육체는 피곤하고 시간은 아까울지 몰라도 마음속에 말할 수 없는 만족감이 있습니다. 그러나 성경 말씀은 우리가 알지 못하는 영원한 생명의 길이 있다고 말씀하고 있습니다. 그것이 무엇일까요? 그것은 바로 하나님의 말씀을 듣고 순종하는 것입니다.

1절 태초부터 있는 생명의 말씀에 관하여는 우리가 들은 바요 눈으로 본 바요 자세히 보고 우리의 손으로 만진 바라

오늘 말씀을 보면 '태초부터 있는 생명의 말씀'이라고 말하고 있습니다. 여기서 '태초부터 있는 생명의 말씀'이라는 것은 두 가지 의미를 가지고 있습니다. 그 하나는 우리 인간이 알지 못하는 생명의 길이 태초부터 있었다는 것입니다. 즉 우리 인간들끼리 아무리 교육을 하고 사랑을 하고 봉사를 한다고 해서 우리가 영원한 삶을 살 수 있는 것이 아닙니다. 성경은 무엇이라고 말씀하고 있습니까? '우리 인간은 풀과 같이 그 영광은 풀의 꽃과 같다'고 말씀하고 있습니다. 우리 인간들이 이 세상에서 성공하고 번성할 때에는 대단한 것 같지만 인생의 서리가 내리면 모두 맥을 못추고 시들어 죽어야 하는 것입니다. 그리고 인간에게 있어서 그 영광의 순간이라는 것은 그야말로 풀에 꽃이 피어있는 기간과 같습니다. 꽃은 너무 아름답지만 며칠 있으면 시들어서 다 떨어지고 맙니다.

그러나 하나님께서는 우리 인간들이 영원히 살 수 있는 길을 태초부터 준비해 놓으셨습니다. 그것은 우리가 하나님의 말씀을 듣고 그 말씀대로 사는 것입니다. 이것은 마치 산에서 조난당한 사람들이 구조대원을 만나서 그가 말하는 대로 하면 무사히 살 수 있는 것과 같습니다.

그리고 '태초부터 있는 생명의 말씀'의 또 다른 의미는 예수 그리스도 자신을 의미합니다. 왜냐하면 예수님께서는 우리를 살릴 수 있는 하나님의 말씀을 가지고 오신 장본인이기 때문입니다. 예수님이 오시기 전까지 우리 인간들은 우리가 하나님의 말씀대로 살 수 있다는 것을 믿지 못했습니다. 왜냐하면 우리 인간들이 하나님의 말씀대로 사는 것은 불가능하게 보였기 때문입니다. 그러나 예수님은 먼저 자기 자신이 하나님의 말씀에 순종하셨고 그리고 우리에게도 하나님의 말씀에 순종할 수 있도록 그 요령을 가르쳐 주셨습니다. 결국 우리 인간들이 영원히 가치 있는 삶을 살 수 있는 비결은 이 세상에서 성공하는 것이 아니라 하나님의 말씀을 듣고 그 말씀대로 사는 것입니다.

하나님께서는 우리 인간들이 알지 못하는 새로운 생명을 계획하셨습니다. 그것은 이 세상에서 뿐만이 아니라 하나님 앞에서도 영원히 없어지지 않는 생명인 것입니다.

보통 사람들이 이 세상에 사는 원리는 간단합니다. 일단 이 세상의 모든 행복은 유한하기 때문에 열심히 노력을 해서 돈이나 권력을 많이 모으는 것입니다. 그리고 난 후에 자기가 모은 부나 권력만큼 행복을 누리면서 살아가는 것입니다. 궁극적인 삶의 목표는 행복을 즐기는 것입니다.

그러나 하나님께서는 새로운 생명을 계획하셨습니다. 이것은 우리가 이 세상에서 하나님의 말씀을 듣고 그 말씀에 순종해서 사는 것입니다. 우리가 하나님의 말씀을 듣고 순종하면 어떻게 됩니까? 하나님의 생명이 우리에게 오게 되고 하나님의 축복이 오게 됩니다. 이것은 영원히 가치 있는 삶이 됩니다. 이 안에는 믿음도 있고 사랑도 있고 봉사도 있고 축복도 있고 치유도 있고 모든 좋은 것들이 다 들어있습니다.

하나님께서는 우리에게 이 생명을 주시기 위해서 엄청난 계획을 세우셨습니다. 그것은 하나님의 친 아들을 우리 인간 세계에 보내시기로 결심하신 것입니다. 우리 인간들이 자기 힘으로 하나님의 말씀에 순종하는 것은 불가능한 일입니다. 그 이유는 일단 인간들은 죄로 인하여 마귀의 사슬에 매여 있기 때문입니다. 그리고 우리의 본성 안에 악한 마음이 가득 차서 도저히 하나님이 원하시는 존귀한 삶을 살 수가 없습니다. 그래서 하나님께서는 하나님의 아들을 이 세상에 보내셔서 우리 인간들의 죄를 대신하여 죽으심으로 우리의 죄를 해결하시고 우리에게 성령을 주셔서 말씀대로 순종하게 하신 것입니다.

그래서 사도 요한은 우리가 이 생명을 보았고 또 실제로 손으로 만졌다고 말하고 있습니다.

'우리가 들은 바요 눈으로 본 바요 자세히 보고 우리의 손으로 만진 바라'

사도 요한은 누구든지 예수님의 말씀을 듣고 믿는 자들은 새사람이 되는 것을 보았습니다. 아무리 이 세상에서 타락하고 망친 인생이라 하더라도 예수님의 말씀을 듣고 믿을 때 사람이 변했습니다. 더 놀라운 것은 자신들이 손으로 만졌다고 했습니다. 이것은 죽었던 예수님이 부활하신 것을 손으로 만져보았다는 뜻입니다.

오늘날 사람들이 이 세상에서 하고 있는 것은 어떻게 보면 죽지 않으려는 몸부림이라고 말할 수 있습니다. 사람들은 이 세상에서 굶어죽지 않으려면 돈을 벌어서 필요한 것을 사야 합니다. 그러나 예수님은 제자들에게 '썩는 양식을 위하여 일하지 말고 영생하도록 있는 양식을 위하여 하라'고 하셨습니다. 그리고 예수님과 제자들이 사마리아에 가서 어렵게 먹을 것을 구하였을 때 예수님께서는 '나에게는 너희들이 알지 못하는 양식이 있다'고 말씀하셨습니다. 예수님께서는 40일을 광야에서 굶주리셨을 때 시험하는 마귀에게 '사람이 떡으로만 살 것이 아니요 하나님의 입에서 나오는 말씀으로 살 것이니라'고 하셨습니다. 구약 이스라엘 백성들은 애굽을 떠난 후 광야에서 아무 일도 하지 않고 하나님의 말씀만 듣고 하늘에서 내리는 만나를 먹으면서 무려 40년 동안을 살았습니다.

우리 인간들은 일단 이 세상에서 돈을 벌어야 살 가치가 있다고 생각합니다. 그래서 어떤 사람들은 열심히 일을 하고 난 후에 '오늘은 드디어 밥값을 했다'고 합니다. 옛날 어른들은 젊은이들에게 '일하기 싫으면 먹지도 말라'고 말씀하시곤 하셨습니다. 그러나 하나님의 백성들이 첫 번째로 배우는 것이 일하지 않고서도 하나님의 말씀으로 사는 것입니다. 하나님께서 엘리야에게 까마귀를 보내어서 먹이셨습니다. 여기서 인간의 첫 번째 절대적인 명제가 무너지게 됩니다. 그것은 일하는 인간만 살 가치가 있다는 것인데 인간은 먹기 위해서 사는 것이 아니라 하나님의 뜻에 순종하기 위하여 사는 것입니다.

그리고 제자들은 예수님께서 그렇게 하시는 것을 보았습니다. 예수님은 지식도, 재산도 많은 분이 아니었습니다. 그러나 예수님은 철저하게 하나님의 뜻에 순종하셨고 하나님이 주시는 능력으로 사셨습니다. 예수님은 거의 무한한 능력을 가지고 계셨지만 그 능력을 거의 사용하지 아니하시고 오로지 아버지의 뜻에 순종하셨습니다. 아마도 인간적인 안목으로 볼 때에 예수님보다 더 미련하고 어리석은 분은 없을 것입니다. 예수님은 얼마든지 병자들을 살리실 수 있고 떡으로 굶주린 자들을 먹이실 수 있으셨습니다. 예수님은 마음만 먹으시면 죽은 자도 살리실 수 있으셨습니다. 사람들은 예수님을 억지로 왕으로 만들려고 했습니다. 그럼에도 불구하고 예수님은 오직 하나님의 말씀에 순종해서 죽음의 길로만 가셨습니다. 그 이유가 무엇입니까? 그것은 이 세상의 그 어떤 능력이나 행복도 하나님의 죄 용서보다 더 중요한 것은 없기 때문입니다.

그래서 '주목하고 우리 손으로 만졌다'고 하는 것은 부활하신 예수님을 만난 것을 두고 말하는 것입니다. 예수님은 인간의 눈으로는 실패하신 것 같지만 그가 죽음에서 부활하셔서 살아나셨고 우리들을 능히 생명의 길로 인도하셨습니다.

우리가 예수를 믿고 하나님의 말씀에 순종할 때 하나님의 능력이 나에게 임하게 됩니다. 그러면 우리에게 궁금한 것이 우리는 이 세상 삶은 어떻게 하느냐 하는 것입니다. 물론 우리는 이 세상 삶을 살아가야 합니다. 공부도 하고 이성간의 사랑도 하고 직장 생활도 합니다. 그러나 나의 힘으로 하지 않고 하나님의 능력으로 하는 것입니다. 이것이 다른 점입니다.

하나님은 우리가 예수를 믿는다고 해서 공부도 하지 않고 돈도 벌지 않고 수도승처럼 살라고 말씀하시지 않습니다. 오히려 정반대입니다. 우리는 이 세상에서 다른 사람들과 거의 비슷한 생활을 합니다. 그러나 우리는 죄 용서받았고 하나님의 능력이 공급되고 있는데 이것은 우리가 마치 산에 있지만 이미 안전지대에 와 있는 것과 같은 것입니다.

그리스도의 본질

2절 이 생명이 나타내신 바 된지라 이 영원한 생명을 우리가 보았고 증언하여 너희에게 전하노니 이는 아버지와 함께 계시다가 우리에게 나타내신 바 된 이시니라

그래서 오늘 우리에게 가장 중요한 것은 과연 우리의 안내자가 누구냐 하는 것입니다. 만약 우리에게 오신 구조대원이 우리를 능히 살릴 수 있는 능력을 가진 자라면 우리는 다 산 것입니다. 그러나 만일 그도 인간 중 하나라면 결국 우리와 함께 헤매다가 죽을 수밖에 없을 것입니다.

이 세상에는 우리 인간의 문제를 해결하기 위한 훌륭한 많은 위인들이 나타났습니다. 그 중에 소크라테스도 있고 부처도 있고 마호메트 같은 사람도 있었습니다. 그러나 그들은 분명히 사람이었습니다.

우리 기독교의 가장 중요한 진리는 과연 예수 그리스도는 누구신가 하는 것입니다.

오늘 우리들이 가장 원하는 것은 자기 자신을 찾는 것입니다. 즉 과연 내가 누구며 어떤 사람인가 하는 것입니다. 사람들이 이 세상에서 가장 보지 못하는 사람이 자기 자신입니다. 왜냐하면 누구든지 자기 얼굴은

보이지 않기 때문입니다. 그런데 우리 인간들은 원숭이에서 진화된 짐승도 아니고 우연히 존재하게 된 것도 아닙니다.

우리 인간들은 하나님이 자신의 형상으로 만드신 피조물입니다.

그래서 우리는 모두 하나님을 만나야 자기 자신을 되찾을 수가 있습니다. 그런데 도대체 우리 같은 죄인들이 어떻게 하나님을 만날 수 있습니까? 하나님께서 그 아들을 보내셔서 우리의 친구로 삼으셨습니다.

우리가 어떤 유명한 정치인의 집이나 부잣집에 혼자 들어간다는 것은 불가능할 것입니다. 아무리 그런 집에 들어가서 정치인이나 부자를 만나려고 해도 집 앞에서 쫓겨나고 말 것입니다. 그런데 만일 우리가 그 집 아들과 가장 친한 친구라면 그 친구가 데리고 들어가면 들어갈 수 있을 것입니다. 예수님은 이 세상에 오셔서 우리들의 친구가 되어주셨고 더 놀라운 것은 우리를 대신해서 죽기까지 하셨습니다. 그래서 아버지는 아들의 친구들을 아들로 다 받아주시는 것입니다.

우리 인간들은 모두 하나님의 형상대로 만들어진 하나님의 자녀들입니다. 그런데 우리가 하나님께로 돌아갈 수 있는 길은 단 하나밖에 없습니다. 그것은 하나님께서 우리에게 보내신 그 외아들 독생자 예수 그리스도를 통하는 것입니다. 그래서 예수 그리스도를 믿는 것은 하나님의 생명에 들어갈 수 있는 유일한 길입니다. 우리가 다른 것으로는 하나님 앞에 나아갈 수 없습니다.

하나님께서는 하나님을 거역한 우리 인간들의 죄를 용서하기로 작정하셨습니다. 그런데 단 하나의 조건을 제시하셨습니다. 그것은 오직 십자가에 못 박히신 예수가 나의 죄를 대신하여 죽으신 하나님의 아들이라는 것을 인정하는 것입니다. 예수 그리스도는 위대한 인간으로 십자가에 달리신 것도 아니고 천사로 십자가에 달린 것도 아닙니다. 하나님의 아들이 내 죄를 대신하여 죽으신 것입니다. 이것을 인정하는 사람은

가장 위대한 계명

하나님께서 우리의 모든 죄를 다 지워주시고 우리에게 새로운 삶의 능력을 주십니다.

하나님께서 그 아들을 이 세상에 보내셨다는 것 자체가 이 세상은 심각한 위험에 빠져 있다는 것을 말해주는 것입니다.

우리는 이 사실을 인정하지 않을 수가 없습니다. 왜냐하면 이 세상에는 우리의 하나밖에 없는 생명을 위협하는 것들이 너무나도 많기 때문입니다. 그리고 우리는 이 세상에 살면서도 인생을 사는 의미를 알지 못하고 시간만 때울 때가 많습니다. 특히 우리의 야망은 우리를 마치 절벽 위를 달리는 말에게 채찍질을 하듯이 우리를 몰아갑니다.

우리 주위에는 언제나 사망의 음침한 골짜기가 놓여 있어서 한 순간이라도 잘못 걸리면 '골로 가는 것'(?)입니다.

그래서 우리에게는 우리 인생의 안내자가 필요합니다. 나라를 이끌고 있는 위정자들은 믿을 수가 없습니다. 그리고 학교에서 가르치거나 사회에서 남들을 지도한다는 사람들은 헤매고 있습니다. 우리에게는 우리 영혼을 책임지고 이끌어 줄 수 있는 절대적인 안내자가 필요합니다.

그리스도는 누구이십니까? 그리스도는 태초부터 계셨으며 아버지와 함께 계셨다가 나타나신 아들이십니다. 이 분은 본질이 하나님과 똑같은 분이십니다. 그는 영원 전부터 계셨습니다. 그가 계시지 않은 때가 없었습니다. 그리고 그는 아버지와 함께 계셨던 아들입니다. 그리고 하나님의 아들이 우리의 삶을 책임지시고 인도하시기 위해서 이 세상에 오셨습니다.

이것이 왜 이렇게 중요합니까? 그리스도가 하나님이 아니시라면 우리에게 성령을 주실 수 없습니다. 오직 하나님의 아들만이 아버지로부터 성령을 받아서 믿는 자들에게 주실 수 있습니다. 그러므로 예수가 하나님의 아들이심을 믿지 않는 자들에게는 성령의 역사가 없습니다.

사람들은 '신앙'이라고 하면 무엇인가 신비적인 것이라고 생각합니다. 나의 이성으로는 잘 이해하기 어려운 신비적인 영역이라고 쉽게 단정해 버립니다. 요한이 이 요한일서를 쓴 목적은 기독교가 아주 이성적이며 실제적이라는 사실을 깨닫게 하기 위해서 입니다. 기독교는 단순히 신비스러운 그 무엇이 아닙니다. 아주 구체적이고 실제적인 것입니다.

생명 있는 교제의 필요성

오늘 현대인들은 인터넷의 발달로 더욱 더 다른 사람들과의 접촉을 피하고 있습니다. 이것은 사람을 더 고립시키고 정신적으로 병들게 만듭니다. 정신적으로 건강하려면 다른 사람을 만나서 인격적인 접촉을 가져야만 합니다. 그러나 초대교회 때에도 영지주의 이단들은 하나님과 깊은 영적인 교제를 나누면 된다고 하면서 교회의 필요성을 부정했습니다. 그러나 우리는 교회에 나와야 할 이유가 있습니다. 왜냐하면 우리의 만남은 하나님과 함께 하는 만남이기 때문입니다.

> 3절 우리가 보고 들은 바를 너희에게도 전함은 너희로 우리와 사귐이 있게 하려 함이니 우리의 사귐은 아버지와 그의 아들 예수 그리스도와 더불어 누림이라

사도 요한은 우리가 하나님의 생명을 얻을 수 있는 중요한 두 가지 방법을 제시하고 있습니다. 그 하나가 사도들이 전하는 이 복음의 말씀을 듣고 믿는 것입니다. 이것을 듣는 것이 바로 우리가 사는 길입니다. 그리고 또 하나는 그들과 사귀는 것입니다. 이것은 교회 안에 들어와서 함께

신앙생활을 하는 것을 말합니다. 왜냐하면 우리의 교회 생활 안에는 우리 인간만 있는 것이 아니라 하나님과 그 아들 예수 그리스도께서 계시기 때문입니다.

여기에 보면 '우리가 보고 들은 바를 너희에게 전함은 너희로 우리와 사귐이 있게 하려 함이라'고 했습니다. 여기서 '사귐'이라는 말이 헬라어로 코이노니아인데 '교제'라는 뜻도 있고 '연합'이라는 뜻도 있습니다.

즉, 우리 믿는 자들은 함께 교회로 모이게 되었습니다. 그런데 이렇게 교회로 모이는 것은 인간들의 모임이기 때문에 문제도 많이 있을 수 있습니다. 그러나 중요한 것은 이 모임은 우리 인간들의 모임만이 아니라는 것입니다. 우리는 지금 하나님과 만나기 위해서 모이는 것입니다. 우리가 모이는 모임이 살아계신 하나님의 성전입니다. 하나님은 이 만남을 통해서 우리를 축복하시고 우리에게 성령을 부어주시고 하늘의 능력으로 충만하게 채워주십니다.

이 당시 교회에 들어 온 가짜 신앙의 큰 특징은 신비로운 지식을 아주 중요하게 생각하는 것이었습니다. 그래서 그들은 말하기를 모든 사람이 다 아는 성경의 지식은 별로 중요한 것이 아니고 성경에 없는 깊은 깨달음이 있어야 한다고 주장했습니다. 이들은 교회는 무식하고 별 볼일 없는 사람들이나 다니는 곳이며 자기들은 교회 밖에서 따로 수준 높은 신앙생활을 해야 한다고 주장을 했습니다.

한때 우리나라에서도 무교회주의의 영향을 받아서 기독교는 좋지만 교회는 필요치 않다고 생각하는 지성인들이 제법 많이 있었습니다. 그러나 기독교는 절대로 고상한 철학이나 사상이 아닙니다. 마치 의사가 된다는 것이 흰 가운을 입고 책만 읽는 것이 아니듯이 기독교는 구체적인 삶 가운데 사람을 변화시키는 능력으로 나타나야 하는 것입니다.

요즘 기독교는 너무 고상해지고 있고 지식화 되고 있는 것 같습니다.

그러나 기독교는 절대로 그렇게 지적이거나 고상한 것이 아닙니다. 우리가 하나님의 말씀으로 함께 모일 때 하나님께서는 우리를 세상이 알지 못하는 성령의 기쁨과 능력으로 채워주십니다.

오늘날 많은 사람들이 입으로는 '말씀, 말씀'하지만, 실제로는 성경 말씀만으로는 충분치 않다고 생각합니다. 과거에는 성경이 구원받는데 충분하다고 생각했지만, 현대를 살아가는데는 말씀만으로는 부족하다고 생각하는 것입니다. 그러나 그들은 성경이 얼마나 놀랍게 현대적이며, 이것이 바로 해석될 때 주는 엄청난 지각에 대하여 모릅니다. 오늘 이 시대를 진단하는 것은 우리 자신이 아닙니다. 우리가 무엇을 안다고 이 시대를 진단합니까? 이 시대를 진단하는 것은 하나님의 말씀입니다. 하나님의 말씀은 좌우에 날이 선 검과 같아서 모든 것을 다 찔러서 쪼갭니다.

복음은 혼자서 명상하고 신비로운 체험을 즐기는 것이 아니라 교회 안에서 함께 말씀을 나누는 것을 통하여 실현되게 되어 있습니다.

당시의 신비주의적인 사람들은 교회를 잘 인정하지 않았습니다. 왜냐하면 교회는 너무 못살고 가난한 사람들이 많았기 때문입니다. 그래서 이 당시 지성인들 중에는 교회에 나오지 않고 혼자 무슨 특별한 체험 같은 것을 하기를 원했습니다. 그러나 진정한 생명은 성도들이 함께 모여서 예배드리고 교제하는데서 이루어집니다. 왜냐하면 이 만남과 교제는 단순히 사람들과의 만남이 아니기 때문입니다. 이 만남과 교제는 아버지와 그 아들 예수 그리스도가 함께 하시는 만남이기 때문입니다.

이스라엘 백성들이 애굽을 떠난 후 불타는 광야에서 살아남았던 이유는 말씀이 있는 공동체였기 때문입니다. 출애굽한 이스라엘 백성들은 수준이 많이 낮았습니다. 그들은 모두 노예들이었고 수많은 잡족들이었습니다. 그러나 하나님의 말씀이 있는 공동체에는 구름 기둥과 불기둥이 있었고 만나가 그치지 않았으며 반석을 쳤을 때 생수가 터졌습니다. 오늘 우리가 이 죄악의 광야를 성공적으로 살아가는 길은 말씀이 있는 신앙의 공동체를 만들고 지속적으로 예배로 모이는 것입니다. 그렇게 해야 우리는 하나님과 주 예수 그리스도의 인도하심을 받을 수 있습니다. 예수님은 하나님의 허락 없이는 참새 한 마리도 땅에 떨어지지 않는다고 말씀하셨습니다. 아무리 우리 주위의 나라들이 전쟁을 하고 싶어도 하나님의 허락 없이는 절대로 전쟁이 일어날 수 없을 것입니다.

4절 우리가 이것을 씀은 우리의 기쁨이 충만하게 하려 함이라

우리가 함께 모여서 하나님의 말씀을 듣고 은혜 받을 때 하나님의 충만한 기쁨이 임하게 되어 있습니다. 이 기쁨으로 우리는 불안을 이기고 세상에서 입은 마음의 상처를 치료받고 또 다시 자신감을 가지고 살아갈 수 있게 되는 것입니다. 오늘도 예배를 통하여 하나님께서 충만한 기쁨을 주시기를 바랍니다.

JOHN 1

요일 02
(1:5-10)

하나님과의 사귐

만약 우리가 진흙탕이나 하수구 같은데서 하루 종일 일을 하면 몸이나 옷에 더러운 흙이나 오물들이 묻을 것입니다. 그런데 우리가 깨끗한 물이 없어서 그런 흙이나 오물들을 전혀 씻지 못하고 또 옷도 갈아입지 못한 채 며칠씩 잠을 자고 살아야 한다면 우리는 불쾌하고 또 우리 자신에 대해서도 비참한 느낌을 가지게 될 것입니다. 그러나 이와 정반대로 우리가 비록 진흙탕이나 하수구 같은데서 일을 했다 하더라도 깨끗한 물로 씻고 또 깨끗한 새 옷으로 갈아입으면 우리는 새사람이 된 것 같은 느낌이 들 것입니다. 누구든지 어렸을 때 한 번쯤 공중목욕탕에 가서 따뜻한 물에 들어가 묵은 때를 다 벗기고 나올때 기분이 좋아서 날아갈 것 같은 느낌이 든 적 있을 것입니다. 그런데 바로 이와 같은 현상이 사람들의 마음에도 일어나게 됩니다.

사람은 누구든지 악하고 추악한 생각이나 비열하고 정직하지 못한 행동을 전혀 하지 않을 수는 없습니다. 그런데 누구든지 이런 더러운 생각이나 악한 행동을 하고나면 마음이 더러워져서 기분이 찜찜하고 나쁘게 됩니다. 그러나 사람은 마음을 깨끗한 물로 씻는 방법을 몰라서 한 평생을 더럽혀진 마음을 가지고 살아갈 때가 많이 있습니다. 그래서 어떤 사람은 늙어서나마 자기가 젊었을 때 정직하지 못한 행동을 돈으로 참회하기도 합니다. 사실 사람들이 종교라든지 철학에 관심을 가지는 이유는 모두 마음을 깨끗케 하고 싶기 때문입니다. 만약 사람의 마음도 우리 몸처럼 깨끗한 물로 씻어서 깨끗하게 될 수 있다면 사람들은 누구나 마음이 시원하고 행복해서 날아갈 것처럼 가벼워지게 될 것입니다.

최근 우리나라에서는 돌아가신 천주교의 김수환 추기경이라든지 불교의 법정 스님 같은 분을 많이 존경하고 있습니다. 그 이유는 누구든지 이 분들처럼 욕심을 버리고 깨끗하게 살 수 있다면 인생이 아름다울 것이라고 생각하기 때문입니다. 물론 이 분들의 삶이 깨끗하고 존경스러운 것은 사실입니다. 그러나 다른 사람들도 이 분들같이 살 수 있는 것은 아닙니다. 왜냐하면 이 분들같이 살려면 일단 결혼을 하지 말아야 하고 또 나름대로 탁월한 자기 성찰이 있어야 하기 때문입니다. 그래서 거의 대부분의 사람들은 일시적으로는 이런 깨끗한 마음에 대하여 관심을 가지다가 얼마가지 않아서 결국 포기해버리고 맙니다. 즉 우리가 이 세상에서 살려면 어쩔 수 없이 마음에 더러운 흙이나 오물을 묻히고 살 수밖에 없다는 것입니다. 그러나 오늘 성경 말씀은 우리에게 마음이 깨끗해질 수 있는, 이 문제에 대한 완전한 답을 제시해주고 있습니다. 즉 우리는 인간이기 때문에 더럽고 추악한 생각을 하지 않을 수 없고 죄를 짓지 않을 수 없습니다. 그럼에도 불구하고 우리의 마음이 깨끗해질 수 있는 것은 예수님의 피가 있고 하나님과의 거룩한 사귐이 있기 때문이라고 말씀하고 있습니다. 바로 이것이 기독교의 특성이면서도 본질인 것입니다. 기독교는 도가 통하거나 해탈의 경지에 들어가는 것이 아닙니다. 우리는 이 세상에서 전혀 죄를 생각하지도 않는 천사 같은 존재가 되는 것도 아닙니다. 그럼에도 불구하고 우리는 깨끗한 마음을 가지고 살아갈 수 있습니다. 그 이유는 예수님의 피가 우리 마음을 모든 죄에서 깨끗하게 씻었기 때문입니다. 결국 신앙이라는 것은 내가 단순히 어떤 종교를 선택하거나 혹은 신의 존재를 믿는 것이 아닙니다. 우리의 신앙은 하나님과 사귀는 것입니다. 여기서 사귄다고 하는 것은 하나님과 우리 사이에 무엇인가 주고받는 것을 의미합니다. 결국 우리는 하나님께 무엇을 드리며 무엇을 받느냐 하는 것이 우리에게 중요한 문제입니다.

빛이신 하나님

지구상에 있는 모든 생명체가 생명을 유지하는데 가장 중요한 것은 태양빛일 것입니다. 만약 지구에서 태양빛이 사라진다면 금방 지구 전체는 얼음덩어리가 되고 또 암흑 전치가 되어서 모든 생명체는 다 멸절하고 말 것입니다. 그러나 지구상에 언제나 환한 태양빛이 비취고 비가 내리면 이 세상은 너무나 아름답고 살기 좋은 세상이 될 것입니다.

5절 우리가 그에게서 듣고 너희에게 전하는 소식은 이것이니 곧 하나님은 빛이시라 그에게는 어둠이 조금도 없으시다는 것이니라

'우리가 저에게서 듣고'라는 말은 제자들이 예수님으로부터 직접 들은 말씀을 말하는 것입니다. 예수님께서 제자들에게 가르치신 것은 '하나님은 빛이시기 때문에 어두움이 조금도 없다'는 말씀이었습니다.

여기서 '하나님은 빛이시다'는 말은 하나님은 빛 그 자체이신 것입니다. 즉 이 세상에 있는 모든 빛은 하나님으로부터 나온 것입니다. 그러면서 다시 강조하기를 '그에게는 어두움이 조금도 없다'라고 말씀하고 있습니다.

여기서 하나님이 빛이시라는 말은 무슨 뜻일까요? 우선 하나님을 빛이라고 말할 때에는 두 가지로 생각할 수 있습니다. 하나는 우리에게 생명을 주는 태양빛에 비유해서 빛이라고 말하고 있는 것입니다. 즉 태양은 우리가 실제적인 도움을 주고 있습니다. 태양은 우리에게 따뜻함을 주고 환함을 주고 먹고 살 수 있는 모든 에너지를 공급해주고 있습니다. 마찬가지로 하나님은 우리에게 실제적인 도움을 주시는 분이십니다. 하나님은 우리가 살 수 있도록 생명을 주셨고 살 수 있는 환경을 주셨고 또 계속 살아갈 수 있도록 힘을 주시는 분이십니다. 즉 하나님은 우리가 아름다운 삶을 살아가는데 필요한 모든 것을 주시는 분이십니다. 그런데 빛이라는 말 속에는 또 다른 의미가 들어 있습니다. 그것은 바로 도덕적인 깨끗함 또는 죄가 전혀 없는 상태를 의미하는 것입니다.

빛은 도덕적인 깨끗함을 의미할 때가 많습니다. 우리는 가끔 사회에서 죄가 만연해 있고 부정부패가 심할 때 세상이 대단히 어둡다는 말을 합니다. 여기서 어둡다는 것은 도덕적으로 깨끗하지 못한 것을 말합니다. 그러나 정의가 살아있고 숨어서 더러운 짓을 하지 못하면 그 사회는 깨끗한 것입니다. 그래서 하나님을 빛이라고 말할 때에는 하나님에게는 거짓이나 미신이나 추악한 것이 전혀 용납이 되지 않는 완전히 죄가 없는 분이라는 것입니다. 우리 인간들의 문제는 바로 여기에서 발생하게 됩니다. 즉 하나님은 우리가 이 세상에서 아름답게 사는데 필요한 모든 것을 다 공급해주시는 분이신데 인간들은 언제나 죄를 짓고 나쁜 생각을 하기 때문에 빛과 직접적으로 만날 수가 없는 것입니다. 즉 우리들이 진정으로 아름답고 능력 있는 삶을 살려고 하면 빛이신 하나님을 만나야 하고 하나님으로부터 직접 사랑을 받아야 하는데 우리는 죄 때문에 늘 그늘진데 있어야 하고 간접적인 축복밖에 받지 못하는 것입니다. 우리 인간들은 겉으로 보기에는 햇빛이 비춰는데 나와서 농사도 짓고 운동도 하지만 영적으로는 늘 그늘진데 웅크리고 살았던 것입니다. 서양 사람들은 피부 때문에 햇빛만 나면 어디든지 나와서 일광욕을 하는 것을 볼 수 있습니다. 그리고 햇빛이 없고 늘 구름이 끼인 날씨가 계속이 된다면 사람의 마음은 우울해지게 될 것입니다. 우리 인간들은 마치 심한 태양에 대한 알레르기가 있는 사람들처럼 태양빛이 나올 수가 없었습니다. 오래 전에 죽은 미국의 가수 마이클 잭슨은 피부 이식 수술을 받아서 태양빛에 나갈 수가 없었습니다. 그래서 마이클 잭슨은 언제나 양산을 써야 했고 그늘에서만 살아야 했습니다. 그의 공연에는 찬란한 조명이 많이 사용됩니다. 그러나 그 어느 것도 찬란한 태양빛이 아니고 요란한 전기 조명 장치였던 것입니다. 그런데 우리 인간들은 그보다 더 심한 태양 알레르기 현상이 있어서 아예 태양 빛 근처에도 가지 못하고 오직 어두컴컴한 토굴 속에서 사는 사람들과 같습니다. 그러니까 우리 인간들의 마음은 우울할 수밖에 없었고 정신적으로 병들 수밖에 없었고 하나님의 빛을 싫어할 수밖에 없었습니다.

인간이 최고로 행복해지려고 하면 우리 안에 있는 죄를 다 씻음 받고 환한 하나님의 태양빛에 나가서 실컷 기뻐하고 은혜를 받는 것입니다.

그런데 예수님은 우리의 죄를 완전하게 해결하셨습니다. 왜냐하면 그의 피가 우리를 하나님 앞에서 깨끗케 했기 때문입니다.

예수님의 피는 한 평생 진흙탕에서 살아온 우리의 모든 더러운 것을 깨끗하게 씻어 주셨고 하나님에 대한 모든 알레르기 현상을 다 치료하셨습니다. 그래서 우리는 그 거룩하신 하나님 앞에 나아가서 마음껏 은혜 받고 마음껏 축복을 받을 수 있게 되었습니다.

7절하 그 아들 예수의 피가 우리를 모든 죄에서 깨끗하게 하실 것이요

우리는 결코 영웅이 아닙니다. 우리는 모든 소유를 다 포기하고 종교에 헌신해서 독신으로 살지 않아도 됩니다. 왜냐하면 하나님의 아들 예수의 피가 우리의 모든 죄를 다 씻었기 때문입니다. 우리는 예수를 믿음으로 완전히 깨끗한 새사람이 되었습니다. 우리 인간들은 하나님의 아들 예수 그리스도의 피 공로 없이는 절대로 하나님께 나아갈 수가 없습니다. 왜냐하면 그것은 모두 더러운 물로 씻은 것이기 때문입니다.

예수님은 하나님의 아들로서 하나님의 모든 영광과 능력과 신성을 다 가지신 분이십니다. 예수님의 가치는 온 우주와 천사들과 인간들의 생명을 합친 것보다 더 가치가 있습니다. 그 귀한 하나님의 아들이 우리의 죄를 대신하여 죽었습니다. 아들이 우리를 대신하여 하나님 앞에 자신의 피를 뿌림으로 우리의 모든 죄를 깨끗하게 씻으셨습니다. 하나님께서는 단순히 죄를 덮어두는 것이 아닙니다. 하나님은 우리에게 죄가 있는데 수건 같은 것으로 임시로 덮어두는 것이 아니고 완전히 죄가 없는 상태가 되게 하셨습니다. 예수님의 피는 우리를 완전히 깨끗하게 합니다. 예수님의 피를 믿는 자에게는 죄를 지은 표시조차도 나지 않습니다. 오히려 우리에게 빛나는 영광까지 함께 있습니다.

우리의 신앙은 거룩하신 하나님과의 사귐이고 그것은 어디까지나 아들 안에서 가능한 것입니다. 하나님께서는 아들을 믿는 믿음 안에서 우리를 만나주십니다. 예수 그리스도의 피 없이는 어느 누구도 거룩하신 하나님께 나아갈 수가 없습니다.

우리가 어떻게 거룩하신 하나님과 사귈 수 있습니까? 어떻게 태양보

다 더 밝은 빛 앞으로 나아가서 그 앞에서 이야기하며 그분과 함께 걸어갈 수 있습니까? 그것은 그 아들 예수가 우리에게 있기 때문입니다.

사람들이 달에 갈 때 우주선 안에 있어야 합니다. 하물며 하나님은 태양보다 더 뜨거운 불이신데 우리가 어떻게 감히 하나님께 나아갈 수 있겠습니까? 그것은 우리가 예수를 믿는 믿음 안에서 나아갈 수 있습니다. 그리고 하나님의 말씀 안에서 하나님께 나아갈 수 있습니다. 하나님의 말씀은 우주선보다 더 든든하게 우리를 지켜줍니다.

다른 빛을 믿는 자들

옛날이나 지금이나 인간들에게 내면적으로 가장 중요한 관심거리는 과연 우리가 완전히 죄가 없는 상태에 있을 수 있는가 하는 것입니다. 만약 인간이 완전히 죄가 없을 수 있다면 우리 인간의 삶은 너무나도 행복하고 당당할 것입니다. 그러나 대개 인간들은 일시적으로 조금 깨끗하다가 결국 죄나 탐욕을 이기지 못하고 다시 죄와 욕심에 빠지고 맙니다. 그리고 나서는 자포자기한 상태에서 살아가게 됩니다. 초대교회 당시에도 아무리 예수를 믿어도 자기 안에 있는 죄가 없어지지 않으니까 아예 포기해버리는 사람들이 있었습니다. 이들은 하나님을 태양빛 같은 빛의 하나님으로 생각하지 않고 어떤 지적인 하나님으로 생각했습니다.

즉, 이들은 하나님은 빛이신데 이 빛을 다른 빛으로 생각하는 사람들이었습니다. 즉 어떤 사람들은 하나님의 빛을 하나님의 거룩하심으로 생각하지 않고 단순히 어떤 진리를 깨닫는 지적인 공부로만 생각하는 사람들이 있었습니다. 이것은 바로 그리스 철학의 특징이었습니다. 원래 그리스 사상이 대단히 이원론적이었습니다. 그래서 그리스 사람들은 정신적으로 생각은 엄청나게 하는데 실천은 아무것도 하지 않는 것입니다. 그래서 오죽했으면 소크라테스가 대낮에 등불을 들고 아테네를 돌아다녔습니다.

6절 만일 우리가 하나님과 사귐이 있다 하고 어둠에 행하면 거짓말을 하고 진리를 행하지 아니함이거니와

이 당시 진리를 가르치는 어떤 사람은 우리는 죄가 없기 때문에 회개하지 않아도 된다고 주장하기도 했고, 또 어떤 사람은 하나님은 다 용서하시기 때문에 죄를 지어도 된다고 주장하는 사람들이 있었던 것입니다. 즉 우리가 예수 믿으면서 너무 '죄' 문제를 꺼내지 말자는 것입니다. 하나님은 사랑이시기 때문에 우리가 그 사랑으로 살면 되는 것이지 굳이 '죄를 짓지 말라'든지 '죄를 버려라'하는 식으로 부담을 주지 말라는 것입니다.

이것은 요즘 기독교와 비슷한 점입니다. 오늘날 기독교는 죄에 대해서 별로 지적을 하거나 회개하라고 가르치지 않습니다. 왜냐하면 사람들이 그냥 이 세상에서 먹고 사는 것만 해도 힘든데 교회에서 자꾸 죄를 지적하고 책망하면 너무 힘들어진다는 것입니다.

옛날에는 교회에 나오면 목사님이 자꾸 '회개하라'고 하시는데 사람들은 그 회개라는 말이 무엇인지 몰라서 장부 정리하는 것으로 생각하는 사람들이 있었습니다. 회개라고 하는 것은 자기가 지은 죄를 하나님 앞에서 자백하고 결단하는 것을 말합니다.

그런데 어떤 사람들은 아예 죄 문제 자체를 언급하는 것조차 싫어했습니다. 왜냐하면 우리가 아무리 예수를 믿는다고 해도 완전히 거룩해지는 것은 아니기 때문입니다. 즉 우리 내면 깊은 곳에는 죄의 뿌리가

여전히 남아 있고 우리 속에는 죄의 욕망들이 계속 끓어오르고 있습니다. 그래서 자꾸 죄를 지적하고 회개하라고 하면 우리는 너무 힘들어지게 되고 오히려 자신감을 다 잃어버리게 된다는 것입니다.

사실 교회에 나오는 분들 중에서 자신의 죄 문제로 고민하는 사람들이 많이 있습니다. 즉 아무리 예수를 믿어도 죄는 짓게 되는데 차라리 이럴 바에야 예수를 믿지 않는 것이 더 낫지 않을까 라고 생각하는 분들도 있는 것 같습니다. 그런데 이 당시에 아예 죄 문제는 꺼내지도 않는 사람들이 있었던 것입니다. 그러니까 이런 사람들에게서 배우면 예수 믿는 것이 쉽고 죄 때문에 고민할 필요가 없었습니다.

물론 우리가 예수를 믿어도 우리 안에는 죄의 본성은 남아 있습니다. 그래서 우리에게는 계속 예수님이 필요한 것입니다. 우리는 계속 하나님과 사귐이 필요합니다. 우리가 하나님과 사귀는 것은 다른 것이 아닙니다. 우리의 죄는 하나님께 넘겨드리고 하나님의 깨끗한 마음은 계속 공급을 받는 것입니다. 이것이 바로 하나님과 우리 사이의 사귐이고 교제인 것입니다. 사람들은 자신들과 완전한 인격자가 되어서 죄를 전혀 짓지 않든지 아니면 죄를 생각하지도 않고 살든지 하려고 하지만 우리는 죄가 있는 채로 하나님과 사귀면서 사는 것입니다.

우리는 마치 숨을 쉬듯이 우리 안에 더러운 본성을 내뿜고 성령의 새로운 공기를 마셔야 합니다. 그리고 우리는 악한 행실은 벗고 거룩한 의의 행실을 입어야 합니다. 그러나 이것이 한 순간에 이루어지는 것은 아닙니다.

이 세상의 모든 빛이 다 똑같은 빛은 아닙니다. 빛 중에는 모든 것을 다 드러내는 빛도 있지만 오히려 정반대로 사람을 속이는 빛도 있습니다. 예를 들어서 태양빛은 모든 것을 다 드러낸 빛입니다. 그러나 희미하면서도 색깔을 띠고 있는 등은 오히려 사람을 속이는 빛입니다. 붉은 등불 아래서는 모든 것이 아름답고 환상적으로 보입니다. 실제로는 못생긴 술집 여자들도 붉은 등아래서 보면 아름답게 보이고 환상적으로 보입니다. 그래서 결혼하기 위해서 남녀가 맞선을 볼 때 붉은 등불 아래서 만나면 안 됩니다. 왜냐하면 상대방을 너무 환상적으로 보기 쉽기 때문입니다. 그래서 맞선을 볼 때에는 반드시 환한 대낮에 태양광선이 비취는 곳에서 만나야 바로 볼 수 있습니다. 붉은 등불 빛은 사람을 속이는 데 사용됩니다. 술집이나 환락가 같은 곳에는 반드시 붉은 등불 빛으로 술 취한 사람들을 불러들입니다.

이 당시에 성경에서 빛이라고 말씀하는 것과 그리스 철학자들이 빛이라고 말하는 것 사이에는 많은 차이가 있습니다. 성경에서 빛이라고 말씀하는 것은 하나님의 말씀이 비췸으로 모든 것이 다 드러나는 것을 말합니다. 이것은 마치 태양빛 아래서 모든 것이 다 드러나는 것과 같습니다. 하나님의 진리 앞에서 인간들의 모든 죄는 다 드러나게 됩니다. 그러나 그리스 사람들이 빛이라고 하는 빛은 무엇인가 신비스러운 깨달음을 의미했습니다. 그래서 이것은 참으로 공허한 말장난과 같은 것이었습니다. 그럼에도 불구하고 이런 모호한 말들은 듣는 사람들에게 무엇인가 행복한 기대감 같은 것을 심어주었습니다. 사람들은 이런 가르침을 받으면 무엇인가 심오한 경지에 도달하는 것 같았습니다. 그래서 사람들은 기독교 안에서도 그런 진리를 배우려고 했습니다. 그러나 사도는 그것은 참된 진리가 아니라고 말씀하고 있습니다.

우리의 근본적인 죄는 하나님 앞에서 교만입니다. 하나님 앞에서 내 자신을 주장하고 내 마음과 내 뜻대로 하는 이것이 죄의 근원입니다.

6절 만일 우리가 하나님과 사귐이 있다 하고 어둠에 행하면 거짓말을 하고 진리를 행하지 아니함이거니와 사도 요한은 그들이 잘못된 가르침을 받아 들였을 때 나타난 결과가 무엇인지 지적하고 있습니다. 우리가 성경 진리 대신에 다른 빛을 받아 들이면 가장 치명적인 것이 여전히 어두움 가운데 살게 되는 것입니다. 즉 여전히 죄짓는 생활을 하고 새로워진 것이라고는 아무것도 없습니다. 이것은 그들이 지금 믿는다고 하는 것이 거짓말하는 것이라는 것입니다.

그런데 우리가 이 세상에서 죄를 지으면 어떻게 다시 깨끗해질 수 있습니까? 그것은 우리의 자존심이나 고집을 버리고 하나님 앞에 내 죄를 자백하기만 하면 됩니다.

9절 만일 우리가 우리 죄를 자백하면 그는 미쁘시고 의로우사 우리 죄를 사하시며 우리를 모든 불의에서 깨끗하게 하실 것이요

우리는 믿는다고 하면서도 죄의 본성이 남아 있기 때문에 때때로 정욕에 빠지기도 하고 하나님이 기뻐하시지 않는 죄를 짓기도 합니다. 그러면 우리 안에 계신 성령의 감동이 소멸이 되면서 내 속에 성령이 떠나신 것 같고 구원의 확신까지 흔들릴 때가 있습니다. 그러나 그렇다고 해서 우리가 구원을 받지 못한다거나 하나님께서 우리를 진짜 버리신 것이 아닙니다. 그러나 우리의 작은 죄가 하나님과의 영광된 교제를 막고 성령을 소멸시킨 것입니다. 그러나 이것은 마치 우리 집에 수돗물이 공급이 되는데 수원지에 문제가 생긴 것이 아니고 우리 집 수도꼭지에 문제가 생긴 것입니다. 만일 수원지에 문제가 생겼다면 아무리 우리 집에 있는 수도를 고쳐도 소용이 없을 것입니다. 그러나 만일 우리 집 수도꼭지만 고장이 났다면 수도꼭지만 고치면 얼마든지 물이 다시 콸콸 쏟아지게 되는 것입니다.

우리가 지극히 작은 죄라도 지으면 마음에 일단 기쁨이 없어집니다. 그리고 얼마나 후회가 되고 마음이 괴로운지 말할 수가 없습니다. 이때 우리가 다른 것을 할 필요가 없이 오직 하나님 앞에 조용히 나가서 죄를 자백하면 됩니다. 우리가 내 죄를 자백하는 그 순간에는 너무나도 괴로운 것 같지만 금방 가슴 속 저 깊은 곳에서 성령의 샘이 회복되면서 다시 우리 마음이 깨끗하게 되는 것을 느낄 수 있습니다. 이렇게 기쁨이 회복되는데는 시간이 오래 걸리지 않습니다. 하나님 앞에서 비통하게 부르짖으며 기도하면 거의 동시에 하나님의 은혜의 샘이 회복되게 되는 것입니다.

지금은 예수님의 보혈이 있기 때문에 우리의 입술로 자백하기만 하면 됩니다. 우리는 죄를 지음으로 다시 인생 밑바닥으로 떨어지는 것이 아니고 넘어진 그 자리에서 다시 일어서서 하나님께로 나아가면 되는 것입니다.

10절 만일 우리가 범죄하지 아니하였다 하면 하나님을 거짓말하는 이로 만드는 것이니 또한 그의 말씀이 우리 속에 있지 아니하니라

우리에게 있어서 자백이 얼마나 중요한가 하면 바로 이 자백으로 우리의 불행했던 과거가 치료가 되는 것입니다.

사람들은 모두 자기 자신만 아는 과거의 불행하고 비참한 죄들이 있습니다. 우리는 이 모든 것을 하나님 앞에 입술로 고백하면 됩니다. 우리가 입술로 고백한 죄들은 하나님께서 전부 다 책임을 져주십니다. 그래서 우리가 행복할 수 있는 것입니다. 우리는 우리의 모든 죄의 짐을 짊어지고 가다가 쓰러지고 또 일어서서 가다가 쓰러지는 것이 아닙니다. 모든 것을 하나님께 자백을 하면 우리는 다시 새사람이 됩니다.

살아계신 하나님과의 동행

우리가 예수를 믿음으로 하나님을 알게 되면 그때부터 하나님과 동행하는 삶이 이루어지게 됩니다. 우리는 이 세상의 다른 사람들로부터 완전히 구별된 사람이 되게 하는 것입니다.

7절 그가 빛 가운데 계신 것 같이 우리도 빛 가운데 행하면 우리가 서로 사귐이 있고 그 아들 예수의 피가 우리를 모든 죄에서 깨끗하게 하실 것이요

우리가 예수를 믿으면 그 순간부터 우리는 과거의 신분에서 새로운 신분으로 옮겨지게 됩니다. 과거 우리의 신분은 무서운 사탄의 종이었고 죄수였습니다. 그런데 예수를 믿으면 그 순간부터 예수님의 종이 되고 하나님의 사랑받는 아들로 신분이 급상승하게 됩니다.

우리나라 청년들이 과거에 고시에 매달렸던 것은 고시라고 하는 것이 자신의 신분을 급상승시키는 길이었기 때문입니다. 또 좋은 대학을 들어가려고 하는 것도 자신의 가치를 업그레이드 시키는 가장 좋은 방법이라고 생각하기 때문입니다. 그러나 우리의 신분이나 가치를 급상승시키는 가장 좋은 방법은 예수를 믿는 것입니다. 그러면 우리의 신분이 죄의 종에서 축복의 자녀로 바뀌게 됩니다.

본문에서 사도 요한은 신앙을 '하나님과 사귐'이라고 말씀하고 있습니다. 6절에 '만일 우리가 하나님과 사귐이 있다 하고'라고 말씀하고 있습니다. 신앙은 단순히 일정한 때에 내가 섬기는 하나님께 규칙적으로 예배드리는 생활을 의미하는 것이 아니라, 하나님과 내가 사귀고, 나는 그분께 말씀드리고 그분은 나에게 말씀하시며 모든 어려움 가운데서 함께 동행하는 것을 의미합니다. 신앙은 하나님과 동행하는 것입니다. 다

시 말해서 우리가 이 세상에서 가장 영향력 있는 사람으로 다시 태어나는 것을 말합니다. 우리는 대통령과 동행하는 자가 아니라 하나님과 동행하는 자가 되는 것입니다.

우리가 하나님과 동행하게 되면 거의 무한대의 하나님의 능력이 나를 통하여 나타나게 됩니다. 바로 이것이 하나님의 신령한 축복이요 능력 있는 삶인 것입니다. 우리를 통해서 하나님의 능력이 공급되고 끊임없는 하나님의 사랑과 축복이 나타나게 됩니다. 우리는 이 세상에 있는 것들을 모으는 것이 목표가 아니라 잘 사용할 수 있게 됩니다.

하나님을 모르는 사람들이 쓸 줄도 모르면서 돈이나 명예를 붙들고 있다면, 하나님의 백성들은 이것들을 기가 막히게 잘 사용하면서 다른 사람들을 복되게 하는 것입니다. 그런데 하나님의 능력이 나를 죽이면 죽일수록 더 크고 강하게 나타나게 됩니다. 우리가 기도하는 것은 나의 고집을 꺾고 나의 욕망을 죽이기 위한 것입니다. 그런데 그렇게 하면 할수록 하나님의 축복은 더 커지게 되고 더 많은 능력이 부어지게 됩니다.

하나님은 예수를 주로 고백하고 그분께 자신의 삶을 맡기는 자에게 새로운 하나님의 성품을 주십니다. 물론 옛 성품이 없는 것은 아닙니다. 그런데 전에는 없었던 전혀 새로운 성품이 나타납니다. 그것은 바로 하나님의 새로운 성품입니다. 그래서 그렇게 혈기가 많던 사람이 온순하게 됩니다. 성질이 급해서 잘 참지 못하던 사람도 오래 참습니다. 무례하기 짝이 없던 사람이 예의 있고 다른 사람을 이해하는 사람이 됩니다.

이렇게 변하는 것이 이익이 될까요? 아니면 손해가 될까요? 물론 처음에는 이 세상에서 손해를 볼 것입니다. 이리 같은 사람들 가운데서 혼자 온순해지면 모두가 나를 자기 밥인 줄 알 것입니다. 그러나 이 사람은 단순히 성격만 변한 것이 아닙니다. 무엇인가를 볼 수 있고 무엇인가를 판단할 수 있는 자가 됩니다. 우리는 이 세상을 맹목적으로 살지 않습니다. 무엇인가 생각하는 목표가 있고 나아갈 방향이 있습니다. 다른 사람들은 다 사납고 이기적입니다. 그러나 그들은 보지 못하는 자들입니다. 그들은 신기할 정도로 보지 못합니다. 그래서 그 똑똑한 사람들이 망하는 길만 골라서 걸어갑니다. 그러나 주님을 믿는 사람들은 처음에는 무엇이 옳은지 무엇이 바른 길인지 고민하고 갈등하지만 그렇게 하는 가운데 눈에 무엇인가 보이기 시작합니다.

우리가 빛 가운데 걸어간다는 것은 완전한 의義 가운데서 걸어가는 것을 말하지 않습니다. 우리는 완전히 성화되지 않습니다. 우리 안에는 하나님의 성품과 옛 성품이 함께 있습니다. 빛 가운데서 걸어간다고 하는 것은, 이 사실을 인정하고 날마다 하나님의 도우심으로 새로운 성품을 받아서 사는 것을 말합니다. 이것이 우리를 깨끗하게 하고 기쁘고 행복하게 하며 능력 있게 합니다.

어린아이의 그 간절함이 없는 신앙은 병든 신앙입니다. 그래서 그리스도인은 자기 자신에 대하여 정직해야 합니다. 만약 이 정직을 잃어버린다면 그는 결코 이런 고백을 하지 않을 것이고 주님의 도우심을 얻지 못할 것입니다. 그는 계속 어두움 가운데 있을 것입니다. 고백이 얼마나 귀한 일인지 모릅니다. 시인하기만 하면 주님의 모든 은혜가 회복됩니다. 오히려 넘치게 회복되어서 그 어두움을 이기게 됩니다. 하나님께서 어떻게 우리와 사귐을 하십니까? 하나님의 말씀을 통하여 하십니다. 이 말씀을 통하여 하나님과 거룩한 사귐이 시작되는 것입니다. 우리는 이 세상을 보지 말고 말씀 안에서 끝까지 하나님만 붙들고 살아가야 합니다. 하나님과 결코 남남이 되지 마시기 바랍니다. 우리는 필요한 때만 하나님을 찾지 마시기 바랍니다. 오직 어린아이같이 하나님을 의지하고 하나님을 꼭 붙들고 함께 가시기 바랍니다. 그러면 반드시 축복되고 행복한 삶을 살 수 있을 것입니다.

JOHN 1

요일 03
(2:1-6)

가장 멋진 초대장

　가끔 다른 사람의 초청을 받아서 음악회나 좋은 파티에 가게 되면 기분이 아주 좋습니다. 우리는 그런 초청을 통해서 평소에 경험하지 못하던 세계를 경험하기도 합니다. 평소에는 들을 수 없었던 연주를 감상하기도 하고, 만날 수 없었던 사람을 만나기도 하고, 평소에 먹을 수 없었던 음식을 먹기도 합니다. 사람들의 이런 초청에는 여러 가지 종류가 있습니다. 우선 다른 사람이 연주하는 발표회라든지 음악회 같은데 초청되어 가는 경우가 있습니다. 우리가 다른 사람의 음악회나 연주회에 초청되어 간다는 것은 삶의 질을 높이는 것입니다. 우리는 또 음식을 먹고 사람을 사귀는 파티에 초청되는 경우가 있을 것입니다. 그러면 그곳에서 맛있는 음식을 먹고 유명한 사람들을 가까이에서 만나는 기쁨을 누릴 수 있을 것입니다. 또 영화제 같은데 초청되어서 가면 유명한 여자 배우들의 드레스 경쟁을 보게 될 것입니다.

미국의 클린턴 전 대통령은 선거 자금을 마련하기 위해서 많은 사람들을 백악관에 초대해 만찬을 했습니다. 거기에다가 돈을 더 많이 내는 사람들은 백악관에서 잠을 자고 가게 했다고 합니다. 그러나 이 사람들은 자기가 미국 대통령의 초청을 받았다는 사실 그리고 백악관에서 한 번 잠을 잤다는 사실 하나만으로도 자기가 아주 중요한 사람이라는 느낌을 갖게 됩니다. 거기에 비해서 다른 특별한 초청이 있습니다. 선천적인 병을 가진 어린이를 의료 기술이 뛰어난 나라에서 초청해 치료를 해주는 것입니다. 요즘 우리나라는 의료 기술이 뛰어나서 가난한 제3국의 어린 아이들을 초청해 심장병 수술이라든지 구개구순열 수술이라든지 혹은 개안 수술이라든지 혹은 여러 가지 난치병 수술을 무료로 해주고 있습니다. 이런 초청은 새로운 삶을 주는 초청이며 인생을 바꾸는 초청인 것입니다.

하나님께서 우리를 초청하신 것은 바로 이런 초청입니다. 즉 하나님은 우리에게 좋은 강연이나 설교를 한번 듣게 하고 끝내거나 혹은 유명한 사람들 옷이나 한번 구경하고 끝나는 파티가 아니라 하나님 앞에서 죄를 치료받고 완전히 새로운 인생을 사는 초청을 해주시는 것입니다.

오늘 본문은 도대체 그리스도인이 된다는 것이 어떤 것인지 정의를 내리고 있습니다. 기독교인이 된다는 것은 이 세상에서 성공적인 사람이 되는 것을 의미하지 않습니다. 이 세상에서 유명한 사람이 되는 것을 의미하지도 않습니다. 기독교인이 된다는 것은 하나님께서 우리를 죄를 이기고 거룩한 삶을 사는 삶으로 초청하시는 것을 말합니다. 이것은 우리에게 주어질 수 있는 최고의 초청인 것입니다.

우리는 모두 어떻게 하면 내가 이 세상에서 실패하지 않고 성공적인 삶을 살 수 있느냐 하는 것을 두고 고민을 합니다. 즉 우리는 모두 이 세상에서 성공적인 삶을 살기를 원합니다. 그러면 우리는 그 말을 뒤집어서 우리로 하여금 이 세상에서 성공하지 못하게 하고 실패하게 만드는 것이 무엇인지를 생각해 보아야 합니다. 우리를 이 세상에서 실패하게 만드는 것은 우리의 무능이 아닙니다. 그리고 우리에게 다른 사람들만큼 행운이 따라주지 않아서 그런 것도 아닙니다. 우리를 이 세상에서 실패하게 만드는 것은 우리 안에 있는 죄입니다. 만약 우리가 우리 안에 있는 죄만 이길 수 있다면 우리는 이 세상에서 가장 성공적인 삶을 살수가 있는 것입니다. 마치 우리 인생은 태어나면서부터 심한 장애를 가진 사람과 같습니다. 하나님께서는 우리가 가지고 있는 이 치명적인 장애인 죄를 고쳐서 하나님이 보시기에 가장 바른 아름다운 삶을 살도록 우리를 말씀으로 초청하시는 것입니다.

죄를 고치는 능력

우리가 예수 믿는 것을 중요하지 않게 생각하는 가장 큰 이유는 그리스도 안에 있는 아름다운 삶의 정체를 알지 못하기 때문입니다.

> **1절** 나의 자녀들아 내가 이것을 너희에게 씀은 너희로 죄를 범하지 않게 하려 함이라 만일 누가 죄를 범하여도 아버지 앞에서 우리에게 대언자가 있으니 곧 의로우신 예수 그리스도시라

여기서 '나의 자녀들아'라고 하는 것은 신앙적으로 가장 성숙한 수준에 있는 사람이 이제 막 자라기 시작하는 어린 성도들에게 주는 교훈입니다.
예를 들어, 스포츠나 음악에 있어서 세계적으로 성공한 사람이 초등

학교나 유치원의 어린이들을 대상으로 해서 가장 중요한 것을 가르치는 것과 같습니다. 그들이 주는 이 한마디의 교훈은 그가 성공적인 선수가 되기 위해서 피땀을 흘리는 과정에서 성공할 수 있었던 가장 중요한 핵심이라고 말할 수 있습니다. 우리가 생각하기에 이 세상에서 가장 성공적인 그리스도인이 되기 위해서 필요한 것은 신학 지식을 많이 배운다거나 아니면 기도를 많이 해서 신비로운 체험을 많이 한다거나 혹은 선한 사업을 많이 해서 세상적으로 유명해지는 것이라고 생각할지 모릅니다. 그러나 사도 요한은 우리 그리스도인들이 이 세상에서 성공적인 삶을 살기 위하여 가장 중요한 한 가지는 '죄를 짓지 않는 것이라'고 말씀하고 있습니다. 우리가 성공적인 그리스도인이 되기 위해서 가장 중요한 것은 놀랍게도 죄를 짓지 않는 것입니다.

여기서 우리 자신에 대하여 우리가 원하는 것과 하나님이 우리에게 원하시는 것이 많이 다르다는 것을 발견하지 않을 수 없습니다. 우리가 원하는 것은 이 세상에서 성공하는 것입니다. 직장을 가지고 결혼을 하고 다른 사람들에게 인정을 받고 유명해지는 것입니다. 그러나 하나님께서 우리에게 원하시는 것은 단 한 가지 죄만 짓지 않아도 우리를 크게 성공한 것이라고 말씀하고 있습니다.

첫째로 과연 우리가 이 세상에서 전혀 죄를 짓지 않는 것이 가능한 일일까요? 우리가 만일 전혀 죄를 짓지 않는다면 천사와 같을 텐데 우리가 그렇게 천사 같은 사람이 될 수 있을까요? 여기서 우리가 죄를 짓지 않는다고 할 때 우리가 전혀 죄에 빠지지 않는다거나 혹은 천사 같은 사람이 된다는 뜻은 아닙니다. 우리가 인간인 이상 이 세상에서 완전히 죄를 짓지 않을 수는 없습니다. 그러나 우리는 죄를 이기는 생활을 할 수는 있는 것입니다.

우선 우리가 하나님을 모를 때에는 죄가 무엇인지 그 자체를 알지 못한 채 살았습니다. 에베보서 4:18-19에서 사도 바울은 믿지 않는 자들에 대하여 이렇게 말씀하고 있습니다.

> '그들의 총명이 어두워지고 그들 가운데 있는 무지함과 그들의 마음이 굳어짐으로 말미암아 하나님의 생명에서 떠나 있도다 그들이 감각 없는 자되어 자신을 방탕에 방임하여 모든 더러운 것을 욕심으로 행하되'

우리가 하나님을 모를 때에는 죄가 무엇인지 죄 자체를 몰랐습니다. 그리고 죄에 대한 감각이 없기 때문에 죄를 지으면서도 그것이 죄인 줄 몰랐습니다. 세상 사람들이 죄에서 떠나지 못하는 가장 중요한 이유는 죄가 무엇인지 모르기 때문입니다. 세상 사람들은 오히려 죄가 당연한 것인 줄 알고 죄가 아름다운 것인 줄 알고 있습니다.

명작을 읽어보면 많은 작가들이 죄가 무엇인지 모를 뿐 아니라 죄를 미화시키고 있다는 것을 알게 됩니다. 세계 명작에서 다루는 많은 사랑들이 죄짓는 사랑일 때가 많습니다. 그런 것들을 작가들은 너무나도 매력적이고 아름답게 묘사하고 있는 것입니다. 그리고 죄를 모르니까 죄에 대한 감각도 없는 것입니다.

그러나 우리가 하나님을 알게 될 때 가장 먼저 나타나는 현상이 죄가 어떤 것인지 알 뿐 아니라 죄에 대한 수치심을 느끼게 됩니다. 이것이 우리에게는 너무나도 중요한 변화입니다.

우리가 하나님을 알고 난 뒤에는 죄가 결코 우리를 행복하게 하지 못합니다. 옛날에는 죄가 행복인 줄 알았는데 죄를 지으면 너무나도 비참하고 고통스러운 죄책감을 가지게 되는 것입니다. 그러면서도 우리는 육신의 유혹에 져서 죄를 지을 때가 많이 있습니다. 그러나 우리가 죄를 지으면 우리 마음은 하나님의 은혜가 막혀서 완전히 시커멓게 되고 맘니다. 우리가 죄를 지으면 결코 마음이 행복하지 않습니다. 오히려 먹어서는 안 되는 나쁜 음식을 먹어서 체한 것처럼 고통스럽게 되는데 나중에는 이 죄들을 다 토해내어야 속이 다시 시원해지게 됩니다. 그래서 나중에는 죄의 유혹이 와도 회개하는 것이 너무 힘이 들어서 죄짓는 것을 포기하게 됩니다.

일단 우리가 하나님을 모를 때 우리의 관심거리는 내면적인 죄가 아니라 외적인 조건인 것이 사실입니다. 우리는 세상에서 좋은 학벌과 직장을 가지고 좋은 형편에서 결혼 생활을 하는 것을 중요하게 생각합니다. 우리가 그렇게 생각하는 이유는 우리는 적어도 남들만큼은 행복해야 한다고 생각하기 때문입니다. 우리는 남들보다 한두 가지가 부족하면 굉장히 불행하게 생각합니다. 그러나 사도 요한은 중요한 것은 외적인 조건이 아니고 우리 마음의 상태라고 말씀하고 있습니다. 즉 우리의 행복은 우리 안에 있는 죄를 털어버리는데 있는 것입니다. 그것은 결국 하나님과 교제하는 것을 통하여 이루어지게 됩니다. 우리가 말씀을 듣고 은혜 받는 것이 하나님과 교제하는 것입니다. 우리는 그것을 통해서 죄를 이기게 됩니다.

우리에게 궁금한 것은 이렇게 죄를 이기면 어떻게 되느냐 하는 것입니다. 죄를 이기면 우리가 출세를 하고 돈을 많이 벌게 되고 유명하게 되느냐 하는 것입니다. 물론 죄를 이기는 신앙을 가지게 되었다고 해서 세상에서 당장 유명해지거나 돈을 많이 벌게 되는 것은 아닙니다.

그러나 우리가 죄를 이기게 되면 하나님 앞에서 담대한 양심을 가지게 됩니다. 즉 하나님 앞에서 하나님의 친구처럼 담대하게 되며 하나님의 능력이 우리 안에 온전케 되는 것입니다. 즉 하나님의 능력이 나를 통해서 백 퍼센트 나타나게 됩니다.

우리가 알아야 할 것은 모든 귀중한 축복과 능력은 하나님으로부터 오는데 그것을 막는 것은 죄라는 것을 알아야 합니다. 지금 인간들이 많은 돈과 지식과 권력을 가지고 뽐을 내면서 살아가고 있지만 이것이 정상적인 모습이 아니라는 것을 알아야 합니다. 우리가 죄를 이기면 가장 존귀한 능력이 우리에게 풍성하게 주어지게 됩니다.

예수님의 역할

우리가 죄를 이길 수 없는 것은 죄가 행동의 문제가 아니라 생각의 문제이기 때문입니다. 그러니까 우리가 굳이 행동으로 악한 짓을 하지 않더라도 악한 것을 생각만 해도 이미 우리는 죄를 지은 것입니다. 그런데 우리의 생각이라고 하는 것은 너무나도 자유분방하며 엉뚱하기 때문에 순간적으로 악한 것들을 많이 생각하게 됩니다. 사실 우리가 다른 사람의 머릿속에 들어가 보지 않아서 그렇지 만일 우리가 다른 사람의 생각을 다 알 수 있다면 구역질이 나서 견디지 못할 것입니다.

우리가 알아야 할 첫 번째는 우리 인간 자신의 힘으로는 절대로 죄를 이길 수 없다는 것입니다. 마치 우리 인간들은 뇌사 상태에서 쇠사슬에 묶여 있는 환자와 같다고 말할 수 있습니다. 사람이 뇌사 상태에 빠지면 스스로의 힘으로 움직일 능력이 없습니다. 그런데 그런 사람을 쇠사슬로 묶어 놓으면 혼자 힘으로 일어나거나 움직일 가능성이 전혀 없는 것입니다. 만일 이런 사람을 제대로 활동하는 정상적인 사람으로 만들어 놓으려면 쇠사슬을 끊어야 할 뿐 아니라 치료를 해서 뇌사 상태에서 정상적인 사람으로 만들어 놓아야 하는 것입니다.

사람들이 죄의 함정에서 빠져 나오려면 두 가지가 필요합니다. 하나는 본인 스스로가 깨달아야 하는 것입니다. 다른 사람이 아무리 도와주려고 해도 그 자신이 깨닫지 못하고 죄짓는 생활을 좋아한다면 그 때는 도와줄 수가 없습니다. 두 번째는 힘이 필요합니다. 누군가가 악한 자들을 이기고 그 사람을 빼내어서 다시는 그런 세계에 빠져들지 않고 살 수 있도록 도와주어야 하는 것입니다. 이것은 그 사람 혼자의 힘으로는 불가능한 것입니다. 죄에 빠진 자는 거기에서 도망쳐 나온다고 하여도 다시 잡혀가고 말 것입니다. 다른 엄청난 힘이 그를 거기서 건져주지 않는다면 아무리 자기가 그것을 싫어하고 뉘우친다고 하여도 소용이 없을 것입니다.

즉, 우리 스스로는 죄를 알지도 못하고 죄에서 벗어날 수도 없지만 예수님이 엄청난 일을 행하셨습니다.

1절하-2절 누가 죄를 범하여도 아버지 앞에서 우리에게 대언자가 있으니 곧 의로우신 예수 그리스도시라 그는 우리 죄를 위한 화목 제물이니 우리만 위할 뿐 아니요 온 세상의 죄를 위하심이라

여기서 아주 중요한 두 가지 표현이 나옵니다. 하나는 '화목 제물'이라는 말이고 다른 하나는 '대언자'라는 말입니다.

우선 우리는 '화목'이라는 것이 무엇을 의미하는지 알 필요가 있습니다. '화목'과 비슷한 것이 '속죄'인데 화목과 속제는 중요한 차이가 있습니다. 우선 '속죄'라고 하는 것은 그야말로 다른 사람의 죄를 용서해주는 것입니다. 즉 어떤 사람이 나에게 죄를 지으면 나는 상처를 입게 되어서 마음이 아프고 고통스럽습니다. 그리고 그 사람이 나에게 피해를 준만큼 보복을 하고 싶은 생각이 듭니다. 그런데 그 사람이 사과를 하면 그가 잘못한 것을 없는 것으로 하고 싶은 마음이 생겨서 분노가 누그러지게 됩니다. 즉 그 사람이 나에게 피해를 주었지만 사과를 하니까 그것

을 받아주는 것입니다. 그러나 이것은 죄를 생각하지 않기로 한 것이지 용서를 했다고 해서 더 친해지거나 가까워지는 것은 아닌 것입니다. 그러나 '화목 제물'은 쌍방 간에 이루어지는 화해입니다. 화목이라는 것은 지금 어느 한쪽이 다른 쪽에 죄를 지어서 지금 한쪽이 죄를 지어 서로의 관계가 불편한 가운데 있다고 합시다. 이상한 것은 죄를 지은 사람은 상대방에게 미안하게 생각을 해야 할 텐데 오히려 자기가 더 오해를 하고 화를 낼 때가 많은 것입니다. 이때 누군가가 중간에 중재를 해서 오해를 없애고 서로 다시 화해를 해서 옛날과 같은 깊은 우정과 신뢰를 회복하게 할 때 바로 그렇게 하는 것을 화목하게 한다고 말하는 것입니다. 예수님께서는 우리와 하나님 사이에 끼어 들어오셔서 십자가에 못 박혀 죽으심으로 하나님과 우리를 화해하게 하셨습니다. 우리 인간들이 마음이 얼마나 강퍅한지 누군가가 죽지 않으면 눈 하나 깜짝 하지 않는 것입니다. 그런데 하나님의 아들이 우리 죄를 대신해서 십자가에 죽었으며 그것도 전혀 죄 없는 분이 죽으셨다는 말을 들었을 때 또 하나님이 그 정도로 우리를 사랑하신다고 말씀하실 때에 그렇게 강퍅하던 마음이 누그러지게 되는 것입니다. 그리고 우리 인간의 교만과 죄에 대하여 분노하시던 하나님도 아들의 죽으심을 통해서 우리를 다시 사랑하시게 되셨습니다. 그래서 화목은 단순한 용서가 아닙니다. 서로 화해하고 사랑하는 것입니다.

그래시 화목은 속죄보다 더 수준이 높은 것입니다. 화목 안에는 사랑의 회복이 있고 신뢰의 회복이 있습니다. 우리가 예수를 믿을 때에 단지 과거에 지은 죄만 없어지는 것이 아니라 하나님과의 관계가 새로워지게 됩니다. 즉 과거의 죄인의 신분에서 사랑받는 자녀로 바뀌게 되는 것입니다.

이것이 우리를 잡아매고 있는 죄의 사슬이 끊어질 뿐 아니라 우리에게 하나님의 능력이 부어지게 되는 것입니다.

그러나 우리는 너무나도 오랫동안 죄의 지배를 받아왔기 때문에 아무리 사슬이 끊어지고 하나님의 자녀가 되었다 하더라도 우리가 죄의 충동을 받으면 옛날의 죄 짓는 생활로 돌아가기 쉽습니다. 그것을 위하여 우리에게 '대언자'가 있는 것입니다. 이 '대언자'는 하늘에 있는 대언자입니다. 즉 우리가 악한 것을 생각하거나 죄를 지으면 하나님의 은혜가 막혀버리게 됩니다. 그때 우리가 예수님의 이름으로 하나님께 부르짖으면서 회개를 하면 그 즉시 하나님의 은혜가 회복됩니다. 왜냐하면 우리 주님이 하나님 앞에서 우리를 위하여 직접 기도하시기 때문입니다. 예수님께서는 이미 우리의 죄를 다 책임지셨습니다. 그래서 더 이상 우리가 책임을 지지 않아도 됩니다. 요즘 미국에서는 경찰에서 어떤 사람이 수상하다고 해서 붙잡아 가더라도 그 사람은 말 한 마디 하지 않아도 됩니다. 즉 모든 것을 변호사에게 맡기면 되는 것입니다. 다른 예를 들면 요즘 자동차 접촉사고가 났을 때 옛날에는 운전자들끼리 멱살을 잡고 싸우면서 시시비비를 가렸습니다. 그러나 지금은 그렇게 할 필요가 전혀 없습니다. 모든 것을 보험회사 직원에게 맡겨버리면 모든 것을 다 알아서 처리를 해줍니다. 마찬가지로 우리는 우리의 죄에 대하여 스스로 책임을 지지 않습니다. 왜냐하면 모든 것을 예수님께서 다 알아서 해주시기 때문입니다.

그럼에도 불구하고 우리는 죄를 버리는 훈련을 해야 합니다. 그 이유는 우리가 죄를 지어도 이제는 우리 자신이 더 이상 기쁘지 않고 고통스럽기 때문입니다. 우리가 죄를 짓고 회개하지 않으면 마치 독약을 먹고 혼자 참고 있는 것같이 괴롭고 고통스럽습니다. 그래서 우리는 죄를 멀리해야 하고 죄를 버리는 훈련을 해야 우리 양심이 편하고 신앙에 힘이 생기게 됩니다.

하나님의 새로운 계명

하나님께서 우리를 복음으로 부르신 것은 거룩한 삶으로 부르신 것입니다. 우리는 옛날에 버림받은 거지아이와 같았습니다. 그런데 이제 하나님의 축복의 자녀가 되었으면 하나님의 생활 방식을 배워야 합니다. 그런데 우리는 여전히 쓰레기통을 뒤지는 것이 좋고 욕하고 싸우는 것이 더 좋을 때가 많습니다. 그러나 우리에게는 새로운 계명이 있습니다.

3절 우리가 그의 계명을 지키면 이로써 우리가 그를 아는 줄로 알 것이요

우선 이 세상의 계명은 누군가가 죄를 지으면 그 죄를 폭로시키고 인격적으로 비난하고 처벌을 하는 계명입니다. 그래서 이 세상에서는 누구든지 죄를 지으면 기를 쓰고 죄를 감추려고 합니다.

그러나 율법의 계명은 종으로서의 계명입니다. 즉 직장에서 사장이 직원들에게 일을 시키면 너무나도 일을 잘합니다. 그러나 그것은 결코 사장이 좋아서 그런 것이 아닙니다. 오직 그것이 자신의 일이고 자신의 사명이기 때문에 최선을 다 할 뿐입니다. 그러나 집에 있는 자녀들은 때로 게으르기도 하고 반발하기도 하지만 진심으로 부모님을 사랑합니다. 그래서 무엇인가 하고 싶어 합니다. 예수님이 우리에게 주신 계명은 직장의 책임이나 임무가 아닙니다. 오직 하나님의 사랑받는 자녀로서 말씀을 깨닫고 은혜를 받아 말씀에 순종하는 것입니다.

우리가 무엇인가 하기 위해서는 배워서 알아야 합니다. 배우는데는 두 가지 종류가 있습니다. 하나는 그냥 머리로만 배우는 것이고 다른 하나는 인격적으로 배우는 것입니다. 그런데 머리로 배우는 것은 인격 형성에 별로 도움이 되지도 않고 또 시간이 지나가면서 금방 잊어버리게

됩니다. 예를 들어서 학교에서 중간고사나 기말고사를 위해서 많은 것을 암기하지만 시험이 끝나면 다 잊어 버리는 것과 같습니다. 그러나 인격적으로 사귀면서 배운 것은 한 평생에 걸쳐서 잊지 않을뿐더러 두고 두고 우리 삶의 중요한 밑거름이 되는 것입니다. 그런데 하나님께서 우리에게 가르쳐주시는 지식은 사귀면서 가르쳐주시는 실제적이고 인격적인 것입니다.

우선 우리는 이 세상의 많은 어려움들을 통해서 하나님의 말씀을 인격적으로 받아들이게 됩니다. 우리가 하나님의 말씀을 가까이 하면 죄가 저절로 멀어지게 됩니다. 왜냐하면 우리는 말씀을 통해서 거룩하신 하나님과 사귀며 교제를 하기 때문입니다. 그래서 혼자서 죄를 멀리하고 끊으려고 해도 죄는 이미 우리 머릿속에 들어와 있고 내 피 속에 흐르고 있기 때문에 결심만으로는 되지 않습니다. 그러나 우리가 하나님과 인격적으로 사귈 때 우리의 체질이 변하면서 자연스럽게 죄를 싫어하게 됩니다. 결국 우리가 하나님으로부터 오는 은혜를 받는 가운데 죄에 대하여 면역성이 생기게 됩니다. 그래서 결국은 죄를 이기게 되는 것입니다.

우선 우리가 알아야 할 것은 하나님의 계명은 하나님의 사랑을 다른 사람들에게 나누어주는 것입니다.

하나님께서는 우리로 하여금 다른 사람을 인정하기를 원하십니다.

이 세상 사람들은 누군가로부터 인정받아야 자신의 정체성을 발견할 수 있습니다. 우리 그리스도인들은 다른 사람들을 볼 때에 외모로 판단하지 않습니다. 물론 그 사람이 좋은 외모나 조건을 가지고 있을 때 굳이 그것을 무시하거나 깎아내릴 필요는 없습니다. 그러나 그것보다 더 중요한 것은 그 사람의 속사람이며 지금 만들어져가고 있는 하나님의 자녀의 인격인 것입니다. 우리는 그것을 소중하게 생각합니다. 그리고 아무리 타락한 사람이라 하더라도 그 사람 속에는 하나님의 형상이 파괴되었다는 것을 생각하고 소중하게 생각합니다. 그래서 이 세상에서 실패한 사람이나 죄인에 대하여 기독교만큼 소중하게 생각하는 종교는 없을 것입니다. 우리는 다른 사람을 있는 그대로 받아주고 용납해 주면 됩니다. 우리는 굳이 다른 사람들에게 아첨할 필요도 없고 있는 것을 굳이 깎아내릴 필요도 없는 것입니다. 그리고 다른 사람을 나의 이익을 위하여 이용하려고 해서는 안 됩니다. 그 사람을 그 사람의 가치 그대로 인정하고 하나님의 뜻대로 사용되게 해야지 나를 위해서 이용을 하려고 하는 것은 악한 것입니다.

또한 다른 사람들이 나에게 죄를 짓고 나쁜 짓을 하였을 때 그의 허물을 용서해주는 것이 우리의 할 일입니다. 왜냐하면 하나님께서는 우리를 화평케 하는 일을 위하여 세우셨기 때문입니다. 그래서 다른 사람들끼리 싸우는 것은 어쩔 수 없다 하더라도 일단 누군가가 나를 미워하고 나에게 손해를 끼쳤을 때에 분을 품지 않고 용서할 때 그 사람은 하나님의 사랑을 느끼게 될 것입니다. 그래서 예수님께서는 '화평케 하는 자는 복이 있나니 저희가 하나님의 아들이라 일컬음을 받을 것임이요'라고 말씀하셨습니다.

우리는 결코 완벽주의자가 아닙니다. 완벽주의는 작은 실수를 두려워해서 전혀 아무것도 하지 않은 경우가 많은 것입니다. 예를 들어서 어떤 학생들은 시험 준비가 좀 부족하다고 해서 시험 전체를 포기해버리는 경우가 있습니다. 사실 인간이 시험을 완벽하게 준비할 수는 없습니다. 나름대로 부족하지만 최선을 다해서 시험을 치면 완벽하지 못해도 생각보다 좋은 결과를 얻을 수 있습니다.

그래서 우리는 부족한 가운데서도 작은 사랑을 실천하려는 것이 필요합니다. 어떤 사람은 자기 재산을 다 바쳐서 구제를 하려고 하니까 한 평생 한 사람도 돕지 못하는 것입니다. 그러나 얼마 되지 않는 돈이지만 조금씩 남을 돕다 보면 점점 액수도 커지게 되고 나중에는 돈만이 아니라 몸으로도 봉사를 하게 되고 나중에는 봉사 왕이 되는 것입니다.

어느 아버지에게 두 아들이 있었습니다. 아버지가 밭에 나가 일을 하라고 했을 때, 큰 아들은 '밭에 가겠습니다'라고 해 놓고 가지 않았습니다. 왜냐하면 큰 아들은 매너가 좋았고 교양이 있었기 때문입니다. 그러나 교양이 없던 작은 아들은 '가지 않겠습니다'라고 하였다가 마음을 고쳐먹고 나중에 밭에 갔습니다. 예수님은 아버지가 어느 아들을 좋아할 것 같으냐고 물으셨습니다. 우리 생각으로는 매너 좋고 예의 있는데 순종하지 않는 아들일 것 같습니다. 그러나 아버지는 가만히 생각해 보니까 가는 것이 아버지가 기뻐하실 것 같아서 순종한 아들을 좋아했습니다. 작은 아들은 처음에는 아버지의 말씀을 거역하려고 했습니다. 그러나 조금 지나니까 마음이 불편해 마음을 바꾸어서 순종했습니다. 그는 한번 가지 않겠다고 해놓고서 간다면, 이것은 남자답지 못한 것이 아닌가, 너무 변덕스럽다고 책망 받지 않을까 라는 생각을 하지 않았습니다.

4절 그를 아노라 하고 그의 계명을 지키지 아니하는 자는 거짓말하는 자요 진리가 그 속에 있지 아니하되

하나님의 사랑은 아주 작은 데서부터 시작이 됩니다. 아주 작은 사랑을 실천해보면 얼마나 기쁜지 모릅니다. 그러나 한꺼번에 큰사랑을 하려고 하는 사람은 실제 입만 살아있지 할 수 있는 것이 아무것도 없는 것입니다. 우리는 너무 큰 것만 생각해서는 안 됩니다. 내가 할 수 있는 작은 것을 기쁨으로 하다 보면 하나님의 사랑이 나를 통하여 온전히 이루어지게 되는 것입니다.

5-6절 누구든지 그의 말씀을 지키는 자는 하나님의 사랑이 참으로 그 속에서 온전하게 되었나니 이로써 우리가 그의 안에 있는 줄을 아노라 그의 안에 산다고 하는 자는 그가 행하시는 대로 자기도 행할지니라

여기에 보면 '하나님의 사랑이 그 속에서 온전케 되었다'고 말씀하고 있습니다. 우리는 부족하지만 하나님은 우리의 부족한 것을 완전하게 하십니다.

그 대표적인 예가 오병이어의 기적입니다.

한 소년이 자기가 먹을 보리떡을 예수님께 바쳤을 때 오천 명을 먹이고 열두 광주리를 남기게 되었습니다. 그 보리떡이 보잘 것이 없다고 해서 혼자 먹었다면 조금 시장기를 면하는 정도로 그쳤을 것입니다. 그러나 예수님께 바쳤더니 엄청나게 많은 사람들이 배부르게 먹고 열두 광주리나 남은 것입니다. 우리가 기억해야 할 것은 내가 살고자 하면 결국 모두 죽는다는 것입니다. 오늘 사람들은 서로 자기만 살려고 하기 때문에 모두 죽고 있습니다. 빵은 제한되어 있는데 내가 많이 먹으면 결국 남은 굶어야 하는 것입니다. 그러나 남을 살리면 내가 살게 되어 있습니다. 왜냐하면 그 부스러기만 해도 열두 광주리가 남기 때문입니다.

우리가 남을 살리고 그 남은 부스러기만 주워 먹어도 우리는 실컷 행복하게 살 수 있을 것입니다. 그리고 이런 사람들이 사는 세상을 하나님은 전쟁과 재앙으로부터 지켜주실 것입니다.

JOHN 1

요일 04
(2:7-11)

사랑의 계명

　사람들은 대개 대학을 지식을 배우고 사회에 나가서 성공할 수 있는 준비하는 곳으로 생각합니다. 물론 그런 기능을 무시할 수는 없지만 대학은 청년들의 인격이 학문과 지성적인 만남을 통해서 다듬어지는 과정이라고 보아야 합니다. 그런 의미에서 대학은 강의실도 중요하지만 강의실 못지 않게 중요한 곳이 바로 잔디밭이기도 합니다. 잔디밭에서 학생들은 친구들과 모여서 사귀기도 하고 어떤 때는 자신의 인생관이나 철학을 친구들에게 설명하는 곳이기도 합니다. 그러면서 사람들은 다시 한 번 다른 사람에 의해서 지성이 다듬어지고 대화하는 법을 배우게 되는 것입니다. 학생들은 강의실에서 교수의 강의를 통해 학문을 배우기도 하지만 때로는 기숙사나 혹은 강의실 앞 잔디밭에서 친구들과 사귀고 대화하는 가운데 지성적인 인격으로 다듬어지게 됩니다.
　이것은 우리가 신앙 생활하는데도 마찬가지입니다. 우리는 우리의 신앙에서 하나님을 바라보는 것이 가장 중요합니다. 그래서 성경에서는 '주를 바라보라'는 말들을 많이 하고 있습니다. 그러나 우리가 하나님을 바라보고 난 후에는 다른 형제나 자매들을 바라보아야 합니다. 왜냐하면 하나님께서는 다른 형제와 자매와의 관계를 통해서 내 자신을 보게 하기도 하고 또 우리의 모난 부분을 다듬어주시기도 하고 더 중요한 것은 우리에게 부족한 것을 채워주시기도 하십니다. 그래서 하나님의 그 소중한 축복들이 나에게만 있는 것이 아니라 다른 형제와 자매에게도 있습니다. 만일 어떤 사람이 주위에 있는 다른 믿음의 형제자매들과 조금도 교제하지 않고 계속 하나님만 바라보려고 하면 오히려 신앙이 외골수에 빠져서 더 눈이 캄캄해질 수 있습니다.

사도 요한 때 정상적인 교회 생활을 기피하는 교인들이 있었습니다. 이 사람들은 내가 하나님만 믿으면 되는 것이지 굳이 교회 생활을 하거나 다른 형제나 자매들과 알아야 할 필요가 없다고 생각하면서 계속 신비주의에 빠졌습니다. 그런데 이상한 것은 이들이 그렇게 하나님을 찾는데도 불구하고 신앙은 자라지 않고 오히려 더 위축되고 당당하지 못한 신앙생활을 하게 되었던 것입니다. 그 이유는 그들이 하나님만 바라본다는 것이 교만이었고 고집이었기 때문입니다.

하나님께서는 우리에게 형제와 자매를 사랑하라는 것을 계명으로 주셨습니다. 그래서 우리는 교회 생활을 해도 되고 안 해도 되는 것이 아니라 반드시 해야 하는 것입니다. 우리가 원만한 교회 생활을 한다는 것은 우리를 말할 수 없이 풍성하게하고 당당하게 하고 아름답게 합니다.

가장 위대한 계명

새로운 하나님의 계명

7절 사랑하는 자들아 내가 새 계명을 너희에게 쓰는 것이 아니라 너희가 처음부터 가진 옛 계명이니 이 옛 계명은 너희가 들은 바 말씀이거니와

 사도 요한은 우리들에게 새로운 계명을 준다고 말씀하십니다. 그러면서도 이것은 결코 새 계명이 아니고 옛 계명인데 다시 주는 것이라고 말씀하고 있습니다. 결국 주님이 우리에게 다시 주는 옛 계명이 무엇일까요? 그것은 형제와 자매를 사랑하라는 것입니다. 이것이 옛 계명인 이유는 이미 하나님께서 구약 이스라엘 백성들에게 이 계명을 주셨기 때문입니다.

 하나님께서는 이스라엘 백성들을 애굽의 노예 상태에서 구원하신 후에 새 계명을 주셨습니다. 그 계명에는 오직 하나님만 섬기라는 것만이 아니라 '살인하지 말라', '간음하지 말라', '도적절하지 말라'와 같은 계명을 주셨습니다. 하나님께서 이스라엘 백성들에게 이 계명을 주신 것은 결국 같은 이스라엘 백성들은 한 형제이고 자매이기 때문에 자기 이익을 위해서 죄를 짓지 말라는 뜻입니다. 예를 들어서 만일 친 형제 자매를 살인할 수 없을 것입니다. 그리고 그의 물건을 도둑질하지 못할 것입니다. 우리가 친 형제 자매 사이라고 하면 내 동생이 더 잘되고 더 행복하기를 바라지 결코 내 욕심을 위해서 물건을 빼앗거나 죽이지 못할 것입니다. 더욱이 자기 친 여동생이나 누님이 있다면 자기 정욕을 위해서 간음하지 못할 것입니다. 오히려 정말 나의 누이나 여동생이 좋은 사람을 만나서 결혼하기를 원할 것입니다. 하나님께서 이스라엘 백성들에게 요구하신 것은 하나님께서 이스라엘 백성들을 함께 구원하셨기 때문에 서로를 해치거나 자기 욕심을 위해서 악용하지 말라는 뜻입니다.

우리는 이것을 제대로 이해할 필요가 있습니다. 우리는 보통 같은 죄수의 신분으로 있다가 풀려나게 되었으면 그 뒤에는 다시 만날 일도 없고 아는 체 할 일도 없을 것입니다. 오히려 뿔뿔이 흩어져서 자기 갈 길을 가고 다시는 만나지 않으려고 할 것입니다. 그러나 하나님께서는 우리를 죄에서 구원하셨을 뿐 아니라 모두 한꺼번에 하나님의 자녀로 삼으셨습니다. 하나님께서 이스라엘 백성들을 애굽에서 해방시키시고 다 자기 갈길을 가게 하셨다면 십계명은 필요가 없었을 것입니다. 그러나 하나님께서는 이스라엘 백성 전체를 하나님의 자녀로 삼으시고 축복의 백성으로 삼으셨습니다. 이것은 다른 비유로 말하면 어떤 부자가 한 고아원에 있는 고아 전체를 자기 친 자식으로 입양한 것과 같습니다. 그리고 그 아버지께서 고아들에게 요구하신 것은 이제 너희들은 더 이상 고아원 아이들이 아니니까 이제 나의 자녀로서 내 집 안의 법도를 배우도록 하라고 하시는 것입니다. 즉 물건을 빼앗거나 훔쳐서도 안 되고 서로 싸우거나 욕을 해서도 안 되고 여자 아이들은 자기 누이동생같이 생각하라는 것입니다.

오래 전에 리더스 다이제스트지를 보니까 미국에서 길거리에 버려진 아이들을 데려다가 돌보아주는 분이 계셨습니다. 이 분은 아이들에게 공부도 하게하고 생활에 필요한 모든 것을 돌보아 주었습니다. 그런데 이 분의 조건은 아이들이 나쁜 짓을 세 번 이상하면 그때는 밖으로 보내는 것이었습니다. 그리고 그 후에는 길에서 보더라도 절대로 아는 체도 하지 않는다고 했습니다. 하나님께서 이스라엘 백성들에게 요구하신 것은 '너희가 이제는 하나님의 자녀로 신분이 변했기 때문에 하나님의 자녀답게 서로 사랑으로 대하라'는 것이었습니다. 그러나 이스라엘 백성들에게 그냥 '사랑하라'고 하면 옛날 노예 방식으로 하는 것이 사랑하는 것인 줄 아는 것입니다. 즉 간음을 하면서 이것이 사랑하는 것이라고 하는 것입니다. 그리고 아이들의 물건을 빼앗고 때리면서 사랑하기 때문에 그렇게 한다고 말을 합니다. 그래서 하나님께서는 이스라엘 백성들에게 아주 구체적으로 살인하지 말라 간음하지 말라 도적질하지 말라는 식으로 부정적으로 표현하신 것입니다. 그러나 이 계명들의 핵심은 가장 중요한 것이 하나님 안에서 변화된 내 자신의 신분을 깨달으라는 것입니다. 우리는 더 이상 죄의 노예가 아니고 하나님의 사랑받는 자녀가 된 것입니다. 그리고 나서 다른 사람들을 보니까 다른 사람들도 나와 같이 하나님의 소중한 자녀가 된 것입니다. 우리가 그것을 인정하고 기뻐하는 것이 하나님이 이스라엘 백성들에게 주신 계명인 것입니다.

사도 요한은 이 편지를 받아보는 성도들을 '사랑하는 자들아'라고 부르고 있습니다. 우리는 보통 죄를 지은 사람들을 부를 때 '이 나쁜 놈들아'라고 부를 것입니다. 아마도 경찰은 죄를 지어서 붙들려온 죄인들을 '사랑하는 자들아'라고 부르지 않을 것입니다. 오히려 '이 도둑놈들아'라고 부르든지 아니면 '이 흉측한 놈들아'라고 부를 것입니다. 그런데 사도 요한은 우리들을 '사랑하는 자'라고 부르고 있습니다. 이것은 우리가 하나님의 사랑받기에 합당한 자라는 뜻입니다. 우리는 이제 더 이상 하나님의 진노의 자녀들이 아니고 사랑의 자녀들이 되었습니다.

옛날에 가끔 다른 집에서 데려와서 키우는 아이들이 있었습니다. 물론 나중에는 이 아이들이 친 자식처럼 가까워지고 사랑을 받게 되지만 그래도 처음에는 서먹서먹할 때가 많습니다. 그러나 사랑받는 자녀들은 자기 엄마나 아버지에게 전혀 거리낌 없이 나아갈 수 있습니다.

우리가 하나님을 몰랐을 때에는 이 세상의 야망을 위하여 달려갔습니다. 우리가 이 세상에서 바라는 것은 더 높은 지위에 올라가는 것과 더 유명하게 되고 더 많은 돈을 버는 것이 삶의 목적이었습니다. 그러나 하나님을 만나고 나면 이 세상의 그런 행복들은 갑자기 빛을 잃어버리게 되고 오직 하나님께 가까워지게 되었습니다. 이것이 우리에게 발생한 대단한 일인 것입니다. 이 세상에서 아무리 돈을 많이 벌고 유명한 사람들도 하나님 앞에서는 서먹서먹할 것입니다. 그 이유는 그들은 결코 사랑받는 자녀들이 아니기 때문입니다. 그런데 이 사랑의 계명을 다시 새 계명으로 주는 이유가 무엇일까요? 이제는 이 사랑의 범위가 달라졌고 더 넓어졌기 때문입니다. 이제는 이스라엘 백성들만이 형제자매가 아니라 예수 믿는 모든 사람들이 형제자매입니다. 심지어는 지금 당장은 믿지 않아도 앞으로 믿을 사람들도 모두 사랑의 대상이고 심지어는 원수들까지도 사랑의 대상이 될 수 있기 때문입니다.

우리는 믿음의 형제자매들을 보면 금방 통하는 것이 있습니다. 그 이유는 신앙의 감격이 있고 또 고난을 통해서 많은 것을 함께 알게 되었기 때문입니다. 우리는 하나님의 말씀을 들으면 금방 하나가 되어버립니다. 우리가 같은 복음을 들을 때 우리 사이를 가로막고 있는 모든 담이나 차이가 없어지게 됩니다.

어두움에서 빛으로

8-9절 다시 내가 너희에게 새 계명을 쓰노니 그에게와 너희에게도 참된 것이라 이는 어둠이 지나가고 참빛이 벌써 비침이니라 빛 가운데 있다 하면서 그 형제를 미워하는 자는 지금까지 어둠에 있는 자요

우리가 캄캄한데 있다가 빛이 들어오면 너무나도 기분이 좋을 것입니다. 옛날에 제가 어렸을 때 전기가 들어오지 않는 곳이어서 호롱불을 켰었는데 방이 항상 좀 어두웠습니다. 그러다가 전기가 처음 들어와서 환

한 백열등을 켰을 때의 그 환했던 기억을 잊을 수가 없습니다.

사도 요한은 우리가 예수를 믿지 않았을 때가 어두움 속에 있을 때라고 말하고 있습니다. 이제 우리는 환한 빛 가운데 있게 되었습니다.

우리는 '어두움'이라는 것을 여러 가지 의미로 사용하고 있습니다.

사람들은 흔히 아프리카를 '검은 대륙'이라고 말하는데 그것은 거기에 있는 사람들의 피부색이 검어서 그런 것이 아니라 무지하고 미개한 가운데 살기 때문에 그렇게 말하는 것입니다. 여기서 사도 요한이 '어두움'이라고 말하는 것은 우리가 하나님을 알지 못하기 때문에 자기 자신의 가치도 알지 못하고 죄의 노예가 되어서 살아가고 있는 상태를 말하는 것입니다.

우리가 하나님을 알지 못할 때 가장 심각한 것이 우선 하나님을 미워하거나 두려워하는 것입니다. 우리는 하나님을 잘 알지도 못하면서 미워합니다. 그래서 어떤 사람은 하나님이라고 하든지 예수님이라는 말을 들으면 아주 얼굴을 찡그리며 입에 거품을 물고 욕을 합니다. 그 이유는 사탄이 그들의 마음속에 하나님에 대하여 나쁜 인식을 심어주었기 때문입니다. 즉 무엇인가 하나님은 우리 인간의 자유를 억제하시며 우리에 대하여 진노하시며 우리를 심판하려고 하시는 분으로 생각하는 것입니다. 그러나 하나님은 얼마나 좋은 분이십니까? 하나님은 얼마나 아름다운 자연을 만드셨습니까? 하나님은 우리에게 얼마나 좋은 것을 공급해주십니까? 하나님께서 우리에게 원하시는 것은 더 이상 죄 짓지 말고, 악한 생활하지 말고, 진정으로 가치 있는 생활을 하라는 것 외에 무엇이 있습니까? 그러나 우리는 하나님을 모르면서 모든 것을 내 욕심대로 행하기 위하여 하나님을 거부하는 것입니다. 그 대신 마귀의 요구는 절대적으로 압니다. 제사나 미신은 절대적으로 지켜야 하는 줄 압니다. 그리고 귀신을 두려워합니다.

그뿐만 아니라 하나님을 모르기 때문에 이 세상에 있는 것이 전부인 줄 알고 그것을 얻기 위하여 우리 인생을 탕진합니다. 어떤 사람은 돈을 벌기 위하여 어떤 사람은 권력을 차지하기 위하여 전 인생을 낭비합니다. 그래서 인생길을 다 살아간 후에는 허무한 것밖에 아무것도 남지 않는 것입니다. 그리고 우리는 다른 사람을 경쟁의 대상으로 생각하기 때문에 미워하고 증오하면서 살아갑니다. 어쩌면 이 세상은 남을 짓밟아야 내가 일어설 수 있는 세상인지도 모릅니다. 그리고 한번 미움의 감정이 생기면 죽을 때까지 서로 미워하고 증오하면서 살아가는 것입니다. 이것이 '어두움'입니다. 그런데 우리가 하나님을 알고 나면 하나님이 나를 있는 그대로 받으셨기 때문에 우리는 아무런 불만이 있을 수가 없습니다. 하나님께서는 우리에게 일체 조건을 달지 않으시고 우리가 빈손 들고 하나님 앞에 나아갈 때 그 모습 그대로 받으십니다. 아무래도 사람의 사랑은 조건이 있습니다.

하나님은 우리가 아무리 우리가 망가지고 실패했으며 시궁창에서 방황하다가 왔다 하더라도 일단 하나님 앞에 손들고 나아오면 하나님께서는 우리를 있는 그대로 받으시고 사랑하십니다.

그리고 하나님께서는 우리도 다른 사람에 대하여 그런 자세를 가질 것을 요구하시는 것입니다. 즉 하나님께서 우리를 아무 조건 없이 받으신 것처럼 우리도 다른 사람들을 조건 없이 받으라는 것입니다.

6절 그의 안에 산다고 하는 자는 그가 행하시는 대로 자기도 행할지니라

도대체 우리가 어떻게 다른 사람을 조건 없이 받아들일 수 있겠습니까? 우리도 인간인데 아무래도 좋아하는 사람이나 덜 좋아하는 사람이 있지 않겠습니까? 물론이지요. 우리도 인간이기 때문에 멋있게 생긴 사

람이 더 좋아 보이고 아름답고 지성적인 사람에게 더 관심이 끌릴 수 있습니다. 그러나 우리가 자신의 유익을 위하여 다른 사람을 사귀면 그 사람의 상태나 조건에 따라서 태도가 변하게 되지만 그 사람 자신의 행복을 위한다면 우리는 조건이 있을 수가 없습니다.

교인들 중에는 장애인들을 위해서 한 평생을 다 바쳐서 수고하는 분들이 있습니다. 이 분들은 너무나도 귀한 분들이고 존경스러운 분들입니다. 그런데 이 분들이 정말 그 아이들을 사랑하는 이유는 이들이 더 행복하기를 바라기 때문입니다. 그것 하나 밖에 없습니다. 우리가 다른 사람이 행복하기를 바란다면 사랑하지 못할 이유가 없는 것입니다.

우리는 다른 사람들도 그렇게 되기를 바라는 것입니다. 즉 다른 모든 사람들이 행복할 자격이 있고 권리가 있는 것입니다. 그래서 우리는 사람들 한 사람 한 사람의 인생이 얼마나 소중한지 깨닫게 되는데 그것이 바로 형제 사랑의 시작인 것입니다. 그 전에는 다른 사람이 나와 친한 사람이 되어야 만족이 되고 내가 원하는 스타일로 변해야 인정할 수 있었는데 이제는 나와 상관없이 그 한 사람 한 사람이 소중한 것입니다. 이것이 내가 제대로 빛 안에 들어와 있는 증거인 것입니다.

그런데 9절에 보면 '형제를 미워하는 자는 지금까지 어두운 가운데 있는 자요'라고 말씀하고 있습니다. 여기서 '형제를 미워한다'고 하는 것은 내가 교인 중에 어떤 사람을 개인적으로 미워하고 있다거나 싫어하고 있는 것을 말하는 것이 아닙니다 우리가 신앙생활을 하다보면 싫어하는 사람들도 있게 되고 미워하는 사람도 생기게 됩니다. 그런데 여기서 '미워한다'는 것은 어떤 신앙적인 틀을 가지고 판단하거나 정죄하는 것을 말하는 것입니다.

즉, 진정으로 복음의 빛 안에 들어와 있지 못한 사람들은 일단 다른 사람을 볼 때 그의 세상적인 조건을 가지고 판단하게 됩니다. 그래서 얼굴이나 몸매가 얼마나 잘 생겼고 또 얼마나 좋은 학교를 다니고 있으며 얼마나 돈을 잘 버느냐 하는 것으로 사람을 평가합니다. 이런 사람들은 사람들의 마음에서 일어나는 변화를 전혀 중요하게 생각하지 않습니다. 그뿐만 아니라 이런 사람들은 다른 사람의 신앙을 판단할 때에도 겉으로 나타난 행위를 가지고 판단합니다. 즉 예배를 얼마나 많이 드리고 기도를 얼마나 오래 하며 헌금을 얼마나 많이 내느냐 하는 것으로 판단하는 것입니다. 그뿐만 아니라 이런 분들은 우선 자기 자신을 편하게 내버려두지 않습니다. 자기 자신이 조금이라도 나태하거나 조금이라도 편하면 당장이라도 죄를 짓는 것처럼 난리를 칩니다. 그리고 이런 사람들은 다른 사람의 신앙이 조금이라도 부족한 것을 용납하지 못하고 공격을 퍼붓습니다. 이들은 그렇게 하는 것이 정직하고 경건한 것으로 생각하는 것입니다. 그래서 누구든지 이런 분들의 손에 한번 걸려들기만 하면 비판을 피할 수 없습니다. 바리새인들은 심지어 예수님에 대해서도 경건치 못하다고 비난할 정도였습니다. 그러나 이런 자들은 아직 율법의 노예가 된 것이며 아직 빛으로 오지 못한 사람들인 것입니다.

그래서 교회의 목회자나 장로들이 복음적인 것이 얼마나 중요한지 모릅니다. 교회의 지도자들의 율법의 종이 되어버리면 교인들을 전부 다 그런 식으로 노예로 만들어버립니다. 그리고 조금이라도 자기 뜻대로 되지 않으면 무서운 저주를 퍼붓는 것입니다. 그러나 주의 영이 있는 곳에는 자유함이 있고 치유함이 있고 기쁨이 있습니다.

거리낌이 없는 신앙

사도 요한은 진정으로 복음적인 신앙의 특징을 거리낌이 없는 신앙이

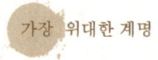

라고 말씀하고 있는데 이것이 얼마나 중요한 표현인지 모릅니다.

10-11절 그의 형제를 사랑하는 자는 빛 가운데 거하여 자기 속에 거리낌이 없으나 그의 형제를 미워하는 자는 어둠에 있고 또 어둠에 행하며 갈 곳을 알지 못하나니 이는 그 어둠이 그의 눈을 멀게 하였음이라

우리는 여기서 두 가지 비유를 볼 수 있습니다. 하나는 앞을 보지 못하는 맹인의 비유입니다. 그리고 다른 하나는 어두운 밤길을 걸어가고 있는 사람의 비유입니다. (이 말씀을 드리는 것은 비유니까 맹인들이 절대로 상처 받지 마시기 바랍니다.)

앞을 보지 못하는 맹인들은 매사에 조심할 수밖에 없습니다. 왜냐하면 앞을 보지 못하기 때문입니다. 그래서 길을 갈 때에도 한 발 한 발 조심스럽게 움직여야 하고 지팡이로 짚어보면서 걸어가야 할 것입니다. 아마 잘 모르기는 해도 맹인들은 발을 잘못 디디는 바람에 넘어져 몸에 상처가 많이 있을 것입니다. 그러나 정상적으로 볼 수 있는 사람은 길을 갈 때 거침없이 대담하게 걸어갈 수가 있습니다. 모든 것을 환하게 볼 수 있기 때문입니다. 그리고 우리도 캄캄한 밤에 길을 가면 조심조심하면서 걸어갈 수밖에 없을 것입니다. 왜냐하면 잘못해서 시궁창에 빠질 수도 있고 혹시 산길을 가다가 뱀을 밟을 수도 있기 때문입니다. 그러나 환한 대낮에 대로를 걸을 때에는 과감하게 빠른 속도로 걷는다든지 아니면 달리기를 해도 전혀 상관이 없을 것입니다.

사도 요한은 진정으로 예수님을 만나지 못한 사람은 마치 맹인과 같고 어두운 밤길을 더듬으면서 길을 가는 사람과 같기 때문에 거리낌이 있다고 말씀하고 있습니다. 여기서 거리낌이 있다는 것은 자신감이 없기 때문에 과감하게 앞으로 나아갈 수 없다는 뜻입니다.

첫째로 예수님을 만나지 못한 사람은 이 세상 전체가 마치 수수께끼 같은 미지의 세계입니다. 즉 우리는 이 세상이 어떤 세상인지도 모르고 누가 주관을 하는지도 모르고 이 세상을 살아가고 있기 때문에 늘 두려움과 미신적인 생각에 빠져 있게 됩니다. 왜냐하면 이 세상의 주인을 모르기 때문입니다. 그래서 하나님을 믿지 않는 자들의 마음은 한 평생 이 세상을 살면서도 미신적인 두려움에 빠져 있습니다. 또 세상 사람들은 하나님에 대해서도 자기를 미워하시며 심판하려고 하신다고 생각하게 됩니다. 그래서 하나님께 무슨 도움을 요청할 때에도 당당하지 못합니다. 왜냐하면 언제나 자기 죄를 꿰뚫어보시고 심판하시려고 하시는 하나님이 두렵기 때문입니다. 우리가 어떤 사람에게 돈을 빌리러 갔을 때 담대하게 돈을 빌려달라고 할 수가 없습니다. 그래서 굉장히 망설이면서 모기 같은 소리를 내면서 돈을 빌려 달라고 할 것입니다. 그렇지 않으면 돈을 달라고 땡깡을 부리든지 할 것입니다. 거지들이 돈을 달라고 할 때 사용하는 방식은 이 두 가지입니다. 하나는 돈을 달라고 저자세로 비굴하게 사정을 하다가 그것이 통하지 않으면 고함을 지르면서 욕을 하면서 위협을 합니다. 그러나 자녀는 그렇게 하지 않습니다. 아버지에게 당당하게 가서 이런 이런 일로 돈이 필요하니까 달라고 합니다. 그러면 아버지는 필요한 것이면 꼭 주시게 되어 있습니다. 자녀는 아버지 앞에서 비굴하지도 않고 땡깡을 부릴 필요도 없는 것입니다. 우리는 하나님 앞에서 비굴하거나 땡깡을 부리지 않습니다. 하나님께서 내 기도를 들으시지 않는다고 해서 금식으로 돌입하지 않습니다. 왜냐하면 꼭 필요한 것이면 하나님께서 먼저 챙겨주실 줄 믿기 때문입니다.

우리는 다른 사람과의 관계에서도 조심스러우면서도 담대할 수 있습니다. 어떤 의미에서 대인 관계는 세상 사람들이 더 거리낌이 없는 것 같습니다. 왜냐하면 세상 사람들은 자기들끼리 잘 통하기 때문입니다.

새로운 사람을 사귈 때에도 금방 잘 사귀는 것 같습니다. 그러나 그리스도인들은 그렇게 사람을 쉽게 사귀지 못합니다. 왜냐하면 혹시 인간적으로 친해서 나중에 상처를 주고 헤어지는 것이 두렵기 때문입니다. 그래서 조심스럽게 접근을 합니다. 그러나 성령 안에서 교제를 하기 때문에 오히려 더 자유로울 수 있습니다. 정욕적으로 교제를 하는 것도 아니고 모든 사람들을 자기 사람으로 만들려고 하는 것도 아니고 내가 다른 사람들의 모든 어려움을 다 책임질 수도 없기 때문에 오히려 부담 없이 교제할 수 있는 것입니다.

우리는 다른 가난한 사람들을 내가 꼭 먹여 살려야 하고 사업에 실패했으면 어떻게 해서든지 다시 일어서게 해야 한다고 생각할 필요가 없습니다. 그러면 우리는 다른 사람과 교제하는 것이 부담스럽게 됩니다. 이 모든 것은 주님이 하시는 것이 우리는 작은 범위 안에서 하면 충분한 것입니다.

우리는 병자를 위해서 기도할 때에도 내 힘으로 고친다고 생각해서는 안 됩니다. 주님이 고치시는 것입니다. 주님이 고치신다고 믿고 기도할 때 부담 없이 기도할 수 있었고 오히려 병도 더 잘 났습니다.

우리는 다른 성도를 굳이 내 사람으로 만들 것이 아니기 때문에 얼마든지 사랑할 수 있고 교제할 수도 있습니다. 왜냐하면 모든 성도들이 다 똑같은 주님의 사람이기 때문입니다. 그러나 마음속에 욕심을 가지고 있으면 절대로 모든 사람과 거리낌 없이 사귈 수 없고 결국은 좋아하는 사람과 싫어하는 사람이 생기게 되는 것입니다.

그리고 우리는 세상일에 대해서도 거리낌 없게 됩니다. 물론 세상 사람들이 세상 일에는 더 담대하게 투자를 하거나 활동을 할 수 있습니다. 우리 그리스도인들은 하나님의 뜻을 알아야 하기 때문에 처음에는 거의 아무것도 뜻대로 하지 못할 것입니다. 그러나 이 세상은 마치 우리의 밭과 같고 우리의 일터와 같습니다. 결국 하나님께서 나에게 주시는 영역 안에서 최선을 할 수 있습니다. 즉 내게 능력 주시는 자안에서 모든 것을 할 수 있는 것입니다. 우리 그리스도인들은 인간관계에 얽혀 있는 것이 없고 다른 사람에게 진 빚이 없기 때문에 어느 누구보다 담대하게 하나님의 일을 할 수 있습니다. 우리가 하나님의 뜻을 찾아야 하기 때문에 모든 길이 다 막히는 것 같지만 일단 그리스도안에서 대로가 열리면 하나님의 뜻을 향하여 직행을 하게 되는 것입니다.

이제 우리는 더 이상 갈 바를 모르고 방황하고 있는 사람들이 아닙니다. 우리는 하나님을 알았기 때문에 빛 안에 들어와 있으며 이 세상의 어떤 재앙도 하나님의 사랑을 이기지 못할 것입니다. 이제는 모든 것을 새로운 눈으로 볼 수 있기를 바랍니다. 그리고 내게 능력 주시는 자 안에서 모든 것을 감당하는 믿음의 사람들이 되시기를 바랍니다.

요일 05
(2:12–17)

영적인 성숙단계

　모든 사람은 어린 시절을 거쳐서 청년 그리고 어른의 순서로 나이를 먹어가게 됩니다. 그런데 사람들의 생애를 보면 행복했던 때가 모두 다른 것을 알 수 있습니다. 어떤 사람은 어렸을 때는 행복했는데 자라면서 집이 망하는 바람에 비참하게 된 경우도 있을 것입니다. 거기에 비해서 어떤 분은 청년기가 가장 행복했던 분도 있을 것입니다. 청년기 때 상도 많이 받고 제법 유명하게 되기도 했는데 점점 더 늙어가면서 별 볼일 없게 된 사람도 있을 것입니다. 거기에 비해서 어떤 사람은 아예 늙어서 빛을 보는 사람도 있습니다. 대개 사람은 젊었을 때는 고생을 좀 하더라도 인생 중반부터는 자신의 길을 찾아서 안정된 성공의 길을 하는 것이 좋습니다. 그러나 인생의 길이라고 하는 것은 결코 마음 먹은 대로 되지 않습니다. 그러나 신앙 안에는 어린이는 어린이대로 아름답고 청년은 청년대로 귀하고 어른은 어른대로 원숙한 아름다움이 있습니다.

누구든지 처음 예수를 믿으면 그리스도 안에서 엄마의 젖을 먹으려고 하듯이 하나님의 말씀에 대한 사모하는 마음이 있습니다. 그래서 새로 믿은 분들에게는 신앙의 뜨거운 열정이 있습니다. 그래서 신앙적 어린 아이들은 하나님의 뜻을 보는 거시적인 안목 같은 것은 없지만 만나는 사람마다 자기가 은혜 받은 것을 이야기하고 싶어 합니다. 그래서 새로 은혜를 받은 분들은 찬송을 부르면서도 눈물을 흘리고 설교를 들으면서도 눈물을 흘리고 예배시간에는 가장 먼 곳에 있으면서도 가장 먼저 뛰어옵니다. 교회에는 이런 뜨거운 신앙의 감격을 가진 사람들이 필요합니다.

그러나 우리는 늘 어린아이로 있을 수만은 없습니다. 왜냐하면 우리는 이 세상에 적응해서 살기도 해야 하고 우리에게 닥치는 많은 도전도 감당을 해야 하기 때문입니다. 그래서 신앙적으로 어른은 단순히 오랜 시간 예수를 믿었거나 교회를 다닌 사람을 말하지 않습니다. 신앙적 어른이라고 하는 것은 많은 고난과 경험을 통해서 신앙적으로 깊은 통찰력을 가지고 다른 사람을 도와줄 수 있는 지혜를 가진 사람을 말합니다. 우리가 신앙이 어렸을 때에는 열심히 믿는다고 하지만 모든 것을 자기중심적으로 생각하기 쉽습니다. 그래서 하나님의 말씀을 들을 때에도 모든 것을 자기 자신에게만 적용을 시킵니다. 어떤 경우에는 자기에게 적용시킬 필요가 없는 것까지 적용을 시키는 바람에 상처를 받는 경우도 있습니다. 또 신앙이 어렸을 때에는 모든 것을 너무 좋게 생각하기 때문에 사탄의 속임수나 다른 사람들의 악한 의도에 대하여 알지 못합니다. 그래서 신앙이 어렸을 때에는 속기도 잘하고 침체되기도 합니다. 그러나 많은 고난을 통해서 연단을 받고 신앙적으로 성숙한 사람들은 마귀의 궤계를 잘 분별하고 신앙적으로 안정적이기 때문에 속거나 넘어지지 않습니다. 또 이런 분들은 많은 경험과 신앙 지식으로 새로운 위기가 닥쳤을 때에도 지혜롭게 잘 이겨낼 수가 있습니다. 사실 본인은 어렵고 힘든 문제도 성경적인 눈으로 보면 간단하게 해결될 수 있는 것들이 많이 있습니다.

그러나 어떤 때에는 세상의 공격이나 사탄의 거짓된 사상에 대하여 맞붙어서 싸울 수 있는 신앙의 용사들이 필요합니다. 이 사람들은 대개 신앙적으로 잘 무장되어 있을 뿐 아니라 대단한 열정을 가지고 있고 두려움이 없기 때문에 사탄의 세력과 싸우는 것을 두려워하지 않습니다. 종교 개혁을 일으켰던 마틴 루터 같은 사람은 두려움을 모르는 신앙의 용사였습니다. 또한 구약 사사기에 나오는 많은 사사들도 두려움을 모르는 믿음의 용사들이었습니다. 이들은 모든 사람들이 두려워서 숨고 도망치는 위기의 순간에 오직 하나님 한분을 의지하는 믿음을 가지고 사탄의 세력과 싸워서 승리했던 사람들입니다.

각 사람에게 필요한 하나님의 말씀

하나님 말씀의 놀라운 점은 우리 각 사람의 사정과 형편이 다 다르지만 우리 모두에게 필요한 은혜를 준다는 사실입니다.

우리가 신앙생활을 제대로 하려면 자기 자신의 상태를 잘 알아야 합니다. 예를 들어서 어린아이들이 학교를 갈 때 자기가 몇 학년이며 어느 학교를 다니는지 알고 있어야 합니다. 어떤 어린이가 자기가 몇 학년인지도 모르고 자기 교실도 찾아가지 못한다면 무엇인가 문제가 있는 것입니다.

우리가 알아야 할 것은 예수를 믿으면 어린 아이로부터 장성한 분량까지 자라게 된다는 것입니다. 그리고 또 우리가 반드시 알아야 할 것은 모든 시기가 다 중요하다는 것입니다.

우리가 신앙적으로 어린아이일 때는 처음 예수 믿고 구원의 감격으로 기뻐하는 시기입니다. 이때 우리는 열심히 하나님의 말씀을 먹고 하나님을 알아가게 됩니다. 만일 이런 어린아이 단계에서 말씀을 잘 먹지 못하면 이상한 신앙의 소유자가 되게 됩니다. 즉 예수를 믿기는 하지만 열정이 없는 신앙이 되고 마는 것입니다. 신앙적으로 청소년 시기는 '질풍노도의 시기'라고 말하는 것처럼 많은 환란을 받으면서 연단을 받는 기간입니다. 이때 우리는 거친 부분들이 다듬어져서 하나님의 손에 붙들리는 사람이 되게 됩니다. 신앙적으로 청소년 시기를 거치지 않으면 하나님의 손에 붙들린 사람이 되기 어렵습니다. 그리고 신앙적으로 청년기는 성령의 능력으로 본격적으로 사탄의 세력과 싸워서 믿음의 큰일을 하는 때입니다. 이때가 가장 순수하고 열정적이며 하나님을 위해서 목숨을 바쳐서 일을 하게 됩니다. 그러나 신앙적으로 장성한 사람이 되게 되면 옛날 같은 열정은 많이 없어지게 되고 그 대신 지혜나 전략이나 조직을 가지고 다른 사람을 돕게 됩니다. 그래서 신앙적으로는 모든 시기가 다 중요한 시기입니다.

사도 요한은 신앙적으로 어린아이와 어른 그리고 청년 모두의 유익을 위하여 이 글을 쓰고 있는 것입니다. 먼저 사도 요한이 어린아이들에게 이 글을 쓰는 것은 하나님께서 죄인인 우리들을 그리스도 안에서 값없이 용서하게 하셔서 그들을 아들로 삼으신 것입니다.

12절 자녀들아 내가 너희에게 쓰는 것은 너희 죄가 그의 이름으로 말미암아 사함을 받았음이요

모든 사람에게 필요한 하나님의 말씀은 하나님께서 그들의 죄를 아무

조건 없이 다 용서하셨다는 사실입니다. 우리가 이것을 믿는 순간 하나님의 자녀로 태어나게 되고 우리 안에는 하나님의 새로운 능력이 공급되게 됩니다. 이때 중요한 것은 우리가 하나님의 말씀을 지속적으로 먹어서 우리 안을 하나님의 말씀으로 채워야 하는 것입니다. 그리고 이때 주의해야 할 것은 만일 우리가 은혜로 구원받는 것을 모르고 나의 열심이나 공로로 구원을 받으려고 하면 신앙이 죽어버리게 됩니다.

우리가 예수 그리스도를 믿음으로 하나님의 백성이 되었다면 우리가 신앙 생활하는 것조차도 믿음으로 해야 합니다. 그러나 우리 신앙은 결코 완전하지 않고 허점도 많고 부족한 부분도 많습니다. 그럼에도 불구하고 우리는 하나님의 사랑을 믿어야 합니다. 만일 우리가 나의 공로나 선행으로 구원을 받으려고 하면 우리는 하나님의 은혜를 잃어버리게 됩니다.

우리나라에서 돌아가신 스님들 중에서 성철 스님이라고 하면 아주 큰 스님이었습니다. 그는 얼마나 도를 많이 닦았는지 수양을 쌓기 위하여 8년 동안을 땅에 눕지 않고 앉아서 참선을 했다고 합니다. 사람이 잠을 자더라도 자리에 눕지 않고 앉아서 잔다고 하는 것은 너무나도 고통스러운 일일 것입니다. 검찰에 불려 가서 조사를 받을 때 가장 사람을 힘들게 하는 것은 앉혀 놓고 잠을 재우지 않는 것입니다. 그러면 아무리 지독한 사람도 술술 다 불게 되어 있는 것입니다. 그러나 성철 스님은 8년 동안을 자리에 눕지 않고 자기 자신을 채찍질하면서 도를 닦았다고 합니다. 그러나 그런 노력으로는 구원받을 수 없습니다. 왜냐하면 우리가 구원받는 것은 오직 하나님을 믿는 믿음뿐이기 때문입니다.

어떤 사람들은 종교적인 의무만 잘 이행하면 마음의 평화를 얻을 수 있을 것이라고 생각하여 열심히 종교 생활을 하지만 그러면 그럴수록 더 마음의 평화가 없습니다. 사람들은 죄의식이 생길수록 더욱 더 열심히 봉사도 하고 남들이 하지 않는 고행까지 하지만 그러면 그럴수록 마음은 납덩이처럼 무거워집니다. 그 이유가 무엇일까요? 사람은 그런 행위를 통해서는 죄 용서받을 수 없기 때문입니다. 하나님께서는 우리가 오직 예수 그리스도를 믿음으로 아무 대가없이 죄 용서를 하셨습니다. 우리가 예수 그리스도의 공로를 믿을 때 우리에게는 자기 영혼을 되찾은 기쁨이 있고 살아계신 하나님을 만난 감격이 있게 됩니다. 그때 마음속에 성령이 부어지게 됩니다.

하나님께서는 아무 자격 없는 우리를 오직 믿음으로 구원하신 이유가 무엇입니까? 그것은 오직 하나님께서 찬양 받으시려고 하시는 것입니다. 그래서 우리는 하나님의 사랑을 감사할 수밖에 없습니다. 우리와 같이 몹쓸 자들을 아들로 삼으신 하나님께 찬양할 수밖에 없습니다.

그 다음에는 어른들에게 주는 권면입니다.

13절상 아비들아 내가 너희에게 쓰는 것은 너희가 태초부터 계신 이를 알았음이요

아비된 자들에게 꼭 필요한 것이 무엇입니까? 그것은 태초부터 계신 이를 아는 것입니다. 이것은 우리의 구원이 어느 한순간에 갑자기 만들어진 것이 아니라 하나님께서 태초부터 계획하신 것을 이루어 오신 것입니다. 하나님은 우리를 구원하시는데 있어서 구원 계획을 가지고 계셨습니다. 그것이 오늘 우리에게 이루어진 것입니다.

'태초부터 계신 분'이라는 뜻이 무슨 뜻입니까? 물론 하나님께서는 태초부터 계셨습니다. 이 세상에 있는 모든 것들은 다 피조물이지만 오직 하나님만이 이 세상 모든 것이 있기 전부터 계셨습니다. 하나님은 이미 그때 우리에 대한 계획을 가지고 계셨습니다. 만일 하나님께서 이런

계획이 없었더라면 하나님께서는 반대가 오거나 실망이 오면 포기하셨을지 모릅니다. 그러나 하나님은 결코 우리에게 실망치 아니하시고 오직 하나님의 신실하심에 따라서 우리를 구원하셨습니다. 그래서 우리가 신앙이 성숙하면 우리 신앙을 하나님 중심으로 보게 됩니다. 우리 신앙이 어렸을 때에는 내 중심이기 때문에 내 기분이나 감정에 따라서 구원이 왔다 갔다 할 때가 많습니다. 우리가 성령이 충만할 때에는 구원받은 것 같은데 침체되면 금방 버림받은 느낌이 드는 것입니다. 그러나 우리가 하나님의 시각을 가지고 우리 자신이나 주위 문제를 보면 그런 불안을 이기게 됩니다.

우리에게 신앙적인 성숙이 필요한 이유는 악한 마귀가 언제나 우리를 넘어뜨리려고 궤계를 쓰기 때문입니다. 사탄은 자기 자신을 광명한 천사의 모습으로 가장해서 사람들을 속이려고 합니다. 그래서 자녀된 자는 더 하나님의 말씀과 현실적인 경험을 통해서 진정한 하나님의 뜻과 사탄의 속임수를 구별할 수 있어야 합니다.

많은 경우 사람들이 앞으로 나가지 못하는 이유는 성경을 전체적으로 먹지 않고 편식을 하기 때문입니다. 우리를 이 격랑이 몰아치는 세상에서 앞으로 나가게 하는 것은 오직 전체적인 하나님의 말씀 밖에 없습니다. 그러나 우리가 사랑의 하나님만 배우거나 축복의 하나님만 배우게 되면 어려운 시련이 왔을 때 다 주저앉게 됩니다. 우리가 격랑이 몰아치는 이 현실에서 과감하게 앞으로 나갈 수 있으려면 하나님의 말씀이 주는 힘이 있어야 합니다.

특히 요즘 시대 사람들은 어떤 것을 순간적인 느낌이나 기분에 따라서 결정을 해버리고 믿어버릴 때가 많습니다. 그래서 사탄이 교묘하게 기분을 조장하고 분위기를 조장하면 속아 넘어가게 됩니다. 특히 요즘 시대는 음악으로 사람을 흥분 시키고 여러 가지 분위기로 사람을 녹이는 시대입니다. 이때 우리가 하나님의 말씀에 무장되어 있으면 분위기나 무드에 속지 않을 것입니다.

만일 삼손이 신앙적인 분별력이 있었더라면 들릴라에게 속아 넘어가지 않았을 것입니다. 왜냐하면 정상적인 시각을 가지고 들릴라를 보면 들릴라가 무엇인가 안정되지 못한 여자라는 것을 충분히 알 수 있기 때문입니다. 그러나 삼손은 자신의 긴 머리와 들릴라를 만났을 때의 멋진 무드를 믿다가 결국 들릴라에게 속아서 눈알이 뽑히고 머리털이 밀리고 블레셋 사람들의 노예가 되는 비참한 지경에 빠지고 말았던 것입니다.

청년은 하나님이 주시는 성령의 능력으로 사탄의 세력과 싸워서 부수는 사람을 말합니다. 이때가 신앙적으로는 가장 전성기이고 가장 활력과 능력이 넘칠 때입니다.

13절하 청년들아 내가 너희에게 쓰는 것은 너희가 악한 자를 이기었음이라

성경은 청년들에게 말하기를 '너희가 악한 자를 이미 이겼다'고 말씀하고 있습니다. 물론 우리는 아직 사탄을 이기지 못했고 마귀는 우는 사자처럼 우리를 삼키려고 돌아다니고 있습니다. 그러나 우리는 진리 안에서 이미 사탄을 이겼고 그리스도 안에서 이미 마귀를 이겼습니다. 그래서 우리가 마귀를 이기기 위해서 다른 방법을 쓸 필요가 없습니다. 우리가 오직 하나님의 말씀을 가지고 믿음으로 나가기만 하면 하나님의 능력은 나타나게 되어 있고 부흥은 일어나게 되어 있습니다. 지금까지 믿음으로 승리했던 많은 믿음의 용사들은 하나님의 말씀과 그리스도의 능력으로 승리한 자들이었습니다. 우리가 하나님의 말씀만 붙들고 나가면 이기게 되어 있습니다. 그러나 우리가 하나님의 말씀을 믿지 못해서 세상 힘을 의지하면 실패하게 됩니다.

구약 사사 시대의 영웅들은 하나님의 백성들이 우상 숭배에 빠져서 영적으로 침체되고 다른 민족의 지배를 받거나 혹은 전쟁에서 위급하게 되었을 때 오직 믿음으로 일어나서 적들을 쳐부수고 이스라엘을 위기에서 건졌습니다. 우리는 사람의 혈기로 마귀를 이길 수 없습니다. 왜냐하면 마귀는 이런 일에는 우리보다 훨씬 더 유능하기 때문입니다. 우리가 마귀를 이기는 것은 하나님의 진리와 믿음으로 이기게 됩니다.

그래서 우리는 이 세상을 너무 두려워해서는 안 됩니다. 이스라엘 백성들이 가나안 땅을 정탐한 후에 그들은 거인이고 우리는 메뚜기라고 하면서 애굽으로 도로 도망을 치려고 했는데 이것은 노예 본성인 것입니다. 그러나 여호수아나 갈렙은 가나안 사람들을 보고 '그들은 우리의 밥'이라고 하면서 용감하게 싸워서 가나안 땅을 정복을 했습니다. 우리도 더 이상 이 세상에서 밀리기만 해서는 안 됩니다. 싸워서 이기고 정복해야 합니다.

세상의 개념

우리는 모두 이 세상에 태어났고 우리에게 필요한 것은 모두 세상에 있기 때문에 세상을 사랑할 수밖에 없습니다. 만약 우리가 로빈슨 크루소같이 외딴 섬에 혼자 살게 된다면 아마 사람이 너무 그리워서 견디지 못할 것입니다. 사람에게는 누구나 다 사람이 필요하고 만일 우리가 이 세상을 떠난다면 원시인처럼 되고 말 것입니다. 우리는 이 세상에서 자라서 친구들을 사귀고 학교를 다니고 직장을 가지며 또 백화점에서 필요한 물건을 삽니다. 그래서 우리에게 이 세상은 너무나도 필요합니다. 그러나 성경은 우리에게 세상을 사랑하지 말라고 말씀하고 있습니다.

15절 이 세상이나 세상에 있는 것들을 사랑하지 말라 누구든지 세상을 사랑하면 아버지의 사랑이 그 안에 있지 아니하니

오늘 우리에게 중요한 것은 세상이 무엇이며 세상을 사랑하는 것이 어떤 것인지 바로 아는 것입니다. 성경은 세상을 단 한 가지 의미로 말씀하고 있지 않습니다. 여러 가지 의미로 세상이라는 말을 사용하고 있습니다.

우선 첫째로 성경에서 세상이라고 할 때에는 '세상에 있는 사람들'을 의미합니다. 요한복음 3:16에서 '하나님이 세상을 이처럼 사랑하사'라고 할 때의 '세상'은 이 세상에 살고 있는 사람을 의미합니다. 하나님께서는 우리 한 사람 한 사람이 죄인이요 하나님을 거역하는 본성을 가지고 있음에도 불구하고 우리를 사랑하셨습니다. 따라서 오늘 본문에서 '세상이나 세상에 있는 것을 사랑치 말라'고 할 때, 이 세상 사람을 미워하라는 뜻이 아닌 것입니다. 우리는 믿지 않는 사람들을 믿지 않는다는 사실만으로 미워하고 저주해서는 안 됩니다. 그러면 도저히 이 세상에서 살 수 없을 것입니다. 하나님이 이 세상을 사랑하셨던 것처럼 우리들도 이 세상 사람들에 대하여 불쌍히 여기고 동정하는 마음이 필요합니다.

둘째로는 성경에서 세상이라고 할 때에는 우리가 살고 있는 '사회'를 의미합니다. 예수님께서 산상설교에서 '너희는 세상의 빛'이라고 할 때 '세상'은 우리가 살고 있는 사회를 말합니다. 주님은 우리가 이 세상에서 도피적인 삶을 살 것이 아니라 중요하고 아름다운 역할을 감당할 것을 요구하고 계십니다. 그래서 그리스도인의 삶은 이 세상에서 아름답고 매력적이어야지 혐오스럽고 추잡한 것이 되어서는 안 됩니다. 왜냐하면 그리스도인들 안에는 가장 아름다운 하나님의 성품이 들어있기 때문입니다. 그래서 그리스도인은 무조건 이 세상에서 도피하고 자기의

아성을 쌓는 독선주의자들이 아닙니다. 주님은 우리에게 '세상을 사랑치 말라'고 하셨을 때 이 세상을 도피하여 자기들끼리만 사는 그런 사회를 만들라는 뜻이 아님이 분명합니다.

세 번째는 세상이라고 할 때에는 '세상의 삶의 방식이나 가치관'을 말합니다. 성경에서 세상을 사랑하지 말라고 할 때는 바로 이 세상의 가치관이나 생활 방식을 말합니다. 왜냐하면 세상 사람들의 삶의 방식이나 가치관은 철저하게 정욕적이고 거짓되기 때문입니다. 우리는 이 세상에 있는 모든 것이 다 악하고 나쁘다고 생각해서는 안 됩니다. 왜냐하면 하나님께서 이 세상을 만드셨기 때문입니다. 그러나 사람들이 다른 사람에 대하여 경쟁을 하거나 시기하거나 미워하거나 따돌리거나 교만하거나 자랑하거나 음란한 것은 모두 다 죄악된 것입니다. 특히 사람들은 할 수 있는 한 철저하게 위선적이 되려고 하고 위선의 탈을 쓰고 모든 자신의 죄를 합리화시키려고 합니다. 사람들이 완전히 추악해질 때에는 자기 안면을 완전히 무시할 때입니다. 그러나 자기 얼굴이 있는 한 부끄러움을 느낍니다. 그러나 세상은 사람들로 하여금 마음껏 정욕으로 살도록 부추기고 있고 또 그런 기회를 제공하고 있습니다. 세상에서 성공했거나 유명하게 된 사람들 중에는 하나님의 축복으로 된 사람도 있지만 철저하게 정욕적인 방법으로 성공한 사람들도 있습니다.

구약 이스라엘 백성들에게 가장 큰 유혹은 우상 숭배의 유혹이었습니다. 우리는 이것이 이해가 되지 않을 때가 있습니다. 왜 이스라엘 백성들은 하나님께서 그렇게 싫어하셨던 우상을 버리지 못했을까? 그것은 바로 우상 숭배의 심리가 세상을 사랑하는 마음이었기 때문입니다. 하나님의 율법은 모든 죄를 짓지 못하도록 규정하고 있습니다. 모든 것을 하나님 안에서 바르게 하라는 것입니다. 그러면 하나님께서 이스라엘 백성들에게 복을 주시겠다고 약속하셨습니다. 그러나 사람의 마음이라는 것이 바른 것만 좋아하게 되어 있지 않습니다. 오히려 사람들의 마음은 '하지 말라'는 것을 했을 때가 더 즐겁고 짜릿합니다. 그런데 우상은 그런 금지된 죄들을 다 하게 했고 오히려 부추겼던 것입니다.

그러나 예수를 믿는 사람은 그 말씀을 듣고 예수를 믿음으로 그 속에 새로운 마음이 생기게 되었습니다. 이것은 하나님을 사랑하는 마음입니다. 하나님께서는 우리에게 바른 것을 사랑할 수 있는 마음을 주셨습니다. 그래서 우리는 거짓된 것을 합리화하고 사랑하는 세상과는 생각이 맞지 않게 됩니다. 우리가 처음 예수를 믿을 때 깨닫는 것은 내가 하나님 앞에서 하나의 피조물에 불과하다는 것입니다. 그리고 이제 우리는 모든 것을 하나님의 말씀대로만 살아야 한다는 것입니다. 그러나 이것은 결코 로봇트나 기계가 되는 것이 아닙니다. 오히려 우리는 하나님 안에서 더 풍성하고 아름다운 것을 누릴 수 있습니다.

세상을 사랑하지 말라

성경은 우리가 세상에 살지만 결코 세상을 사랑해서는 안 된다고 말씀하고 있습니다. 도대체 우리가 세상에 살지만 세상을 사랑해서는 안 된다는 것이 무슨 뜻일까요? 우선 우리는 이 세상에 살아야 하고 이 세상에서 필요한 것을 공급받아야 하지만 하나님이 주시는 은혜 안에서 만족을 해야 합니다. 우리가 어떤 형편에 있든지 하나님께서 주시는 것으로 만족하고 감사할 때 우리는 결코 세상을 사랑하는 것이 아닙니다. 그러나 우리가 하나님이 주신 것으로 만족하지 못하고 더 가지려고 하고 더 높아지려고 할 때 세상을 사랑하게 되어 있습니다. 그래서 우리는 이 세상을 살아갈 때 믿음으로 살아야 합니다. 즉 나에게 필요한 것이 있다면 하나님 아버지께서 다 채워주실 것을 믿어야 합니다. 그리고 우리는 결코 이 세상의 행복으로 만족해서는 안 되고 하나님이 주시는 축복을 사모해야 합니다.

이 세상의 죄는 모두 중독성을 가지고 있습니다. 그래서 세상의 욕망이 당장은 너무나도 아름답고 우리를 행복하게 해 줄 것 같은데 실제로 가지고 보면 아무것도 아닌 것입니다. 오히려 죄는 우리를 더 비참하게 하고 더 고통스럽게 합니다. 그럼에도 불구하고 사람들이 죄를 끊어버리지 못하는 이유는 모든 죄가 중독성을 가지고 있기 때문입니다. 아편장이들이 아편을 끊지 못하는 이유는 당장은 아편이 자기를 기분 좋게 해주지만 금방 다시 답답함과 고통이 찾아오기 때문입니다.

16절 이는 세상에 있는 모든 것이 육신의 정욕과 안목의 정욕과 이생의 자랑이니 다 아버지께로부터 온 것이 아니요 세상으로부터 온 것이라

이 세상은 세 가지로 표현되고 있습니다.

우선 첫째로 세상은 육신의 정욕입니다. 즉 사람들의 마음속에는 모든 타락한 본성들이 있습니다. 세상은 바로 그런 타락한 본성이 흘러 나와서 고여 있는 것입니다. 그래서 이 세상 사람들이 좋아하고 즐기는 생활 방식 안에는 타락한 본성이 들어 있습니다. 그래서 사람들은 모여서 할 수만 있으면 좀 더 자신의 정욕을 채우고 더러운 본성을 채우는 일을 하려고 하는 것입니다. 존 번연 John Bunyan의 『천로역정』에 보면 크리스천이 복음을 듣고 이 세상을 떠난 후 얼마 되지 않아서 절망의 늪에 빠지고 맙니다. 그는 허우적거리면서 거기에서 빠져 나오려고 애를 씁니다. 결국 처음에 복음을 전해 준 전도자의 도움으로 거기서 빠져 나옵니다. 그리고 어떻게 해서 이 무서운 늪이 생기게 되었는지 설명을 듣습니

다. 이 절망의 늪은 세상에서 끊임없이 흘러나오는 더러운 물로 생긴 것인데, 아무리 없애려고 해도 실패했다는 것입니다. 그 중에 사람들이 만들어 놓은 것이 술이 있습니다. 사람들이 맨 정신으로는 죄를 지을 수 없으니까 술에 취해서 죄를 짓도록 충동질을 하는 것입니다. 그리고 대개 그렇게 술을 마시는 곳은 캄캄하게 만들어 놓고 그 안에 또 불을 켭니다. 왜냐하면 그래야 죄를 지을 분위기가 나기 때문입니다. 사람들 속에는 금지된 사랑을 하고 싶고 또 해서는 안 되는 짓을 하고 싶은 욕망이 있습니다.

두 번째는 안목의 정욕입니다. 안목의 정욕은 자기 안에 있는 욕망을 겉으로 표현하면서 즐기는 것입니다. 사람들은 자기 마음속에 있는 감정이나 생각을 표현하는 것을 굉장히 좋아합니다. 사람들은 자신들의 생각이나 감정이나 욕망을 음악이나 혹은 예술의 형식으로 표현하면서 스스로 감격하는 것입니다. 사람들이 거대한 불상을 만들어놓고 거기에 절을 하면서 스스로 감격해 하는 이유가 무엇입니까? 사람들은 그 불상이 돌이나 청동에 불과하다는 것을 다 알고 있습니다. 그럼에도 불구하고 자기 마음속에 있는 불심이나 정성에 감격해 하는 것입니다.

사람의 표현의 욕구는 너무나 강렬합니다. 물론 그런 예술적인 충동 중에는 좋은 것도 많이 있습니다. 또 신앙적인 미술이나 음악 중에는 하나님을 표현하는 아름다운 것들도 많이 있습니다. 그러나 세상에서는 예술이라는 미명하에 그야말로 타락한 욕망을 채워주는 것들이 많은 것입니다.

참으로 이 모든 것이 무엇을 말해주고 있습니까? 인간의 갈급함을 말해주고 있습니다. 사람은 참으로 갈증을 느끼고 있습니다. 사람들은 무엇인가 표현하고 내뱉지 않으면 견디지 못하는 그런 답답함이 있습니다. 모든 사람들은 성령님께서 이런 갈급한 마음을 식혀 주시지 않으면 결국에는 모두 미칠 수밖에 없습니다. 하나님께서 우리에게 성령을 주신 것이 얼마나 귀한 일입니까? 하나님께서는 성령을 통해서 미칠 수밖에 없는 우리들에게 참된 삶을 회복시켜 주십니다. 성령님은 우리에게 참된 정서와 아름다움을 알 수 있는 마음을 주신 것입니다. 성령이 있는 사람은 아름다운 것을 좋아합니다.

세 번째는 이생의 자랑입니다. 결국 사람들은 이런 것들을 가지고 자기 사랑을 뽐내고 싶어 하고 자랑하고 싶어 합니다. 자기가 이 세상에서 가지고 있는 것들로 다른 사람 앞에서 자기 자신의 의미를 과시하는 것입니다. 왜냐하면 자기 스스로는 만족하지 못하기 때문입니다. 그래서 자신의 성공이나 학벌이나 돈이 많은 것 등등을 가지고 자랑하려고 합니다. 그리고 이렇게 자랑할 것이 없으면 열등감에 빠지든지 다른 사람을 시기하게 됩니다.

결국 우리 인간들은 자기 안에 가치 있는 것이 없기 때문에 자기가 가진 것들로 자랑을 하는 것입니다. 또 덜 된 사람일수록 유치한 것들을 가지고 자기 과시를 하려고 합니다. 그러나 진정으로 우리가 자랑할 수 있는 것은 내 자신의 변화된 모습입니다.

17절 이 세상도 그 정욕도 지나가되 오직 하나님의 뜻을 행하는 자는 영원히 거하느니라

세상과 정욕은 영원하지 않은 것이 특징입니다. 마치 한 순간에 확 타올랐다가 꺼지고 마는 불꽃처럼 결코 우리를 영원히 만족시켜주지 못합니다. 그래서 세상에서 항상 변덕을 부리기 때문에 유행이 생기는 것입니다. 왜냐하면 그렇게라도 해야 세상이 덜 지루하기 때문입니다. 사람들은 새로운 것이 눈에 보이면 관심을 보이지만 금방 그것에 싫증을 느

끼고 맙니다. 그러나 오직 하나님의 말씀은 영원히 남습니다. 그리고 우리가 믿음으로 행한 것들도 모두 영원히 남게 됩니다. 물론 우리는 이 세상에 살지만 세상에 있는 것들을 잘 사용하면 됩니다. 그러나 우리의 속사람을 세상 것들로 채우면 우리 인생은 아무것도 가치 있는 것이 남지 않게 됩니다. 우리의 속사람을 영원한 하나님의 말씀으로 채우고 오직 믿음으로 사셔서 절대로 후회하지 않는 인생을 사시기 바랍니다.

요일 06
(2:18–23)

안티 그리스도

　얼마 전에 텔레비전 뉴스를 보니까 어느 나라 세관에서 사람들이 밀수하려고 하다가 적발된 가짜 명품 시계 수천 개를 망치로 부수는 장면을 보여주었습니다. 이 세상에는 그 품질이나 성능이 인정을 받은 명품 상품이 있는가 하면 비슷하지만 실제로는 형편없이 질이 떨어지는 가짜도 있습니다. 진짜와 비슷하게 생긴 가짜가 나오는 이유는 일단 비싼 가격을 지불하지 않고 진짜 같은 기분을 내려고 하니까 그런 것이 나오게 되는 것입니다. 그래서 이 세상에는 가짜 시계나 가짜 약이나 가짜 그림이나 심지어는 가짜 학위까지 나오게 되는 것입니다. 그러나 진짜를 가지려고 하면 비싼 대가를 지불해야할 뿐 아니라 성능이나 효과가 틀림이 없어야 합니다.
　초대 교회 때 너무나도 기독교 신앙이 탁월하고 위대한 능력이 나타나니까 가까 기독교가 많이 등장하게 되었습니다. 그러나 이 가짜들은 겉으로 보기에만 비슷하지 실제로 효과는 없었습니다. 그럼에도 불구하고 사람들은 이런 가짜 기독교에 속아서 많이 넘어갔습니다. 우리가 비록 시간이 걸리고 비싼 대가를 치르는 한이 있다 하더라도 바른 신앙을 붙들어야 하는 이유는 효과가 다르기 때문입니다.

예수님께서 말씀하시기를 '소경이 소경을 인도하면 둘 다 구렁텅이에 빠진다'고 하셨습니다. 이런 적그리스도들은 자신이 영적인 소경들입니다. 왜 이들이 예수를 믿지 못하고 뛰쳐나갔는가 하면 성령이 주시는 깨달음이 없어서 도저히 성경적인 진리를 믿을 수가 없었기 때문입니다. 그러면서도 이 사람들은 다른 사람들을 가르쳐서 영적인 자식을 만들려고 하고 있는 것입니다. 결국 이런 사람들을 따라가게 되면 영적인 사생아가 될 수밖에 없는 것입니다. 예수님이 하나님의 아들이셔야 하는 이유는 예수님이 하나님의 아들이 아니면 우리가 '그의 피로 죄 용서를 받을 수 없기 때문입니다. 그래서 그런 종교에서는 아무리 믿어도 죄 용서를 인정하지 않고 더 기도를 해야 하고 더 선행을 쌓아야 한다고 가르칩니다. 또 예수님이 하나님의 아들이 아니면 그가 우리에게 성령을 주실 수 없고 성령의 도우심 없이는 우리가 절대로 변하여 새사람이 될 수 없습니다. 그리고 성령의 능력이 아니면 우리가 죄와 사탄의 유혹을 이길 수 없기 때문입니다.

결국 우리 사회에서도 이런 영적인 소경들이 많은 문제들을 만들어내고 있습니다. 한때는 종말파들이 자기들이 정한 날에 휴거를 한다고 선전을 하는 바람에 많은 사람들이 현혹되었던 적이 있습니다. 그래서 심지어는 텔레비전 방송에서 휴거를 하는지 보려고 텔레비전으로 생중계를 한 적이 있었습니다. 그리고 어떤 교회는 목사를 하나님이라고 믿기도 하고 그들을 비판하는 방송을 한 방송사를 폭력으로 점거한 일도 있었습니다. 또한 우리나라에서 자생된 세계적인 이단 종파는 세계의 많은 젊은이들의 합동결혼식을 하게 하기도 하고 얼마 전에는 세계적인 축구 대회를 우리나라에서 개최한 적도 있습니다. 심지어 어떤 사교 집단에서는 교주가 이탈을 하려는 신도들을 죽여서 암매장하는 사건까지 발생해 경찰이 수사에 나서기도 했습니다. 이 모든 것이 보여주는 것이 무엇입니까? 사람들이 그릇된 것을 믿으면 그릇된 길을 갈 수밖에 없다는 것입니다. 심지어는 이단이 기독교인 것처럼 가장해서 유력 기관지에 전면 광고를 실어 집회 선전을 하기도 하고 심지어는 무료로 성경을 가르쳐 준다고 해서 이단이 보낸 자들이 교회 안에까지 와서 사람들을 데려가는 실정입니다.

교회에서 하나님의 말씀이 흥왕하지 못하고 인간적으로 가게 되면 교회가 병들게 되고 사랑이 식어지면서 독버섯처럼 거짓 가르침이 퍼지게 되는 것입니다. 마치 더러운 물이 고이면 거기에 여러 가지 벌레들이 생기게 되는 것처럼 교회가 바른 진리에 서 있지 못하고 부패하면 여러 가지 거짓 신앙들이 등장하게 되는 것입니다.

적그리스도의 출현

18절 아이들아 지금은 마지막 때라 적그리스도가 오리라는 말을 너희가 들은 것과 같이 지금도 많은 적그리스도가 일어났으니 그러므로 우리가 마지막 때인 줄 아노라

사도 요한은 먼저 '아이들아'라고 말씀하고 있습니다. 여기서 '아이들'이라고 하는 것은 아직 영적인 분별력이 없는 사람들을 두고 하는 말입니다. 아이들은 영적인 분별력이 없어서 다른 사람들의 말을 잘 믿고

받아들입니다.

　그래서 아이들에게 누군가가 맛있는 과자를 주면서 따라오라고 하면 얼른 손을 잡고 따라가는데 그렇게 하다가 나쁜 사람들에게 유괴가 되는 것입니다. 그래서 엄마들은 아이들에게 일단 모르는 사람이 무엇을 주면서 가자고 하면 가지 말라고 가르쳐야 합니다. 왜냐하면 그렇게 해야 자기 아이를 나쁜 사람들로부터 보호할 수 있기 때문입니다. 마찬가지로 초대 교회 교인들은 너무나도 순진했습니다. 그래서 누구든지 전도자라고 하든지 선교사라고 하면 집에 들어오게 해서 재우고 먹어주면서 무슨 말씀이든지 한 마디라도 더 들으려고 했던 것입니다. 그러나 그런 전도자들 중에는 엉터리들이 많이 있었습니다.

　사람이 한번 도둑질을 당하게 되면 정신적으로도 많은 피해를 보게 됩니다. 즉 도둑을 당한 후부터는 모든 사람들이 도둑으로 보여서 의심을 하게 되고 특히 또 도둑이 들 것 같은 두려움에 떨게 되는 것입니다. 그런데 이런 잘못된 신앙을 가지게 되면 그 후부터는 정상적인 분별력을 잃게 되고 그 거짓된 가르침에 맹목적으로 추종을 하게 됩니다. 그래서 자신의 재산이나 가족이나 심지어는 양심까지도 다 잃고 난 후에도 이 거짓의 가르침에서 헤어 나오지 못하는 경우가 많은 것입니다.

　우선 왜 이런 적그리스도가 나타나게 되는지 이해할 필요가 있습니다.

　그 첫 번째 이유는 기독교 진리 가운데 이해가 되지 않는 것이 많기 때문입니다. 원래 기독교는 그 사상의 기원이 하나님으로부터 나온 것이기 때문에 우리 인간의 머리로는 이해되지 않는 것들이 많습니다. 이런 것들은 머리로는 절대로 이해할 수 없고 오직 믿음으로 받아 들여야 하는 것입니다. 우리가 어떤 집에 들어가려고 할 때 문으로 들어가야 정식으로 모든 것을 바로 알 수 있는 것처럼 하나님의 진리의 세계도 문으로 들어가야 제대로 알 수가 있습니다. 그 문이 바로 예수 그리스도를 믿는 것입니다. 그런데 예수를 믿지 않고 자신의 머리로 모든 진리를 알려고 할 때에는 진리를 자기 마음대로 만들게 되는 것입니다. 우선 성경을 배우면서 가장 먼저 이해가 되지 않는 것이 성경에 나오는 수많은 기적들입니다. 물론 이 세상의 여러 가지 기적들이 일어날 수도 있지만 예수님께서 물위를 걸어 가셨다든지 아니면 약간의 보리떡으로 오천 명을 먹이셨다거나 혹은 죽은 자를 살리셨다는 것은 믿을 수가 없는 것입니다. 더욱이 믿어지지 않는 것이 예수님이 하나님의 아들이란 사실입니다. 이것은 그를 너무나도 존경한 사람들이 지어 만든 이야기처럼 생각이 드는 것입니다. 성경의 사상은 사람이 지어낸 것이 아니기 때문에 사람의 머리로는 도무지 이해가 되지 않는 것들이 많이 있습니다. 그 중에 예수님의 십자가 죽음이 나를 대신한 것을 믿으면 죄 사함을 받는다는 것이나 하나님이 성부 성자 성령 삼위가 있다는 것 등은 사람의 머리로는 도무지 이해가 되지 않는 것입니다. 그래서 이런 진리가 믿어지지 않는 사람들은 인간의 머리로 믿어지지 않는 것들은 다 빼버리고 이해가 되는 부분만 만들어서 믿으려고 합니다. 그러니까 결국 이상한 신앙이 나오게 되는 것입니다. 결국 이것은 진리를 도둑질한 것이며 표절한 것과 같기 때문입니다. 원래 표절한 책도 원작과 비슷하게 감동을 줄 수 있습니다. 그러나 그것이 자신의 독창적인 사상이 아니기 때문에 원작이 가지는 그 풍성함이 없는 것입니다.

 그뿐만 아니라 이런 적그리스도가 생기는 것은 인간의 교만 때문이라고 볼 수 있습니다. 원래 사람들은 감히 하나님의 영역은 손을 대려고 하지 않았습니다. 왜냐하면 하나님의 영역에 손을 대면 저주를 받는다는 두려움이 있었기 때문입니다. 그런데 놀라운 것은 사람의 마음이 교만해지면 오히려 더 하나님의 영역에 더 손을 대려고 합니다 그래서 소설을 쓰더라도 '다빈치 코드'같은 소설을 써야 직성이 풀리는 것입니다.

말세가 되면 사람들이 더 이상 하나님을 두려워하지 않게 됩니다. 그래서 사람들은 성경적인 진리가 아닌 거짓 진리를 과감하게 전하기 시작하고 또 그런 것을 따라가는 사람들이 생기게 됩니다. 그래서 사도 요한은 적그리스도가 나타난 것을 마지막 때의 징조로 보고 있는 것입니다.

우리는 거짓말하는 것을 두려워해야 합니다. 왜냐하면 거짓말을 하는 사람은 그 속에 하나님의 진리가 없기 때문입니다.

적그리스도의 정체

19절 그들이 우리에게서 나갔으나 우리에게 속하지 아니하였나니 만일 우리에게 속하였더라면 우리와 함께 거하였으려니와 그들이 나간 것은 다 우리에게 속하지 아니함을 나타내려 함이니라

사도 요한은 당시에 활동을 하고 있는 적그리스도들이 처음에는 '우리와 함께 있었다'는 사실을 지적하고 있습니다. '저가 우리에게서 나갔으나'라는 것은 처음에는 이들도 똑같은 그리스도인으로 함께 신앙생활을 했다는 것입니다. 그래서 같은 하나님을 믿고 같은 예배를 드렸습니다. 그렇게 하다가 어느 순간 그들이 교회에서 떨어져 나가서 독립을 하게 된 것입니다.

이 사람들의 문제가 무엇입니까? 일단 그들은 기독교 안에 함께 있다가 나갔기 때문에 기독교를 너무나도 잘 알고 있다는 것입니다. 그래서 그들은 기독교를 너무나도 잘 공격할 수 있습니다. 일단 기독교 밖에 있던 사람들은 기독교에 대하여 잘 알지 못하게 때문에 공격을 잘하지 못

합니다. 공격을 한다고 하더라도 너무나도 말도 안되는 오해를 가지고 공격을 합니다. 예를 들어서 기독교인들은 다른 남자와 여자들을 형제 자매라고 하기 때문에 서로 이상한 관계를 가지고 있다고 오해를 한다거나 혹은 성찬식에 쓰는 떡을 내 살이라고 했기 때문에 그 안에 아이의 살이 있다는 식입니다. 그러나 이런 것들은 너무나도 말도 안되는 오해이기 때문에 믿는 자들을 속게 할 수가 없습니다. 그러나 이들은 기독교 안에 있던 자들이기 때문에 너무나도 기독교의 원리 잘 압니다. 그런데 이들이 이해하지 못하던 하나님의 진리를 모두 공격의 대상으로 삼는 것입니다. 그러면 그렇지 않아도 진리가 잘 이해되지 않던 신자들은 이들의 예리한 공격에 신앙을 잃게 되는 것입니다. 그러면서도 이 사람들은 다른 부분에 있어서는 기독교의 좋은 부분들을 표절하여 사용합니다. 예를 들어서 기독교의 공동체의 원리라든지 아니면 선교나 구제나 봉사와 같은 부분들은 그대로 사용을 하는 것입니다. 이를 보면 적그리스도들이 왜 위협적인 존재인지 알 수가 있을 것입니다. 그들은 기독교의 핵심 진리가 잘 이해되지 않기 때문에 공격을 합니다. 그리고 좋은 부분들은 가지고 와서 그대로 사용하기 때문에 잘 모르는 사람들이 보면 기독교보다 더 완전하고 합리적이고 우월한 종교로 생각이 드는 것입니다.

 그러나 사도 요한은 말하기를 '그들은 잠시 우리 안에 있었지만 결코 우리에게 속했던 것은 아니라'고 말씀을 하고 있습니다. 이 사람들이 바른 진리를 떠난 이유는 진리 안에 있는 인간적인 면들만 보고 하나님의 영광을 볼 수 없었기 때문입니다.

 우선 교회나 하나님의 진리는 양면성을 가지고 있는데 하나는 인간적인 면입니다. 교회는 일단 믿는 사람들의 모임이고 성경은 인간의 언어로 기록이 되어 있습니다. 그래서 교회 안에 미움도 있고 다툼도 있고 성경 진리로 평범하게 느껴지기도 합니다. 그래서 교만한 사람들은 교회에 대하여 실망을 하고 성경을 시시하게 생각합니다. 그러나 사도 바울은 '질그릇 안에 보화가 감취었다'라고 말을 했습니다. 우리 안에 들어 있는 진리는 결코 인간적인 것이 아닙니다. 엄청난 하나님의 능력이고 축복입니다. 우리 안에 있는 이 말씀은 전적으로 하나님이 주신 것이며 이것은 우리 영혼을 살리는 생명입니다. 우리 안에 나타나는 진리의 가치는 어떤 다이아몬드보다 비교할 수 없을 정도로 값진 것입니다. 적그리스도들은 이것을 보지 못했던 것입니다. 보기는 했다하더라도 자기 욕심으로 쓰려고 교회에서 뛰쳐나간 것입니다.

가장 중요한 것은 바로 사탄의 시기와 미움입니다. 사탄은 자기가 이미 저주받았고 멸망해야 한다는 것은 알고 있기 때문에 우리 인간들이 바른 진리를 믿고 축복받는 것을 미워서 견디지 못합니다. 그래서 사탄은 일부러 진리 비슷하지만 실제로는 아닌 엉터리를 만들어내어서 사람들의 영혼을 도둑질하려고 하는 것입니다. 특히 사탄은 이단들에게 어떤 부분은 인간적인 것을 강조하고 어떤 부분은 신비적인 부분을 내세워서 사람들로 하여금 정신을 차리지 못하게 합니다. 진리가 예수가 하나님의 아들이다라고 하면 예수는 어디까지나 인간이지 하나님의 아들일 리가 없다고 주장합니다. 또 우리가 하나님의 말씀대로 살아야 한다고 하면 생활은 중요하지 않고 오직 신비적인 체험만 하면 된다고 주장을 하는 것입니다.

특히 사탄은 예수님의 십자가를 가장 미워하고 싫어합니다. 그래서 사람들에게 절대로 십자가를 믿지 못하게 합니다. 이단들은 십자가만 믿는 것은 독선이라고 떠들어댑니다.

가룟 유다는 끝까지 이해할 수 없었던 것이 예수님의 십자가였습니다. 예수님은 그 능력을 가지고 사람들을 더 모으고 더 조직화시켜서 얼마든지 큰일을 하실 수 있으셨습니다. 그러나 예수님은 예루살렘에서 죽기 위하여 노력을 하셨습니다. 그러나 가룟 유다는 예수님의 그런 행동이 이해할 수 없었습니다. 가룟 유다는 예수님이 반역자로 죽으면 자기도 죽을 수밖에 없다는 것을 알았습니다. 예수님은 제자들에게 '누구든지 나로 인하여 살고자 하는 자는 죽고 죽고자 하는 자는 살리라'고 하셨습니다. 그러나 가룟 유다는 이것을 믿을 수가 없었습니다. 어떻게 사람이 죽으려고 하는데 살 수 있느냐는 것입니다. 가룟 유다가 예수님을 판 것은 물론 은 30이 탐이 난 것도 있겠지만 자기는 예수님과 같은 패가 아니니까 십자가에 죽이지 말라는 것이었습니다. 그러나 놀라운 것은 사람의 생각대로 되지 않고 예수님의 말씀 그대로 되었습니다. 십자가에 죽기 싫어서 예수님을 배신했던 가룟 유다는 죽고 반대로 죽으면 죽으리라고 각오하고 있었던 제자들은 한 사람도 빠짐없이 모두 다 살았던 것입니다. 결국 이 세상은 인간의 생각대로 되지 않고 믿음대로 되게 되어 있습니다. 우리가 예수를 믿으면 꼭 이 세상에서 망할 것 같고 죽을 것 같습니다. 그러나 놀라운 것은 예수를 믿고 말씀을 의지하는 사람은 죽지 않고 살아납니다. 그 대신에 예수님을 버리고 세상과 타협하는 사람은 살 것 같은데 죽게 되는 것입니다.

　우리가 신앙 생활하면서 살아가는 것은 마치 앞에 두 마리의 사자가 소리를 지르면서 위협을 하는 사이로 지나가는 것과 같습니다. 어떻게 우리가 이 두 마리의 사자 사이를 무사히 통과할 수 있겠습니까? 그런데 믿음으로 지나가면 틀림없이 사자가 우리를 물어 죽일 것 같은데 죽이지 못합니다. 그 이유는 주님이 사자들의 입을 붙잡고 계시기 때문입니다. 그러나 무서워서 다른 길로 달아난 자들은 이상하게 다른 사자들에게 물려서 죽는 것입니다.

　이 사람들은 결국 인간의 죄가 얼마나 집요하고 강한지 모르는 것입니다. 인간의 죄는 다른 것으로는 절대로 지워지지 않습니다. 오직 예수 그리스도의 피로만 지워질 수 있습니다. 그리고 인간의 마음속에 일어나는 유혹은 사람의 각오나 결심만으로는 절대로 이기지 못합니다. 이것은 오직 예수님이 주시는 성령의 능력으로만 이길 수가 있는 것입니다. 그것도 사실 가까스로 이길 때가 많습니다. 그만큼 인간의 죄는 집요하고 강한 것입니다.

이것은 마치 뜨거운 여름에 사막을 혼자 걸어가는 것과 같습니다. 사람이 아무리 건강하다고 해도 사막길은 견딜 수 없습니다. 결국 끝까지 살아남는 사람은 속에 성령의 생수가 있는 사람입니다.

전에 나이지리아에서 내란이 일어났을 때 모든 가족들이 다 길을 떠났는데 끝까지 살아남은 사람은 어린 아이 혼자뿐이었습니다. 어른들은 중간에서 체력의 소모가 많아서 다 죽었던 것입니다.

지금 이 세상은 죄가 용광로같이 끓어오르는 세상입니다. 이 세상에서 사람들은 둘 중의 하나입니다. 미치든지 아니면 방탕하든지 입니다. 그러나 자기 믿음을 지키고 끝까지 살아있는 믿음 생활을 할 수 있는 사람은 예수님을 믿는 사람입니다.

참된 신앙의 특징

20-21절 너희는 거룩하신 자에게서 기름 부음을 받고 모든 것을 아느니라 내가 너희에게 쓰는 것은 너희가 진리를 알지 못하기 때문이 아니라 알기 때문이요 또 모든 거짓은 진리에서 나지 않기 때문이라

우리가 바른 신앙을 붙들어야 하는 이유는 바로 진리가 가지는 능력

때문입니다. 예수님은 말씀하시기를 '너희가 진리를 알찌니 진리가 너희를 자유케 하리라'고 하셨습니다(요 8:32).

예수님의 십자가 진리가 아니면 결코 죄 용서를 받을 수 없고 그것을 확신할 수가 없습니다. 즉 끝까지 자기 힘으로 무거운 죄의 십자가를 지고 갈 수 밖에 없는 것입니다. 특히 우리가 예수님의 십자가를 믿을 때 우리 안에 하나님의 성령의 기름부음이 있게 됩니다.

여기서 기름부음을 받았다는 것은 우리 안에 성령이 계속 임하고 있다는 뜻입니다. 우리 인간의 가장 심각한 문제는 우리에게서 하나님의 능력이 차단된 것입니다. 그래서 우리 인간이 가장 인간다울 수 있는 것은 놀랍게도 우리 인간에게 하나님의 신적인 능력이 임했을 때입니다. 이것은 마치 정지되어 있는 기계에 아무리 기름칠을 해도 움직이지 않다가 전기가 들어옴으로 동력이 주어지면 움직이는 것과 같습니다. 사람들은 기독교가 인간을 가장 비인간화한다고 비난을 합니다. 왜냐하면 모든 인간의 욕망을 억제하고 오직 하나님에게만 복종을 해야 한다고 가르치기 때문입니다. 그러나 그렇게 하는 이유는 하나님과 바로 연결되기 위해서입니다. 우리가 예수님을 통하여 하나님을 바로 믿을 때 신적인 능력이 우리에게 공급이 되는데 바로 이것이 성령의 기름부음인 것입니다. 그리스도인들에게 놀라운 것은 몸은 인간인데 우리 안에는 신의 능력이 있는 것입니다.

또한 우리에게 하나님의 성령이 임하시면 우리는 모든 것을 안다고 했습니다. 이것은 우리가 갑자기 모든 진리를 다 깨닫게 된다는 뜻이 아닙니다. 우선 우리에게 성령이 임하시면 머리로 믿어지지 않던 것들이 믿어지게 됩니다. 이것은 우리에게 진리를 분별할 수 있는 능력이 생긴다는 뜻입니다. 보통 사람은 진리를 들어도 깨닫지 못하고 거짓 진리를 들어도 분별하지 못합니다. 그러나 예수 믿는 자들은 하나님의 진리를 들으면 힘이 생기고 기쁨이 생깁니다. 거기에 비해서 거짓된 진리를 들으면 이상하게 무엇인가 생각이 복잡해지고 힘이 없어지며 혼동이 생기게 되는 것입니다.

우리 믿는 자들은 하나님이 살아계신 것과 예수님이 하나님의 아들인 것을 이해하려고 하지 않습니다. 성경에 있는 모든 것들이 옳다는 것을 이해하려고 애쓰지 않습니다. 모든 것들이 그냥 믿어져버리는 것입니다. 또한 우리 믿는 자들 안에는 성령이 내주하시기 때문에 구약 시대의 성도들이나 선지자들과 비교해서 수백 배의 진리에 대한 지각이 있습니다. 구약 시대의 선지자들이나 성도들은 진리를 아는데 매우 어두웠습니다. 그래서 그들은 모든 것을 일일이 물어볼 수밖에 없었습니다. 마치 글을 모르는 시골의 할머니가 군에 간 아들에게서 편지가 오면 글을 아는 사람에게 일일이 물어볼 수밖에 없는 것과 같습니다. 그러나 이제 우리는 자기 스스로 글을 읽을 수 있기 때문에 스스로 하나님의 진리를 분별할 수 있습니다.

요즘 병원에서 정밀한 수술을 하는데 현미경으로 보면서 수술을 합니다. 이것은 옛날 대충 보면서 수술하는 것과는 엄청난 차이가 있습니다. 우리가 계속 진리 안에서 자라갈 때 아주 세밀한 하나님의 뜻까지 분별하게 되며 눈에 보이지도 않는 사탄의 세력을 쳐부수게 되는 것입니다.

22-23절 거짓말하는 자가 누구냐 예수께서 그리스도이심을 부인하는 자가 아니냐 아버지와 아들을 부인하는 그가 적그리스도니 아들을 부인하는 자에게는 또한 아버지가 없으되 아들을 시인하는 자에게는 아버지도 있느니라

모든 것이 다 틀려야 거짓 기독교라고 생각하는 사람은 그들이 거짓

성을 잘 알지 못하는 자들입니다. 적그리스도가 다 틀린 것이 아닙니다. 오히려 어떤 부분은 보통 교회보다 훨씬 바람직해 보이는 것들도 있습니다. 그러나 중요한 하나의 교리가 틀리면 그 교회는 전부 다 틀린 것입니다.

그 당시 설치고 있던 거짓 기독교는 상당한 설득력을 가지고 있었고 또 어떤 부분은 전혀 구별이 되지 않을 정도로 바른 것도 있었습니다. 이 당시 적그리스도에게 문제가 있었던 것은 단 하나였습니다. 그것은 바로 예수가 그리스도이심을 부인하는 것입니다. 그들이 예수를 인정치 않는 것도 아닙니다. 그들은 예수를 알고 존중합니다. 그러나 그리스도라고 생각하지 않는 것입니다. 여기서 그리스도라고 하는 것은 하나님의 아들로서의 예수님을 말합니다. 그의 신성을 인정치 않는 것입니다. 한 인간인데 그리스도의 영으로 덮어씌운 자라고 하기도 했습니다.

그들 중 어떤 이들은 예수와 그리스도를 구분했습니다. 그들에 의하면 예수는 사람이고 그리스도는 영입니다. 예수가 요단강에서 세례를 받고 올라올 때 그리스도의 영의 씌움을 받았다가 십자가 위에서 죽을 때 그리스도의 영이 떠났다는 것입니다. 이것이 거짓 그리스도입니다. 뭔가 그럴듯한데 아닙니다. 이 한 부분이 문제입니다. 그러나 이것이 얼마나 무서운 결과를 가져옵니까? 아들을 부인하는 자에게는 아버지가 없습니다. 왜냐하면 예수 그리스도를 믿지 않으면 절대로 하나님을 나의 아버지로 모실 수 없습니다. 예수님을 믿지 않으면 하나님 나라의 그 모든 진귀한 축복들을 소유할 수 없습니다. 그들의 요란한 종교의식이나 열심에 하나님은 안 계십니다. 그러나 그리스도가 계시면 하나님 아버지도 거기 계십니다.

하나님께서 우리 인간들에게서 기대하시는 것은 오직 하나 밖에 없습니다. 그것은 우리 인간들이 죄에 빠졌으며 이 죄에서 건져지기 위해서는 오직 하나님의 아들이 오셔서 내 죄를 대신해서 죽었다는 것을 믿으라는 것입니다. 이것 하나만 믿으면 나머지 모든 문제는 하나님께서 다 책임져주시겠다는 것입니다.

우리가 하나님의 말씀을 붙들고 나갈 때 아무리 부족해도 하나님께서 바른 길로 인도하시고 축복해주시며 모든 위험에서 막아주시는 것입니다. 우리는 우리의 앞길이 언제나 평탄하다고 생각하지 않습니다. 우리가 주님을 믿고 주님의 말씀을 붙들고 걸어갈 때 주님이 늘 사자들의 입을 막아주셔서 우리를 상하게 하지 못하게 지켜주시는 것입니다. 이것을 볼 때 우리가 하나님의 말씀을 가까이 하는 것을 하나님께서 얼마나 기뻐하시고 사랑하시는지 알 수 있습니다. 그리고 이것이 바로 우리가 살 수 있는 유일한 길입니다.

요일 07
(2:24–29)

신앙의 뿌리

가끔 대학 캠퍼스나 대로변에서 큰 나무들을 뿌리째 옮겨와서 심는 것을 볼 수 있습니다. 그래서 한번은 조경을 하시는 분들에게 이렇게 큰 나무들을 옮겨와서 심어도 괜찮으냐고 물어보았습니다. 그랬더니 그 조경전문가가 말하기를 나무를 뿌리째 옮겨 심은 것이 사람으로 치면 간이나 신장을 이식하는 것과 같이 어려운 일이라고 했습니다. 즉 나무를 뿌리째 옮기는 과정에서 잔뿌리들이 다 잘라지기 때문에 나무를 세워 놓아도 병들어 죽기 쉽고 특히 큰 바람이 불면 거이 다 넘어져 죽는다고 했습니다.

한때 우리 사회를 지탱하는 정신적인 뿌리가 없다는 말들을 한 적이 있었습니다. 옛날 우리나라 정신을 지켜온 뿌리는 유교였습니다. 그래서 다른 사람에 대한 예의라든지 혹은 사람의 도리 같은 것으로 우리 사회를 수백 년 이상을 지탱해왔습니다. 그러나 우리나라가 일제 식민지를 겪고 해방된 후 미국의 물결이 들어오면서 우리나라 사람들을 지탱할 수 있는 정신적인 뿌리가 없다는 말을 하고 있습니다. 심지어 중고등학교에서는 학교가 학생들에게 무엇을 가르쳐야 할지 모르게 되어버렸습니다. 그래서 중고등학교는 학생들을 명문대학교에 입학시키는 것이 목적이 되었고, 대학은 또 학생들을 취직시키는 것이 목적이 되어버렸다면 그 교육의 뿌리는 없는 셈이 됩니다. 우리는 도대체 수많은 가치관들이 혼합되어 있는 오늘 이 세상에서 내 자신을 지켜줄 정신적인 뿌리가 무엇일까 하는 것을 생각해 보아야 합니다.

성경에 보면 비록 나라는 기둥이 잘리웠지만 정신적인 뿌리를 지켜서 성공한 사람이 있었습니다. 요셉은 형들에게 팔려서 애굽에 노예로 갔지만 하나님이 주신 신앙의 뿌리를 붙들어서 나중에 애굽의 총리가 되었습니다. 다니엘은 나라가 망하는 바람에 포로가 되어서 바벨론에 끌려갔지만 하나님을 믿는 신앙의 뿌리를 붙들어서 바벨론에서 가장 유명한 총리가 되었습니다. 에스더는 바벨론에 포로로 붙들려온 자의 딸로서 페르시아 제국의 왕비가 되었지만 성경적인 신앙의 뿌리를 붙들었기 때문에 민족을 살리는 사람이 됩니다. 요즘 우리 주위에는 세상적으로는 참 훌륭한데 도덕적으로 실패해서 물의를 일으키는 사람들을 보게 됩니다. 그 사람들이 바로 뿌리가 없는 사람들입니다. 요즘 우리 사회를 보면 뿌리 없는 나무가 너무나도 많이 있는 것을 보게 됩니다. 한 걸음 더 나아가서 교회도 뿌리 없는 교회들을 많이 볼 수 있습니다. 이런 경우에는 결국 사탄의 시험이나 공격에 통째로 넘어가게 됩니다.

민수기에 보면 이미 죽은 족장의 지팡이가 싹이 나서 꽃이 피고 열매까지 맺는 일이 있습니다. 바로 그 유명한 아론의 싹난 지팡이입니다.

이스라엘의 많은 족장들은 하나님께 제사 드리는 일을 오직 아론만 독점하는 것이 못마땅했습니다. 그들은 우리도 다 같은 이스라엘 족장들인데 왜 아론만 하나님께 분향을 드리고 제사를 드려야 하느냐 하면서 불평을 했습니다. 그때 하나님께서는 모세를 통하여 족장들의 지팡이를 모으라고 말씀하셨습니다. 모세가 열두 족장들의 지팡이를 모아서 하나님의 언약궤 앞에 두었습니다. 이 지팡이들은 모두 나무에서 잘라 만든 것이기 때문에 생명이 없었습니다. 그런데 이 지팡이들을 성전의 언약궤에 하루를 두었더니 다른 지팡이들은 모두 그대로 있는데 오직 아론의 지팡이만 싹이 나고 꽃이 피고 살구 열매까지 맺혀 있었습니다. 즉 다른 나무들은 모두 죽은 지팡이였지만 아론의 지팡이만 살아 숨 쉬는 지팡이였습니다. 오히려 아론의 지팡이는 단 하루 사이에 마른 지팡이에서 열매가 맺힐 정도가 된 것입니다. 이것은 우리가 하나님 앞에 나올 때 왜 하나님의 말씀이 중요한가 하는 것을 보여줍니다. 하나님의 말씀에는 메말라 죽어가던 자가 단 하루 만에 꽃이 피고 열매가 맺힐 정도로 넘치는 생명력이 있는 것입니다. 오늘도 하나님의 말씀을 붙드는 신앙은 그 뿌리가 하나님께 연결되어 있습니다. 그래서 아무리 세상이 어려워도 꽃을 피고 열매를 맺게 되는 것입니다.

처음부터 들은 복음의 중요성

교회나 개인의 신앙이 병이 드는 것은 다른데 이유가 있는 것이 아니라 성경적인 신앙에서 떠나거나, 성경적인 신앙의 공급이 끊겨서 그런 것입니다.

24절 너희는 처음부터 들은 것을 너희 안에 거하게 하라 처음부터 들은 것이 너희 안에 거하면 너희가 아들과 아버지 안에 거하리라 사도 요한은 '처음 들은 것'을 아주 강조해서 말하고 있습니다. 여기서 처음 들은 것은 교인들이 처음 들었던 복음을 말합니다. 그리고 '처음부터 들은 것이 너희 안에 거하게 하라'는 것은 다른 것을 일체 받아들이지 말라는 뜻입니다.

우리가 처음 예수 그리스도의 복음을 들으면 우리 안에 우리도 알지 못하는 놀라운 변화가 일어나게 됩니다. 즉 우리의 죽었던 영혼이 살아나면서 하나님을 처음 알게 되고 하나님의 자녀가 되게 됩니다. 그것이 우리 영혼이 거듭나는 것이며 성령의 기름부음을 받는 것입니다.

즉, 우리의 마음이 하나님께 연결이 되어서 하나님으로부터 오는 모든 생명을 다 받게 되는 것입니다. 이것은 마치 죽어가는 자에게 새 피가 수혈되는 것과 같고 공기가 없어서 죽어가던 자에게 새 공기가 공급되는 것과 같습니다. 그러나 우리가 예수 믿고 난 후에 하나님의 말씀을 계속 공급받지 못하면 우리 영혼이 병들게 됩니다.

그래서 사도 요한은 교회와 성도들에게 권면하기를 '처음부터 들은 것을 너희 안에 거하게 하라'고 말씀하고 있습니다. 여기서 '처음부터 들은 것'은 바로 사도들의 성경적인 가르침을 말합니다. 예수님의 제자들이 예수님으로부터 들은 말씀. 혹은 사도 바울 같은 사람이 주님으로부터 들은 구원의 진리를 말합니다. 식물도 뿌리가 튼튼해야 가지도 뻗고 꽃도 피고 열매도 맺을 수가 있는 것처럼 신앙도 뿌리가 튼튼해야 부흥의 열매를 맺을 수 있습니다.

우리가 예수를 믿는 것은 마치 이스라엘 백성들이 애굽을 탈출해서 홍해를 건너서 새로운 세계로 가는 것과 같습니다. 그 동안 이스라엘 백성들을 학대하던 바로는 하나님의 능력에 굴복되었으며 이스라엘 백성들은 애굽을 탈출하게 되었습니다. 그러면 이제부터 이스라엘 백성들은 어디로 가야 합니까? 바로 이것이 문제였습니다. 하나님께서는 이스라엘 백성들을 물도 없고 양식도 없는 광야로 몰아넣으셨습니다. 그 이유는 하나님의 백성들은 떡으로만 사는 것이 아니요 하나님의 말씀으로 살기 때문입니다. 즉 하나님은 이스라엘 백성들의 신앙이 하나님께 뿌리내리도록 하기 위해서 광야로 데리고 가셨습니다.

우리가 이 세상에서 먹고 살려면 일을 해야 합니다. 그래서 사람들에게는 직장이 있어야 하고 경제가 중요한 것입니다. 그러나 하나님께서는 우리에게 그렇게 사는 것 말고 또 다른 삶이 있다는 것입니다. 그것은 우리가 오직 하나님의 말씀에 순종하기만 하면 하나님께서 먹고 사는 것을 책임져주시는 것입니다. 이스라엘 백성들이 하나님의 말씀에 순종했을 때 놀랍게도 하늘에서 만나가 내렸고 반석에서 생수가 나와서 모두가 물을 마셨습니다. 그러나 성경을 보면 이스라엘 백성들이 계속 애굽으로 돌아가려고 하는 것을 보게 됩니다. 왜 이스라엘 백성들은 하나님의 기적을 체험하면서도 자꾸 옛날의 종되었던 애굽으로 돌아가려고 했을까요? 그 이유는 광야의 삶은 너무나도 불안정했기 때문입니다. 광야는 그야말로 아무것도 없는 곳입니다. 광야는 도저히 사람이 살 수 없는 곳이었습니다. 광야에서 하나님이 말씀으로 기적의 만나를 내려주시고 기적의 물을 마시게 하신다고 하지만 기적이 열 번 일어나다가 단 한 번만 일어나지 않아도 이스라엘 백성들은 다 죽는 것입니다. 거기에 비하여 애굽은 기적은 없지만 최소한 사람이 살 수 있는 것들은 준비가 되어 있었습니다. 그래서 이스라엘 백성들은 하나님의 말씀만 붙들고 불안하게 살아가는 것보다는 말씀이 없더라도 안정된 곳에서 살기를 원했던 것입니다. 그래서 놀라운 것은 이스라엘 백성들이 물도 없고 양식도 없는 광야에서 굶어죽거나 목말라 죽지는 않았지만 하나님의 말씀에 불순종함으로 다 죽었던 것입니다. 그 이유는 뿌리가 없었기 때문입니다.

이것은 이 세상을 살아가는 우리들에게도 마찬가지입니다. 우리는 이제 하나님의 말씀을 듣고 하나님의 백성이 되었습니다. 이제 우리는 무엇으로 살아야 합니까? 우리가 이 세상을 보니까 적어도 이 세상에는 최소한의 삶은 살 수 있을 것 같습니다. 그러나 우리 믿는 사람들이 이 세상에 뿌리를 내릴 때 우리는 뿌리 없는 자가 되고 맙니다. 이것은 결국 이스라엘 백성들이 애굽으로 돌아가려고 한 것과 같습니다.

우리는 세상에서 하나님의 말씀에 신앙의 뿌리를 내려야 합니다. 그것은 하나님의 백성이 된 후에도 계속 하나님의 말씀만 붙잡고 살아가는 것입니다.

당시 그리스도인들로 하여금 하나님의 말씀에 뿌리를 내리지 못하게 하는 것이 두 가지가 있었습니다. 하나는 이 세상의 생활에 대한 염려였습니다. 즉 잘 믿다가 갑자기 '내가 하나님의 말씀을 붙든다고 먹는 것이 생기고 집이 생기고 직장이 생기느냐?'하는 의심이 드는 것입니다. 그러면서 사탄은 우리를 충동질하기를 '지금도 늦지 않으니까 빨리 아는 사람을 찾아가서 부탁을 해보기도 하고 여기 저기 자리가 있는지 알아보라'고 합니다. 마귀는 우리에게 더 늦기 전에 너의 인간적인 방법을 쓰라는 것입니다.

우리가 생각하기에 나의 능력을 발휘하면 틀림없이 지금보다는 더 잘 될 것 같습니다. 이것이 바로 뿌리 없는 신앙입니다. 우리는 계속 하나님께 뿌리를 내려야 합니다. 그래야 광야 사십 년을 걸어갈 수 있는 것입니다.

그리고 또 하나는 세상의 지식에 대한 욕심입니다. 우리는 하나님을 믿기는 하지만 지나치게 성경적인 신앙보다는 세상과 어느 정도 조화를 이룬 신앙을 가지기를 원합니다. 요즘 우리 사회에서는 천주교와 불교가 서로를 인정하고 추켜세우는 것을 좋아합니다. 우리도 독선적인 신앙보다는 다른 많은 사상이나 종교를 인정하는 폭넓은 신앙을 가지기를 원합니다. 그러나 하나님은 오직 말씀의 길로만 가라고 하십니다. 즉 세상에서 배척을 당하고 무식하다는 소리를 들어도 하나님의 말씀만 붙들어야 능력이 나타나고 부흥이 오게 됩니다.

사람들 중에는 성경 말씀은 늘 고리타분하게 죄만 책망하는데 거기에 비하여 새로운 체험이나 지식을 가르쳐주는 것을 굉장히 좋아합니다. 어떤 사람은 깊은 종교적인 체험을 가르치기도 하고 어떤 사람은 성경에도 없는 것을 가르치기도 합니다. 그러나 그런 것들이 바로 뿌리가 없는 신앙입니다. 뿌리가 없는 신앙은 유혹이 오면 줄기까지 다 뽑혀버리고 맙니다.

하나님이 좋아하시는 것

24절 너희는 처음부터 들은 것을 너희 안에 거하게 하라 처음부터 들은 것이 너희 안에 거하면 너희가 아들과 아버지 안에 거하리라

이 세상에서 가장 축복받고 가장 귀한 것은 하나님과 지속적인 관계를 가지는 것입니다. 그 이유는 아버지와 아들 안에는 하나님의 모든 능력과 지혜와 축복이 다 들어 있기 때문입니다. 사도 요한은 그렇게 할 수 있는 방법은 오직 하나 밖에 없다고 말씀을 하십니다. 그것은 바로 그들이 처음부터 들은 그 말씀 안에 거하는 것입니다.

여기서 우리는 몇 가지를 기억해야 합니다. 그 첫 번째는 하나님께서 우리에게 가장 좋아하시는 것이 무엇이냐 하는 것입니다. 그것은 우리가 오직 하나님의 말씀만 사랑하는 것입니다. 우리는 이 세상에 살다보면 세상적인 방법들을 많이 알고 있습니다. 그러나 하나님께서는 우리

가 세상의 방법들을 사용하지 않고 하나님의 말씀만 붙들고 살아가는 것을 가장 좋아하십니다.

처음 인터넷이 나왔을 때 방송국에서 인터넷 서바이벌 게임을 한 적이 있었습니다. 그것은 몇 사람이 방송국과 격리되어서 모든 필요한 것을 인터넷만 사용해서 공급받고 사는 것입니다. 필요한 옷도 인터넷으로 구입을 하고 짜장면도 인터넷으로 주문을 하는 것입니다. 돈도 인터넷 뱅크를 통하여 지출하는 것입니다. 만약 인터넷으로 짜장면을 주문했는데 오지 않는다고 전화를 걸면 죽는 것입니다. 그러니까 우리가 하나님의 말씀을 붙들고 산다고 하는 것은 하나님의 말씀과 기도만으로 모든 어려움을 해결 받는 것입니다. 우리는 사람에게 부탁을 해도 안 되고 뇌물을 써도 안 되며 과거의 인간적인 방법을 사용해도 안 되는 것입니다. 이렇게 하려면 이 세상에서 아마 아무것도 할 수 없을 것입니다. 어떤 때는 너무나도 불필요한 고생을 억지로 하는 것처럼 보일 때도 있을 것입니다. 그러나 그것이 결국 하나님의 말씀 안에 거하는 것입니다.

두 번째로 우리가 하나님의 말씀을 붙들 때 가장 하나님께 가까이 접근할 수 있습니다. 하나님은 소멸하시는 불이시기 때문에 죄인들은 아무도 가까이 할 수 없습니다. 모세가 시내 산에서 돌비를 받으러 산에 올라갔을 때 다른 이스라엘 백성들은 아무도 산에 오르지 못했습니다. 그 이유는 시내 산은 전체가 불이 붙었고 하나님의 구름이 덮여 있었기 때문입니다. 그러나 모세는 하나님께 나아가서 율법의 돌비를 받아가지고 돌아왔습니다. 하나님은 원자폭탄보다 더 강하신 분이십니다. 그러나 우리가 하나님의 말씀을 붙들고 기도하면 하나님께 가까이 나아갈 수 있습니다.

사람들은 종교적인 체험이 대단한 것으로 생각하지만 종교적인 체험이라고 하는 것은 기껏해야 기절하는 것에 불과합니다. 천사의 환상을 보거나 혹은 방언을 하거나 그 어떤 체험이나 봉사도 하나님의 말씀을 붙드는 것보다 더 낫지 못합니다.

우리가 하나님의 말씀만을 붙들 때 사탄은 우리를 건드리지 못합니다. 하나님의 소유에는 모두 거룩한 기름부음이 있기 때문에 다른 사람들이 손을 댈 수가 없고 자기 멋대로 노예로 끌고 갈 수도 없는 것입니다. 그뿐 아니라 더 놀라운 것은 하나님의 능력이 바로 우리들을 통하여 나타납니다. 우리들의 기도를 통하여 다른 사람들이 복을 받게 되는 것입니다. 결국 하나님의 능력이 독점적으로 나타나게 되는 것입니다. 결국 부흥을 체험하려면 성령을 달라고 소리만 지른다고 해서 되는 것이 아닙니다. 하나님의 말씀을 붙잡고 모든 죄를 버리고 기도할 때 거기에 성령의 부으시는 능력이 나타나는 것입니다.

결국 하나님의 말씀을 붙들 때 죄와 유혹을 이길 수 있습니다.

25절 그가 우리에게 약속하신 것은 이것이니 곧 영원한 생명이니라

여기서 '영원한 생명'이라고 하는 것은 우리가 하나님이 주시는 능력을 가지고 사는 것을 말합니다. 우리 안에 하나님의 능력이 임해야 우리가 가장 우리다울 수 있습니다. 죄는 우리가 생각하는 것보다 훨씬 더 강하고 집요합니다. 그래서 결심만으로는 죄나 유혹을 끊을 수 없습니다. 그래서 이 세상에서 뛰어나고 성공적인 사람들이 유혹에 걸려서 다 넘어지는 것입니다. 그런데 우리가 하나님의 말씀을 붙들면 죄나 유혹이 약해지게 됩니다. 또 하나님의 말씀이 죄를 몰아내고 우리가 죄짓지 않도록 지켜주십니다.

하나님의 기름부음

27절 너희는 주께 받은 바 기름 부음이 너희 안에 거하나니 아무도 너희를 가르칠 필요가 없고 오직 그의 기름 부음이 모든 것을 너희에게 가르치며 또 참되고 거짓이 없으니 너희를 가르치신 그대로 주 안에 거하라

여기서 어려운 말씀을 하고 있는데 그것은 '성령의 기름부음'이라는 말입니다. 원래 성령의 기름부음이라는 것은 성령의 체험적인 능력을 의미할 때가 많습니다. 이것은 원래 구약 성전의 등대에서 나온 것인데 성전의 등대에 기름이 다 되어서 꺼져가려고 할때 기름을 새로 부으면 불이 활활 타오르게 됩니다. 마찬가지로 우리 안에 성령의 은사들이 고갈되고 있을 때 새로운 성령의 능력이 부어지면 모든 지식과 은혜가 다시 불타오르게 될 것입니다.

오늘 말씀은 우리에게는 성령의 기름부음이 있기 때문에 아무에게도 배울 필요가 없다고 말씀하고 있습니다. 이것을 우리가 잘못 이해하면 우리는 각자 안에 성령의 기름부음이 있기 때문에 모든 진리를 다 깨달아 누구로부터 배울 필요가 없다고 생각하기 쉽습니다. 그러나 여기서 말씀하는 것은 우리 한 사람 한 사람 안에는 성령이 계시기 때문에 진리에 대하여 본능적인 분별력이 있다는 뜻입니다. 그래서 우리는 하나님의 진리를 들으면 너무나도 마음이 기쁩니다. 아무리 침체되어 있던 사람도 하나님의 말씀을 들으면 힘을 얻게 되어 있습니다. 많은 경우에는 육체의 질병도 치료가 되는 것을 보게 됩니다. 그 이유는 아무리 신앙이 좋은 사람이라 하더라도 지속적으로 하나님의 말씀을 듣지 못하면 영적으로 침체가 오기 때문입니다.

많은 경우 거듭난 신자가 몇 개월 이상 생명의 말씀을 듣지 못하면 영

적 침체가 오고 심지어는 불면증이나 소화불량이나 우울증이나 위염 같은 육체적인 질병까지 오게 됩니다. 그런데 이때 바른 말씀을 들으면서 마음속에서 기쁨의 감격이 터져 나올 때 이런 병들이 한꺼번에 다 치료되는 것을 보게 됩니다.

그런데 여기서 '너희는 주께 받은바 기름부음이 있다'고 할 때 '너희'는 복수를 말합니다. 즉 '너희'는 개인을 말하기 보다는 교회를 말하는 것입니다. 교회는 성령의 기름부음이 있기 때문에 다른 교회에 가서 일일이 배우지 않아도 하나님의 진리를 깨달을 수 있습니다. 심지어 우리는 외국에 유학을 가지 않아도 얼마든지 성경 진리를 깨달을 수 있고 부흥이 일어날 수 있습니다. 물론 우리는 매일 성경을 읽지만 또 지속적으로 예배 가운데 하나님의 말씀을 들어야 살 수 있습니다.

그러나 교회가 하나님의 말씀에 관심이 없고 사업이나 인간관계에 치중을 할 때 교회에서 진리는 고갈되게 됩니다.

그래서 목사나 교회가 어느 정도 커지고 유명해지면 말씀만으로는 만족을 하지 못하게 되기 쉽습니다. 왜냐하면 다른 많은 것들이 있어야 우리의 신앙이 풍성해진다고 생각하는 것입니다. 그러나 우리는 그 유혹을 이겨내야 하는 것입니다. 우리는 다른데 가서 진리를 배울 필요가 없습니다. 왜냐하면 하나님이 주시는 진리가 성경 안에 다 들어 있기 때문입니다. 교회 안에서 성경을 가르칠 때 성령의 기름부음이 우리를 가르치는 것이며 이것은 우리의 신앙을 하나님 앞에 깊이 뿌리를 내리는 것이 되는 것입니다.

28절 자녀들아 이제 그의 안에 거하라 이는 주께서 나타내신 바 되면 그가 강림하실 때에 우리로 담대함을 얻어 그 앞에서 부끄럽지 않게 하려 함이라

여기서 '그의 안에 거하라'는 말씀은 주님의 말씀 안에 거하라는 뜻입니다. 이것은 교회 안에서 일체 다른 것을 용납하지 말라는 뜻입니다.

많은 사람들은 그렇게 하지 않습니다. 주님의 말씀은 무시하고 자기 멋대로 생각해서 믿는 경우가 많은데 그것은 그리스도로부터 미끄러지는 것입니다. 그는 자기는 틀림없이 그리스도를 위하여 일한다고 믿었습니다. 그러나 나중에 알고 보니 그는 그리스도 밖에 있는 자였습니다. 그는 그리스도가 원치 않는 일만 실컷 했던 것입니다. 그래서 우리는 우리의 위치를 항상 확인해 보아야 합니다. 할 수 있으면 매일 내가 지금 어디에 있으며 어디로 가고 있는지 확인해 보아야 합니다.

29절 너희가 그가 의로우신 줄을 알면 의를 행하는 자마다 그에게서 난 줄을 알리라

우리는 이 세상에서 남은 가르치고 어려운데서 건져내는 사람들을 많이 봅니다. 그러나 정작 자기 자신은 불의한 욕심에 빠지거나 더러운 정욕의 종이 되어서 많은 사람들을 실망시키는 것을 봅니다. 그 이유가 어디에 있습니까? 바로 그의 뿌리가 진리 가운데 내리지 못했고 자신의 신념이나 소신에 있기 때문입니다. 사람의 정욕이라는 것은 너무나도 강하여서 머리로 아는 것으로는 떨쳐버릴 수가 없습니다. 우리 안에 있는 정욕은 너무 집요하고 강하기 때문에 이것을 이겨내려면 철저하게 주님의 진리를 붙들어야 합니다. 사도 요한은 당시의 그 유명한 사람들일지라도 불의에 빠진 것을 보고 그리스도에게서 나온 자들이 아닌 것을 알라고 말씀하십니다. 백번 잘하다가도 한번 죄에 빠지면 그는 그 모든 수고를 다 날려버리는 것입니다. 우리는 우리 신앙의 뿌리를 그리스도와 하나님께 둠으로 끝까지 승리하는 성도들이 되시기 바랍니다.

요일 08
(3:1-3)

우리를 변화시킨 것

대개 여성들은 누군가의 사랑을 받게 되면 자신감이 생기고 정신적으로도 훨씬 더 성숙해지는 것을 볼 수 있습니다. 사람들이 자신감을 가지게 되는 것은 다른 사람의 관심을 받고 사랑을 받고 인정을 받는 것임을 볼 수 있습니다. 그래서 다른 사람의 인정을 받고 자신감이 있는 사람은 일을 할 때도 자신 있게 하기 때문에 더 잘할 수 있습니다. 반면 다른 사람의 인정을 받지 못하고, 관심을 받지 못하는 사람은 무슨 일을 해도 자신이 없어서 실수할 때가 많고 그래서 더 소극적이 되기 쉽습니다. 대개 사람들은 무엇인가 남들보다 나은 사람을 칭찬하고 좋아하게 됩니다. 예를 들어서 공부를 남들보다 잘한다든지 얼굴이 다른 사람보다 잘생겼다든지 아니면 운동을 기가 막히게 잘한다든지 하면 다른 사람들의 관심을 끌게 되고 또 자신감이 생기게 됩니다. 거기에 비해서 남들보다 잘하는 것도 없고 관심을 끌만한 것도 없으면 대개 소극적이 되고 더 자신감을 잃게 됩니다.

그런데 하나님은 놀랍게도 전혀 사랑스럽지 않고 오히려 고집과 심술만 가득한 우리를 그토록 사랑하시는 것입니다. 우리는 이것이 처음에는 잘 믿어지지 않습니다. 하나님께서 우리를 사랑하신다고 하지만 그것은 성경에 그렇게 적혀 있는 것뿐이고 하나님은 나는 사랑하시지 않을 것이라고 생각합니다. 그러나 우리가 신앙 생활하면서 자꾸 느끼는 것이 아무것도 사랑할만한 것이 없는 나를 하나님께서 그토록 사랑하시는 것이 사실인 것입니다. 그때 우리는 하나님 앞에서 어떻게 살아야 할지 당황하게 되는 것입니다. 지금까지는 거의 자포자기하는 심정으로 되는대로 막 살아왔는데 하나님께서 나를 이토록 사랑하실 때 도대체 나는 어떻게 살아야 그 하나님의 사랑에 조금이라도 보답할 수 있느냐 하는 생각이 들게 되는 것입니다.

존 번연의 『천로역정』은 성경책 다음으로 많이 읽혀진 책이라고 합니다. 그런데 존 번연이 쓴 다른 책 중에 『죄인의 괴수에게 넘치는 은혜』라는 책도 있습니다. 여기서 '죄인의 괴수'라고 하는 것은 물론 번연 자신을 의미합니다. 그는 어디를 보아도 하나님의 사랑을 받을만한 구석이 없는 자였습니다. 그의 할아버지에게는 네 명의 아내가 있었고, 아버지에게는 세 명의 아내가 있었습니다. 그가 군대에 입대한 것도 아버지의 갑작스런 재혼으로 홧김에 입대한 것입니다. 존 번연의 군대생활은 고생스러웠고 그때 누군가를 알아서 결혼했는데 그 부인의 이름은 알려져 있지 않습니다. 아마 아버지가 그 결혼에 반대했기 때문이라고 생각합니다. 그의 아내는 얼마 되지 않아서 죽었습니다. 번연은 재혼을 했는데 그의 큰딸이 맹인이었습니다. 번연은 부모의 사랑으로부터 철저하게 제외되어 있었고, 그의 삶 자체도 궁핍하고 가난했습니다. 그는 땜장이가 되어서 냄비나 솥을 때워서 먹고 사는 것이 그의 직업이었습니다. 존 번연은 한때 라터파라는 이단에 가까운 집단의 영향을 받았는데 그들은 먹고 마시고 떠드는 자들이었습니다. 그러나 그런 그에게도 복음이 찾아왔습니다. 그는 우연히 벤치에 앉아서 하나님의 구원에 대하여 이야기를 하는 부인들의 이야기를 엿듣게 되었습니다. 존 번연은 죄의식 때문에 무려 18개월이나 신음하게 되었습니다. 그는 그때 지옥 천장에 매달려 있는 것 같았다고 하면서 지옥의 유황불이 타는 냄새를 맡았다고 말하고 있습니다. 그리고 번연은 예수를 믿고 완전히 변하여 새사람이 되었습니다. 부모나 다른 사람의 사랑을 받지 못해 반항하면서 살던 존 번연은 완전히 새사람이 되어 기꺼이 그리스도를 위하여 고난 받는 자가 되었습니다. 그는 생의 삼분의 일을 그리스도를 위하여 감옥에서 지냈습니다. 그의 첫 번째 투옥은 무려 12년이나 되었고 거기서 그 유명한 천로역정을 쓰게 되었습니다. 번연이 자신의 삶에서 의미를 가지게 된 것은 자기처럼 철저히 버림받은 자에게도 하나님의 은혜가 찾아왔던 그때부터 입니다.

바로 이것이 그리스도인들을 세상 사람들과 다르게 만드는 것입니다. 그리스도인들도 예수님을 만나기 전에는 다른 사람들과 조금도 다를 바가 없는 사람들이었습니다. 우리도 세상의 야망을 가지고 탐욕스럽게 죄를 지으면서 살아왔습니다. 우리는 이 세상에서 상처를 엄청나게 많이 받으면서 닥치는 대로 살아왔습니다. 그런데 예수님을 만나고 하나님의 사랑으로 완전히 변하여 새사람이 되었습니다. 도저히 사랑받을 가능성이 없는 자들인데 하나님은 우리를 있는 그대로 사랑해주셨습니다. 그런데 이제 그 하나님의 사랑이 마음이 들지 않는다고 어디로 가겠으며 도대체 무엇을 더 욕심내겠습니까? 그래서 하나님의 사랑을 받은 후에는 더 이상 세상의 야망과 욕심을 향하여 살지 못합니다. 그때부터는 기꺼이 그리스도를 위한 고난의 길을 가게 됩니다. 누가 가라고 하지 않아도 그 사랑이 빛이 되어서 가장 처참한 곳에도 가고, 가장 싫어하는 사람과도 만나고, 어디든지 가며 어떤 고통이라도 기꺼이 받습니다.

하나님의 놀라운 사랑

1절상 보라 아버지께서 어떠한 사랑을 우리에게 베푸사 하나님의 자녀라 일컬음을 받게 하셨는가 우리가 그러하도다

사도 요한은 하나님께서 우리를 사랑하신 것에 대하여 '보라, 아버지께서 어떠한 사랑을 우리에게 주사'라고 말을 하고 있습니다 여기서 '어떠한 사랑'이라고 하는 것은 도저히 우리가 상상할 수 없는 그런 엄청난 사랑을 말하는 것입니다. 요한복음 3:16에서도 '하나님께서 세상을 이처럼 사랑하사 독생자를 주셨으니'라고 말씀하고 있습니다. 여기서 '이처럼'이라고 하는 것도 감탄하는 표현입니다.

우선 하나님의 이 사랑을 깨달을 수 있는 사람은 예수를 믿고 하나님의 자녀가 된 사람이어야 합니다. 왜냐하면 다른 모든 사람들은 하나님의 사랑을 계속 거부하면서 믿지 않고 있기 때문입니다. 그래서 이 하나님의 사랑을 깨달을 수 있는 사람은 일단 이 사랑을 체험해본 사람이어야 합니다. 그렇지 않으면 아무리 하나님의 사랑을 이야기해도 알아듣지 못합니다.

또 우리가 알아야 하는 것은 우리에 대한 하나님의 사랑은 시간이 지나면 지날수록 분명해지고 더 구체적으로 드러나게 됩니다. 왜냐하면 우리의 신앙이 자라는 것에 비례해서 하나님의 사랑을 깨닫는 것이 달라지게 되기 때문입니다. 우리가 신앙이 어렸을 때에는 아무래도 생각

하는 기준이 세상적인 조건에 맞추어져 있습니다. 그래서 내가 하나님을 믿는데도 불구하고 세상적인 조건이 채워지지 않으면 왜 하나님께서는 나를 사랑하신다고 하면서 이렇게 힘들게 살아가게 하실까 하고 원망하고 불평할 때가 많습니다. 그런데 우리의 신앙이 성숙하게 되고 우리의 생각하는 기준이 하나님께 맞추어지게 되면 우리는 하나님의 사랑에 대하여 놀라게 되는 것입니다.

우선 우리가 하나님의 사랑에 대하여 생각하려면 하나님을 알아야 합니다. 하나님은 어떤 분이십니까? 하나님은 우리 같은 피조물이 아니십니다. 하나님과 우리의 관계는 인간과 개미와의 관계보다 더 못합니다. 우리 인간들이 개미의 행복에 대하여 별로 관심도 없고 또 책임질 이유도 없습니다. 우리 인간들은 하나님 앞에서 개미보다 못한 존재들입니다. 우리가 잘 산다고 해서 하나님에게 무슨 덕이 되는 것도 아니고 우리가 다 죽는다고 해서 하나님에게 손해가 되는 것도 아닙니다. 우리는 하나님이 만드신 많은 피조물 중 하나에 불과합니다.

그런데 우리 인간은 그 정도로 끝나는 것이 아닙니다. 우리 인간들은 그런 중에서 가장 교만하여서 하나님의 뜻을 가장 악질적으로 거스린 자들입니다. 하나님의 모든 것을 다 빼앗아서 자기 것으로 만들어버리고 그것도 부족해서 하나님을 부인하고 이상한 거짓된 것들을 하나님을 대신해서 섬기는 자들입니다. 그뿐만 아니라 마음속에 정욕과 탐욕이 가득 차서 한 평생을 욕심을 위하여 사는 자들이었습니다. 우리도 다른 사람을 미워하기도 하고 남의 행복을 빼앗기도 하고 심지어 마음속으로는 얼마나 많은 사람들을 죽이고 못된 짓을 했는지 모릅니다. 하나님께서는 우리 인간들을 정말 사랑해야 할 이유가 조금도 없었습니다. 오히려 우리 인간들은 하나님의 진노의 심판으로 철저하게 멸망 당해야 마땅한 자들이었습니다.

요한일서 08 (3:1-3)

그런데 하나님께서 이런 우리들을 사랑하신 것입니다. 우리를 향한 하나님의 사랑이 어떻게 나타났습니까?

하나님은 우리를 구원하기 위하여 오래 전부터 계획을 세우셨습니다. 하나님은 우리가 만들어지기도 전부터 그리고 우리가 하나님의 존재를 알기도 전부터 우리를 구원하기 위한 계획을 세우셨습니다. 하나님은 그 계획을 세우시면서 어느 누구로부터 돈 한 푼 받은 적이 없으십니다. 순전히 우리를 사랑하셔서 그렇게 하셨습니다. 우리가 이 세상에 태어나기도 전부터 하나님은 우리의 이름을 알고 계셨습니다. 그리고 우리가 아무리 하나님을 싫어하고 반항해도 끝까지 우리를 사랑하기로 결심하셨습니다.

두 번째로 하나님께서는 우리를 구원하시기 위하여 가장 큰 것을 희생하셨습니다. 그것은 하나님 자신보다 더 사랑하는 아들이었습니다. 우리 인간들을 구원하는데 가장 어려운 문제는 인간이 저지른 죗값을 누가 감당하느냐 하는 것이었습니다. 우리 인간들이 지은 죄는 너무나도 엄청나 아무도 그 죗값을 감당할 수가 없었습니다. 우리는 자기 죄를 감당하지 못하는 것은 물론이고 천사들도 감당할 수가 없었습니다. 그때 하나님께서는 하나님이 가장 사랑하시는 하나밖에 없는 아들을 희생시키심으로 우리 죄를 대신 책임지기로 하셨습니다. 하나님의 아들은 우리 같은 인간이 아니십니다. 하나님의 아들은 하나님과 똑같으시며 온 우주나 천사보다 더 귀한 분이십니다. 우리 인간들은 땅의 흙으로 만들어졌지만 하나님의 아들은 흙이 아니십니다. 우리 인간을 위하여 하나님의 아들을 희생한다고 하는 것은 너무나도 엄청난 것을 희생하는 것입니다. 이것은 마치 어느 집에서 빌려온 사기그릇이 하나 깨어졌다고 해서 상감청자로 갚는 것과 같습니다. 상감청자 하나로 금이 간 사기그릇은 수천 개 수만 개를 살 수 있습니다. 사실 하나님께서 우리를 대신

하여 하나님의 아들을 죽게 하신 것은 인간의 표현을 빌면 '하나님의 정신 나간 짓(?)'이라고 해도 과언이 아닙니다. 그런데 문제는 하나님께서는 깨어진 사기그릇과 같은 우리들을 사랑하신다는 것입니다.

세 번째로 하나님께서는 우리도 모르는 가운데 우리 인생길에 찾아오셔서 조용히 동행하셨습니다. 우리가 죄짓고 못된 짓을 해도 가만히 동행하시면서 멸망의 위기에서 건져주시고 사고로부터 지켜주시다가 결정적인 순간에 예수를 믿게 하시고 우리가 하나님을 믿자마자 하나님의 자녀로 삼으신 것입니다. 하나님께서 우리를 변화시키는 것은 죄가 우리 안에 만들어놓은 모든 독과 상한 것이나 깨어진 모든 것을 다 깨끗이 치료해서서 천사처럼 만들어 놓는 것입니다.

우리가 예수님을 만남으로 하나님을 믿었을 때 가장 먼저 깨닫는 것이 내가 이토록 존귀한 존재이구나 하는 것입니다. 그 전에는 산다고 하지만 인생의 의미도 알지 못하고 자기 자신을 학대하면서 살았습니다. 어떤 사람은 세상에 대하여 복수하는 마음으로 살아왔다고 합니다. 그러나 예수를 믿을 때 하나님이 자기 아들을 죽게 하실 정도로 나를 사랑하셨다는 것을 알게 됩니다.

그리고 나서는 죄가 내 속에 만든 모든 악영향을 치료하는 과정을 시작하시는 것입니다. 그래서 과거의 죄책감이 씻어지고 열등감이 사라지며 모든 나쁜 본성들을 다 치료하십니다. 그러나 그것으로 끝나는 것이 아닙니다. 하나님의 모든 좋은 은사와 성품으로 우리의 심령을 가득 채워주시는 것입니다. 그리고 또 세상적인 것도 주셔서 지식도 주시고 건강도 주시고 아름다운 가정도 주시고 나중에는 돈도 주시는 것입니다.

다윗이 하나님께 '내 원수의 목전에 내게 상을 베푸시고 기름으로 내 머리가 바르셨으니 내 잔이 넘치나이다'라고 고백했습니다. 우리가 처음 예수 믿을 때에 이 세상에서 내 욕심대로 내 정욕대로 살지 못하니까 너무나도 많이 손해본 것 같습니다. 그러나 하나님을 알아가고 영적으로 치료가 되어가면서 '내 잔이 넘치나이다'라는 고백이 나오게 됩니다. 죄인 중의 괴수에게 '넘치는 하나님의 은혜'라는 고백이 나오게 됩니다.

우리가 하나님의 사랑에 대하여 놀라게 되는 이유가 무엇입니까?

우리 자신이 어떤 사람인지 알기 때문입니다. 우리는 하나님의 사랑을 받을 이유나 자격이 전혀 없는 자들이었습니다. 하나님께서 우리를 사랑할만한 곳이 없었습니다. 백 퍼센트 하나님을 몰랐고 백 퍼센트 하나님에 대하여 악질적으로 반항하던 자들이었습니다. 우리는 모두 하나님의 마음에 엄청난 상처를 안겨드린 원수들입니다. 하나님께서는 이런 원수들을 사랑하신 것입니다.

이것이 우리에게 믿어지지 않고 이해가 되지 않는 것이 문제입니다. 우리가 하나님 앞에서 무엇인가 사랑받을 만한 것이 하나라도 있으면 하나님의 사랑이 그럴 수도 있겠다고 수긍이 될텐데 우리는 그럴만한 자격이 전혀 없는 것입니다. 그래서 하나님의 사랑을 받으면서도 믿어지지 않고 어떤 때에는 이 사랑을 다시 빼앗아 가는 것이 아닐까 하는 불안한 마음이 들 때도 있습니다. 그러나 우리가 해야 할 것은 하나님의 사랑을 믿는 것 밖에 없습니다.

그리스도인의 시험

1절 보라 아버지께서 어떠한 사랑을 우리에게 베푸사 하나님의 자녀라 일컬음을 받게 하셨는가, 우리가 그러하도다 그러므로 세상이 우리를 알지 못함은 그를 알지 못함이라 하나님께서 우리를 원수된 자리에서 구원하여 주신 것만 해도 엄청난 사랑입니다. 그런데 축복은 이것으로 끝나지 않습니다. 하나님께서는 우리로 하여금 이 세상에서 하나님의 자녀로 살게 하시고 그 산 것에 따라서 다시 한 번 무한한 축복으로 상을 내려주시는 것입니다.

여기서 '세상'이라는 것은 하나님을 모르는 사람들을 말합니다. 이 사람들은 우리를 모릅니다. 하나님의 아들이 지나가는데도 아무도 경례를 붙이지 않습니다. 오히려 어떤 때에는 예수를 믿기 때문에 더 조롱하고 비웃고 업신여깁니다. 왜 그렇습니까? 이 세상이 하나님을 알지 못하기 때문입니다.

하나님께서 우리에게 놀라운 사랑을 주셔서 아들의 자격을 주셨지만 이 세상에서 달라지는 것이 아무것도 없는 것입니다. 우리가 하나님의 아들이 되었다고 해서 공부가 더 잘되는 것도 아니고 명예가 올라가는 것도 아닙니다. 우리가 하나님의 아들이 되었지만 겉으로는 아무것도 달라지는 것이 없고 변화가 없습니다.

이 당시 교인들은 대부분이 노예신분이었습니다. 그들이 하나님의 아들이 되었다고 해서 노예에서 해방되는 것이 아니었습니다. 주인은 그런 사실을 전혀 알아주지 않았고 오히려 더 무시하고 핍박할 때가 많았습니다.

하나님께서 그렇게 하시는 이유가 무엇입니까? 바로 이것이 우리의 시험인 것입니다. 우리는 아무도 우리를 알아주지 않는 이 세상에서 오로지 하나님이 주시는 것만으로 믿음의 생활을 해내는 것입니다. 마치 예수님께서 이 세상에 오셨을 때 아무도 그를 알아주지 않았고 오히려 그가 하나님의 아들이라고 할때 귀신들렸다고 하면서 불신했습니다. 그러나 예수님은 하나님을 믿는 믿음만으로 너무나도 놀라운 삶을 사셨습니다. 우리도 그렇게 살아내라는 것입니다.

요한일서 08 (3:1-3)

그 대신 하나님께서 우리에게 무한정으로 주시는 것이 있습니다. 그 것은 하나님의 말씀과 성령의 능력입니다. 하나님께서는 우리의 기도를 다 들어주십니다. 이것만 가지고 죄를 물리치고 하나님의 의를 이루는 생활을 하라는 것입니다.

어떻게 생각하면 이 세상은 출세의 고속도로를 달리는 것과 같습니다. 모든 사람들이 돈을 벌고 출세를 위하여 열심히 이 고속도로를 달리고 있습니다. 그러나 정말 이 세상을 살리는 것은 그 고속도로 위에 있지 않고 거기서 상당히 떨어진 외딴 골짜기나 웅덩이 속에 있는 것입니다. 우리는 이 세상 출세의 고속도로에서 벗어나서 방황하고 헤매던 중에 이 놀라운 하나님의 축복의 보따리를 찾아낸 것입니다. 이제 우리가 해야 할 것은 다시 이 세상으로 돌아가는 것입니다. 그러나 옛날처럼 다시 다른 사람들과 출세의 경쟁을 하는 것이 아닙니다. 이제 우리가 해야 할 것은 그들이 알지 못하는 하나님의 은혜와 사랑을 나타내는 것입니다. 물론 세상 사람들은 그 필요성을 알지 못하고 무시하지만 우리는 이것을 주어야 할 사명이 있습니다. 이 보물은 하나님을 아는 지식입니다. 그리고 이 세상을 의롭게 살아갈 수 있는 능력이며 모든 것을 믿음의 눈으로 볼 수 있는 지혜인 것입니다.

우리에게 주어진 가장 큰 복이 무엇입니까? 그것은 우리가 결국 그리스도처럼 영광스럽게 된다는 것입니다.

2절 사랑하는 자들아 우리가 지금은 하나님의 자녀라 장래에 어떻게 될지는 아직 나타나지 아니하였으나 그가 나타나시면 우리가 그와 같을 줄을 아는 것은 그의 참모습 그대로 볼 것이기 때문이니

우리는 지금 우리가 가지고 있는 것이나 우리가 누리고 있는 것이 하

나님으로부터 받을 축복의 전부라고 생각하면 안 됩니다. 오히려 진짜 하나님께서 우리에게 주실 것은 아직 나타나지 않았습니다.

지금 우리의 신분은 하나님의 자녀입니다. 그러나 장래에 어떻게 될 것은 아직 나타나지 않았습니다.

예수님이 오시기만 하면 우리는 영광스럽게 변하게 됩니다. 우리는 마치 결혼식 날 신부같이 가장 화려하고 아름다운 모습으로 변하게 될 것입니다. 우리는 예수님과 같이 영광스러워지며, 우리는 예수님처럼 하나님의 모든 것을 물려받게 되는 것입니다.

우리 자신이 얼마나 찬란하게 변하는지 모릅니다. 그 때에는 온 세상이 시력을 잃어버리게 될 것입니다. 너무나도 찬란한 하나님의 아들들의 모습에 정신을 잃어버리게 될 것입니다. 사도 바울이 다메섹에서 그리스도의 영광을 보고는 시력을 잃어버렸습니다. 그는 그 영광에 압도되어 죽은 자처럼 되었습니다. 아무도 그를 볼 수 없었습니다. 그리고 우리는 하나님의 모든 것을 다 상속받게 되는 것입니다.

그때는 이 세상에 있는 것들은 아무것도 건지지 못하고 모두 다 불타 없어지고 말 것입니다. 사람들은 이 세상에 있는 것 중에서 숟가락 하나 건지지 못할 것입니다. 이 세상에 있는 건물들이나 땅들이 다 타서 없어질 것입니다. 오직 영원히 남게 되는 것은 우리가 다른 사람들에게 베푼 사랑과 믿음만 남습니다. 하나님께서는 우리가 부족하지만 믿음으로 산 것에 대하여 수백 배 수천 배로 축복해주시는 것입니다.

우리는 미래에 대하여 두려워하거나 불안해 할 필요가 없습니다. 왜냐하면 하나님께서 우리의 아버지가 되시기 때문입니다. 만일 하나님이 우리의 아버지가 아니시라면 우리는 미래에 대하여 두려워하는 것이 옳습니다. 그러나 아버지가 미래를 책임지시는데 아무것도 두려워 할 것이 없습니다. 그리고 우리는 하나님의 뜻대로 사는데 필요한 것을 담대하게 간구할 수 있습니다. 이것은 얼마든지 하나님께서 들어주실 것입니다.

그리고 세상 사람들은 우리가 가진 것을 중요하게 생각하지 않지만 세상에서 필요한 모든 것이 우리에게 다 있습니다. 그것은 바로 하나님의 은혜인 것입니다. 하나님의 말씀과 성령이 없으면 이 세상은 당장 지옥으로 변할 수밖에 없습니다. 그런데 만일 우리가 세상 것을 욕심내어서 세상 사람들과 똑같아진다면 우리와 세상 사람들은 같이 망할 수밖에 없습니다. 어떤 사람이 물에 떠내려 갈 때에 누군가는 밖에서 건져주어야지 같이 물에 빠져서 허우적거린다면 소망이 없게 되는 것입니다. 그래서 우리는 이 세상에서 손해를 볼 생각을 해야 합니다. 처음에는 하나님의 자녀가 되어서 내 욕심대로 살지 못할 때 많은 것을 손해 보는 것 같지만 손해 보는 것은 없습니다. 오히려 수백 배 수천 배의 축복을 받게 될 것입니다.

주를 향한 소망을 가진 자

3절 주를 향하여 이 소망을 가진 자마다 그의 깨끗하심과 같이 자기를 깨끗하게 하느니라

우리 그리스도인들은 인생을 사는 목적을 알고 의미를 아는 사람들입니다. 마치 세상 사람들이 맹인처럼 앞을 보지 못하고 자기 학벌이나 재산을 지팡이로 삼고 살아간다면 우리 그리스도인들은 하나님을 만남으로 앞을 볼 수 있게 된 자들입니다. 우리는 지금 무엇 때문에 이 세상에 살며, 앞으로 무엇이 우리를 기다리고 있는지 아는 사람들입니다. 이런

사람을 '주를 향한 소망을 가진 자'라고 말씀하고 있습니다.

지금 주님이 우리를 통하여 온 세상을 이끌고 나가신다는 것을 압니다. 주님은 우리 믿는 사람들에게 말씀과 성령을 주셔서 죄를 이기게 하시고 멸망할 사람들을 건지게 하십니다. 이 귀한 사명을 가진 우리들이 해야 할 것이 무엇입니까?

가장 중요한 것은 우리를 깨끗케 하는 것입니다. 그의 깨끗하심같이 자기를 깨끗케 하라고 하셨습니다.

우리에게 가장 궁금한 것은 바로 이것입니다. 우리가 이렇게 하나님의 엄청난 사랑을 받았다면 도대체 이 세상에서 무엇을 해야 하겠느냐는 것입니다. 혹시 우리가 주님을 위하여 모든 것을 다 버리고 순교를 해야 하는 것이 아닌가 하는 생각이 들 것입니다.

그러나 주님은 우리가 많은 것을 하기 전에 먼저 자기 자신을 깨끗케 하라고 말씀하십니다. 하나님께서 우리에게 가장 먼저 요구하시는 것은 주님을 위하여 많은 일을 하는 것이 아닙니다. 오히려 너무나도 소극적인 것입니다.

즉, 우리 안에 있는 많은 세상적인 욕심이나 정욕이나 더러운 습관들을 깨끗케 하는 것이 가장 중요한 것입니다. 그 이유가 무엇입니까?

우선 이 세상의 더러운 욕망이 우리로 하여금 우리의 신분에 대하여 눈멀게 하기 때문입니다. 이 세상의 일시적인 쾌락은 우리의 눈을 멀게 해서 하나님의 주시는 무한한 능력을 보지 못하게 합니다. 마치 엘리사의 종 게하시가 세상 물건에 대한 욕심 때문에 나만의 선물을 받았다가 문둥병에 걸린 것과 같습니다. 하나님께서는 우리에게 주실 것은 어떻게 해서든지 받게 하십니다. 그리고 세상 사람들이 아무리 탐욕스럽게 모든 것을 다 가져간다 하더라도 우리의 것은 남아 있습니다. 특히 우리는 이 세상의 것을 많이 가지는 것보다는 하늘의 무한한 축복을 가져와야 할 자이기 때문에 세상 욕심을 가지면 하나님의 축복을 빼앗길 뿐 아니라 하나님의 저주를 받게 됩니다.

그뿐 아니라 우리는 하나님의 축복의 통로이기 때문에 우리가 깨끗해야 하나님의 축복이 여과되지 않고 무한대로 흐르게 되는 것입니다. 우리는 하나님의 은혜가 흐르는 관인데 관이 막히거나 뚫리게 되면 하나님의 축복은 이 세상에 제대로 전달되지 못할 것입니다. 그러나 우리의 관이 온전하고 말씀으로 깊이 뿌리 내리고 있으면 무한한 하나님의 성령의 능력과 축복이 우리를 통하여 사람들에게 공급이 되는 것입니다.

그래서 우리에게 중요한 것은 철저하게 우리 자신을 하나님의 말씀에 비추어 보아서 깨끗하지 못한 것은 철저하게 버리는 것입니다. 여기에 우리의 경건의 능력이 필요합니다. 아무리 세상적인 업적을 많이 남긴 자라 하더라도 그가 돈에 깨끗지 못하거나 윤리적인 죄에 빠져 있으면 그의 모든 수고는 물거품이 될 수밖에 없습니다. 그래서 우리 안에 가장 무서운 것은 습관적인 죄입니다. 왜냐하면 이것은 죄의 고속도로가 뚫려 있기 때문에 자기도 모르게 죄 짓는 자리로 가게 됩니다. 오래 말씀을 듣고 배워도 죄를 짓는 것은 한 순간에 이루어지는 것입니다. 혈기나 분노도 한 순간에 나타납니다. 이것을 철저하게 십자가에 못 박고 부인할 때 하나님은 그 사람을 귀하게 사용하십니다.

우리가 조금만 인내하면 영원한 영광중에 왕노릇할 수 있는데 잠깐 죄의 유혹을 참지 못해서 그 영광을 잃어버린다면 그는 너무나도 어리석은 자가 되는 것입니다. 이 소망이 있으면 죄에서 떠나라는 것입니다. 허망한 자랑에 속지 마십시오. 마치 경주하는 자처럼 하나님의 은혜를 더 받기 위하여 계속 앞으로 나아가라는 것입니다.

우리는 지극히 높은 하나님의 아들이라는 자격을 가지고 있습니다. 남들이 알아주건 알아주지 않건 이것은 우리에게 사실입니다. 그들에게 필요한 것이 무엇입니까? 너무 성급하게 눈에 보이는 욕심으로 달려가지 말라는 것입니다. 오직 스스로 깨끗하게 하는 것보다 중요한 것이 없습니다. 이것이 없으면 그 영광도 없습니다. 그러므로 우리는 지금 깨어있어야 합니다.

JOHN 1

요일 09
(3:4–9)

죄를 이기는 힘

　요즘도 우리 자신이나 주위의 가까운 사람들이 병 때문에 큰 수술을 받거나 혹은 목숨을 잃는 것을 많이 볼 수 있습니다. 병은 과거나 지금이나 많은 사람들의 목숨을 빼앗아가는 수단이 됩니다. 사람이 병에 걸리는 것은 결국 병균의 힘과 우리 안에 있는 면역성과의 싸움에서 병균이 이겼기 때문입니다. 사람이 암에 걸리는 것도 마찬가지로 생각할 수 있습니다. 우리 인간들의 몸에는 언제나 암이 발생할 요인들이 잠재되어 있습니다. 우리가 스트레스를 많이 받거나 혹은 어떤 요인으로 인해서 건강 상태가 나빠지게 되면 암이 생기게 되는 것입니다. 결국 암을 이길 때에도 우리 몸 안에 면역성이 강하여지게 되면 이것이 암세포를 죽여서 다시 건강을 되찾게 되는 것입니다. 그래서 가장 불행한 사람이 몸 안에 면역성이 전혀 없는 사람들입니다. 예를 들어서 후천성 면역 결핍증 같은 병에 걸린 사람들은 몸 안에 병이란 병은 다 생겨서 나중에 죽게 되는 것입니다. 이것은 사람이 죄를 짓는 것에도 그대로 적용될 수 있습니다. 사람 안에는 죄를 짓고자 하는 충동과 죄를 이기려고 하는 능력이 함께 있습니다. 보통의 경우에는 죄를 짓고자 하는 충동이 일어나지만 그것을 이기는 양심의 힘이라든지 혹은 주변적인 여건들이 죄를 짓지 못하게 억제해서 죄를 지을 생각은 하지만 죄를 멀리하게 됩니다. 그러나 사람의 마음속에서 죄를 짓고자 하는 욕망이 양심의 힘이나 도덕심 같은 것을 이겨버리면 죄를 짓게 되는 것입니다.

옛날에는 죄를 짓는 사람들이 따로 있다고 이야기했습니다. 이런 사람들은 소위 '범죄형'의 사람들인 것입니다. 예를 들어서 이런 사람들은 얼굴 두상도 울퉁불퉁하게 생겼고 몸의 골격도 크고 성격도 사나운 것이 보통입니다. 그러나 최근에 사회적으로 죄를 저지른 사람들을 보면 오히려 전혀 범인같이 생기지 않은 말쑥한 사람도 있습니다. 이들은 겉으로 보면 전혀 범죄를 저지르지 않을 사람같이 생겼지만 마음속에는 너무나도 무서운 충동이 들어 있는 것입니다.

그러나 성경에 의하면 이미 모든 인간들의 마음에는 죄가 들어와 있습니다. 이것은 마치 모든 사람의 몸 안에 병이 들어와 있는데 결국 이것이 언제 발병하느냐 하는 문제와 같은 것입니다. 모든 인간의 마음속에 이미 죄가 들어와 있습니다. 그리고 인간들은 이 세상을 살아가면서 열심히 죄를 짓습니다. 사람들이 어렸을 때 죄를 덜 짓는 것은 아직 경험과 힘이 적어서 그런 것과 같습니다. 마치 사자 새끼나 늑대 새끼가 귀엽지만 이미 그런 짐승 안에 야생동물의 습성이 들어와 있는 것과 같습니다. 결국 새끼 때에는 귀엽지만 호랑이나 늑대로 자라면서 결국 다른 짐승들을 해치는 맹수가 되고 마는 것입니다. 그래서 성경에서는 우리가 자연 상태에서 죄를 짓지 않으려고 하는 것은 맹수가 사나운 성질을 참는 것과 같습니다. 결국 맹수는 아무리 참아도 언젠가는 사나워지게 되어 있습니다. 즉 배가 고프든지 누군가가 약을 올리면 맹수는 사나워집니다. 마찬가지로 우리 인간 안에는 이미 죄가 들어와 있고 우리 모든 인간들은 죄를 짓게 되어 있습니다. 그런데 하나님께서 하신 것은 예수님을 우리에게 보내 주셔서 죄를 이길 수 있는 새로운 성품을 주신 것입니다. 이것은 결국 우리 안에 있는 하나님의 성품과 성령의 능력이 죄를 이기게 하시는 것입니다. 그래서 결국 이 세상에는 두 종류의 사람들만 있게 됩니다. 하나는 죄를 이길 수 있는 능력을 가진 사람과 다른 하나는 죄를 이길 능력이 없는 사람인 것입니다. 즉 병에 대하여 면역성이 있는 사람과 없는 사람의 차이인 것입니다.

우리가 보통 백신이라고 하는 것은 병균을 짐승의 몸 안에 넣어서 그 혈청을 가지고 만든 것입니다. 페니실린 같은 주사약이 만들어지기 전까지 사람들은 병에 걸리면 다 죽는 줄 알았습니다. 그러나 이런 백신들이 만들어지고 난 후에 웬만한 병들은 감기 정도로 주사를 맞으면 다 나을 수 있게 되었습니다. 이것이 바로 현대 의학의 엄청난 공헌인 것입니다.

죄는 마치 소나무에 생기는 솔잎 혹파리와 같습니다. 한번은 어느 산에 가니까 소나무들이 하나도 빼놓지 않고 모두 죽어 있었습니다. 그래서 나무들을 자세히 보니까 전부 솔잎 혹파리가 줄기를 다 파먹어서 죽어 있었던 것입니다. 그 나무들은 겉으로는 모두 멀쩡한 것 같은데 속이 다 죽어있었습니다. 모든 사람들의 마음속에는 그 영혼을 갉아먹는 죄가 있는데 겉으로 나타나서 행동에 옮겨진 것만 사람들은 비난하고 심판하고 있습니다. 그러나 예수님께서는 속에 있는 죄를 이길 힘을 주시기 위하여 이 세상에 오셨습니다. 그래서 우리 인간에게 가장 중요한 것은 세상에서 출세하거나 안정적인 삶을 사는 것이 아니라 내 마음을 죄에서 지킬 수 있는 하나님의 능력이 임하는 것입니다.

죄의 정체

오늘 우리에게 가장 궁금한 것은 죄라고 하는 것이 도대체 무엇이냐 하는 것입니다. 이것에 대하여 성경 말씀은 잘 정의를 내리고 있습니다.

4절 죄를 짓는 자마다 불법을 행하나니 죄는 불법이라

보통 사람들은 죄에 대하여 나름대로 다양한 생각을 가지고 있습니다. 많은 사람들은 죄라고 하면 가진 것이 없어서 살기 위해서 저지르는 것이라고 말을 합니다. 즉 어떤 사람이 도저히 먹을 것이 없어서 남의 돈을 훔치거나 양식을 훔치는 것으로 생각합니다. 그러나 이런 것들은 주로 생계형의 범죄인데 사실 인간들은 생계를 위해서 죄를 짓는 것은 얼마 되지 않습니다. 많은 경우가 속에 있는 죄의 충동을 이기지 못해서 죄를 짓게 되는 것입니다.

즉, 죄라고 하는 것은 사람 속에 있는 분노나 욕망이나 충동이 행동으로 옮겨져서 다른 사람에게 피해를 준 경우에 발생합니다. 그런데 감사하게도 하나님께서는 사람의 마음속에 양심이라는 것을 주셔서 아무리 속에서 분노가 충동이나 욕망이 솟아올라도 행동으로 옮겨지지 못하도록 안전장치를 해 놓으셨습니다. 그런데 속에서 솟아오르는 분노와 욕망이 너무 강하면 결국 행동으로 옮겨져서 죄를 짓게 되는 것입니다. 그래서 결국 사람이 죄를 짓는 여부는 충동이 강하냐 아니면 양심의 억제하는 힘이 강하냐에 달려 있다고 볼 수 있습니다.

그러나 이것은 죄의 문제를 너무나도 피상적으로 보고 있는 것입니다. 마치 어렸을 때 죽이 끓으면 열을 가하여 위에서 기포가 생기는 것만 문제 삼는 것과 같습니다. 무엇이 분노나 욕망이나 충동을 일으키게 되느냐 하는 것이 가장 큰 문제입니다. 그것은 사람의 잠재의식 속에 무시무시한 분노나 욕망의 엄청난 덩어리가 있는 것입니다.

프로이드 박사는 인간의 의식 속에 잠재의식이 있다는 것을 알아내었습니다. 즉 보통 사람들이 생각해서 행동하는 것은 의식의 세계인데 그것보다 훨씬 더 강한 힘을 가지고 있는 것이 의식하지 못하는 세계인 것입니다. 프로이드 박사는 이 무의식의 세계가 꿈으로 나타나기도 하고 사회생활을 제대로 하지 못하는 성격을 형성하기도 한다고 했습니다. 그러나 사실 프로이드 박사가 잠재의식이라고 하는 엄청난 것을 알아내기는 했지만 정확하게 본 것은 아니었습니다. 사실 인간의 잠재의식 안에 우리 인간이 모르는 죄의 세력이 있습니다. 사람들은 모두 겉으로 보기에는 멀쩡한 것 같은데 자신이 알지 못하는 무서운 죄의 본성이 우리 잠재의식 안에 숨어 있습니다. 그래서 아직 죄가 행동으로 옮겨지지는 않았다 할지라도 우리 인간의 잠재의식 속에는 언제나 죄의 불덩어리가 숨어 있는 것입니다. 그러다가 어느 누군가가 내 성질을 건드리거나 혹은 극한적인 상황에 처하게 되면 속에 있던 죄가 분출되게 되는 것입니다.

바로 이 잠재의식 속에 있는 죄의 본성이 하나님의 의를 거부하고 우리의 존귀함을 빼앗아 가고 결국 의롭고 선한 일에 대하여 무력하게 만듭니다.

그래서 성경이 말씀하는 것은 물론 마음속에 일어나는 분노가 충동을 행동으로 옮기지 않은 것은 대단히 훌륭하지만 그것으로 다 된 것은 아니라는 것입니다. 왜냐하면 이미 마음속에 있는 죄의 본성 때문에 우리는 자신의 존귀함을 모르고 하나님의 선에 대하여 저항하며 의로운 일에 대하여 무능하기 때문입니다. 그리고 우리 인간의 마음속에는 언제든지 불덩어리가 들어 있다고 보아야 합니다. 그래서 누군가 내 성질을 건드리면 분노가 폭발하고 또 어떤 좋지 못한 충동이 일어나면 욕망의 불길이 올라오는 것입니다. 그리고 죄의 충동이 완전히 습관화되어버리면 이때부터는 상습적으로 죄를 짓게 되는데 이런 사람이 악한 사람이고 나쁜 사람인 것입니다. 그래서 모든 사람들은 다 마음속으로 악한 사람이 될 수 있는 가능성을 가지고 있습니다.

여기서 본문 말씀은 '죄는 불법이라'고 말씀하고 있습니다. 즉 죄라고 하는 것은 하나님이 정해놓으신 선을 넘어간 것입니다. 예를 들어서 자동차가 고속도로를 달릴 때 정해진 선 안을 달려야 합니다. 그러나 만약 자동차가 길을 벗어나서 가드레일을 들이받고 그 밖으로 나가게 되면 결국 추락하게 될 것입니다.

하나님은 우리 한 사람 한 사람에게 넘어서는 안 되는 선을 그어놓으셨습니다. 그 선은 우리 인간으로서 지켜야 할 안전선입니다. 그러나 사람은 교만해서 그 선 안에만 있을 수 없습니다. 그러나 모든 인간들은 왜 그것을 해서는 안되느냐 하면서 반발합니다. 결국 인간의 마음속에는 어느 누구의 제재도 받지 않고 자기 욕망대로 하고 싶은 본성이 있습니다. 사람들은 결국 이것 때문에 죄를 짓는 것입니다. 그러나 원래 하나님께서 우리 인간들을 만드실 때에는 이런 악한 마음이 없었던 것입니다. 인간들은 자신들의 작은 영역에서 지극히 만족해하고 감사를 했습니다. 왜냐하면 하나님께서 우리에게 귀한 생명을 주신 것만 해도 너무나도 감사하기 때문입니다. 그리고 인간들의 마음이나 감정에 죄가 들어오지 않았기 때문입니다. 그러나 인간이 타락하면서 불만이 많아지게 되었습니다. 왜 나는 내가 욕망하는 것을 할 수 없느냐 하는 것입니다. 누가 뭐라고 해도 나는 내가 원하는 것을 해야만 되겠다는 것입니다.

이런 죄가 가져온 결과가 무엇입니까? 인간이 다른 인간에게 대하여 더 악하게 된 것입니다. 사람이 자기 욕망을 죽일 때 약한 자들이 살아남을 수 있습니다. 하나님께서는 이 세상에서 강한 자만 잘 살라고 말씀하시지 않으셨습니다. 약한 자들도 얼마든지 잘살 수 있게 하셨습니다. 정글에는 힘이 센 사자만 사는 것이 아닙니다. 사슴이나 노루나 토끼 같은 것들도 얼마든지 살게 하셨습니다. 그러나 사람들이 자기 욕망을 억제하지 않을 때 사람들이 다른 사람에게 대하여 아주 악하게 되었습니다. 그리고 더 무서운 하나님의 심판이 이 세상에 임하게 되는 것입니다. 결국 죄는 인간이 이 세상에 사는 모든 불행의 근본적인 원인이 되는 것입니다.

사탄의 지배

사람 속에 있는 죄의 본성은 너무 깊어서 인간 자신의 힘으로는 해결할 수가 없습니다. 그런데 인간의 이 약점에 고리를 걸어서 물고 늘어지며 더 심하게 죄를 짓도록 만드는 것이 있는데 바로 사탄입니다.

8절상 죄를 짓는 자는 마귀에게 속하나니 마귀는 처음부터 범죄함이라

중국 사람들을 보면 살아 있는 곰의 코에 구멍을 내어서 쇠사슬로 꿰어서 도망가지 못하게 하고 이용하는 것을 볼 때가 있습니다. 사실 사람들 안에 있는 죄의 본성만 해도 너무 강해서 인간 스스로의 힘으로는 절대로 죄를 이길 수 없습니다. 그런데 사탄이라는 악한 존재가 있어서 인간의 이 죄의 본성에 쇠사슬을 꿰어가지고 끌고 다니면서 온갖 죄를 다 짓게 하고 있습니다.

사탄은 여러 가지 방면으로 인간의 죄의 약점을 물고 늘어집니다.

우선 사탄이 하는 것은 인간의 분노나 욕망이나 충동을 행동에 옮기

도록 자꾸 자극을 줍니다. 즉 원래는 사람 마음속에는 온갖 더러운 생각이나 욕망들이 다 있어서 마치 구정물통과 같습니다. 작대기를 넣어서 한번 휘저으면 온갖 나쁜 생각이나 충동들이 다 올라오게 되어 있는데 사탄은 그 나쁜 생각이나 충동들을 행동에 옮기도록 자극을 합니다. 어떤 사람이 다른 사람을 의심하게 되었는데 그것을 더 많이 의심하게 하는 것입니다. 그리고 누구든지 인간은 분노의 감정을 가지게 됩니다. 만일 우리가 인간이 아니라면 분노라든지 의심이라든지 성적인 욕망을 가지지 않을 것입니다. 그런데 마귀는 그것을 자극해서 폭발을 시킴으로 결국 죄를 짓게 하는 것입니다.

그뿐만 아니라 사탄은 이런 식으로 한번 죄가 행동으로 옮겨졌을 때 이것을 습관적으로 만들어버립니다. 한번 죄를 지으면 이것이 습관이 되어서 자꾸 죄를 짓게 만드는 것입니다. 그러면 습관적인 죄가 몸에 생기게 되는 것입니다. 모든 죄는 중독성을 가지고 있기 때문에 일단 한번이라도 죄를 지으면 그때부터는 죄에서 벗어날 수가 없습니다. 술도 한번 마시면 중독이 될 때까지 마시게 만들고, 성적인 유혹에 한번 넘어가면 완전히 그런 욕망의 노예가 되어버리는 것입니다.

그뿐만 아니라 사탄은 사회 분위기를 조장해서 그런 죄가 별 것이 아니라는 인식을 자꾸 심어줍니다.

처음에 비키니 수영복이 나왔을 때 아무도 그것을 입으려고 하지 않았다고 합니다. 그래서 수영복 업자들은 겨우 술집에 일하는 여자들을 모델로 세웠습니다. 이 비키니라는 것이 원자폭탄을 실험한 섬의 이름인 것입니다. 그런데 지금은 비키니 수영복을 입는 것은 전혀 문제가 되지 않습니다. 사탄은 사회 분위기를 통하여 죄는 자연스러운 것이며 오히려 죄의 욕망을 풀어주어야 하는 것이라고 가르칩니다. 그래서 사회가 타락하면 성적인 욕망을 음식에 비유하는 영화가 자꾸 만들어지는 것입니다. 배가 고프면 음식을 먹어야 하는 것처럼 성욕도 배고픈 것과 같이 자연스러운 현상이라는 것입니다. 그러나 음식을 먹는 것과 성욕은 같을 수 없습니다. 하나는 혼자서 먹는 것이고 먹고 난 후에는 배설을 하는 것이고, 다른 하나는 사람의 몸과 인격에 대하여 죄를 짓는 것입니다.

그래서 사탄은 사람들로 하여금 진리에 대하여 자꾸 반감을 가지게 하고 하나님을 싫어하게 만들며 자신의 가치를 포기하게 만듭니다.

결국 사람들은 자기도 모르는 사이에 속에 엄청난 죄의 암덩어리를 가지고 살아갈 뿐 아니라 사탄에게 약점이 잡혀서 코에 쇠사슬을 꿰어서 종노릇을 하고 있는 것입니다. 이 죄 문제가 해결되지 않으면 우리 인간은 절대로 존귀함을 회복할 수가 없습니다. 그리고 깨끗한 새로운 삶을 살 수가 없습니다. 진정으로 가치 있는 것을 위하여 살 수가 없는 것입니다.

그리스도가 오신 이유

5절 그가 우리 죄를 없애려고 나타나신 것을 너희가 아나니 그에게는 죄가 없느니라

우리 인간에게 일어날 수 있는 일 중에서 최고로 귀한 일은 하나님의 아들이 우리를 죄의 세력에서 해방시키기 위하여 이 세상에 오신 것입니다.

우리 인간들의 상태는 마치 중환자실에서 의식도 없이 겨우 산소 호흡기에 의지해서 연명만 하는 중환자의 상태와 같습니다. 중환자실에

가보면 병이라고 하는 것이 얼마나 무서운지 사람의 얼굴조차 알아볼 수 없을 정도로 심하게 망가져 있는 것을 보게 됩니다. 코에 호스를 꽂고 옆구리에 호스가 꽂혀 있는데 얼마나 부어있는지 도저히 내가 아는 사람인지 알아볼 수가 없습니다. 그러나 예수님이 이 세상에 오신 것은 인간 안에 있는 죄의 세력을 쳐부수고 우리를 자유케 하기 위하여 오셨습니다.

우리가 이 세상에서 인간 구실을 하면서 살아가기 위해서는 직장을 가지는 것이 중요하며 좋은 대학을 나오는 것이 중요할 것입니다. 그러나 이것은 몸에 병에 있는 사람이 좋은 옷을 입고 좋은 음식을 먹는 것처럼 근본적인 해결이 되지 못합니다. 우리가 하나님으로부터 오는 무한한 능력과 축복을 받기 위해서는 죄 사함을 받아야 합니다. 이것을 해결하실 수 있는 분은 오직 예수님 한 분 밖에 없습니다.

하나님께서는 우리의 죄를 해결하기 위하여 엄청난 대가를 지불하셨는데 그것은 사랑하는 아들의 생명과 우리 생명을 바꾸신 것입니다. 우리의 죄가 얼마나 깊은가 하면 일단 우리의 옛 사람이 살아있는 이상은 우리는 죄로부터 풀려날 수가 없습니다.

죄를 지은 사람이 추적하는 경찰로부터 벗어나는 방법은 자기가 없어지는 것 밖에 없습니다. 죄를 짓고 도망치는 사람이 죽으면 형사는 더 이상 쫓아오지 않을 것입니다. 왜냐하면 죄라고 하는 것은 죽은 사람에게는 해당이 되지 않기 때문입니다.

하나님께서는 예수님이 죽으심으로 우리가 죽은 것으로 간주하셨습니다. 즉 우리는 예수를 믿음으로 죽은 사람이 되는 것입니다. 옛날에는 이것이 가능했습니다. 요즘도 빚을 다른 사람이 갚아주듯이 옛날에는 죄도 다른 사람들이 얼마든지 갚아 주었습니다. 사형수들도 다른 사람이 대신 죽어줄 수 있었습니다. 그런데 이것은 몸값에 따라 달랐습니다.

귀족이 한 명 죽으면 노예는 수백 명이 풀려날 수도 있었습니다. 왜냐하면 몸값이 달랐기 때문입니다. 우리가 예수님이 내 죄를 대신해서 죽으셨다는 것을 믿으면 하나님께서는 우리가 죽은 것으로 치는 것입니다.

우리의 과거 주민등록은 말소가 되고 이제 완전히 새사람으로 다시 태어나게 됩니다. 이 방법 외에는 우리가 죄로부터 해방될 수 있는 방법이 없습니다.

그러나 하나님의 치료는 이것으로 끝나지 않습니다. 우리에게 새로운 신분을 주실 뿐 아니라 다시는 죄를 짓지 못하도록 우리 안에 아주 중요한 수술을 하십니다. 그것은 우리 안에 새로운 능력을 주시는 것입니다.

9절 하나님께로부터 난 자마다 죄를 짓지 아니하나니 이는 하나님의 씨가 그의 속에 거함이요 그도 범죄하지 못하는 것은 하나님께로부터 났음이라

일단 하나님께서는 우리 안에 완전한 이식 수술을 하십니다. 즉 우리의 뇌와 심장과 피와 모든 것을 예수님의 것으로 바꿔치기를 하십니다. 우리의 썩은 뇌와 심장과 피는 다 버리고 새로운 예수님의 뇌와 심장과 피를 넣으십니다. 이것은 대단히 위험한 수술입니다. 그래서 결국 우리의 껍데기만 옛날 것으로 남고 속사람은 완전히 하나님의 것으로 변하게 됩니다. 결국은 우리의 껍데기까지도 변하게 됩니다. 왜냐하면 인격이 변하기 때문에 표정이라든지 외모의 몸가짐도 달라질 수밖에 없기 때문입니다.

그리고 하나님께서는 우리 안에 아주 중요한 수술을 하셨습니다. 이것을 '하나님의 씨'를 주셨다고 말씀하고 있습니다. 이 하나님의 씨는 여러 가지를 의미합니다. 우선 우리는 하나님의 뜻을 알 수 있는 지각이 있습니다. 그리고 우리 안에는 지속적으로 하나님의 은혜를 받을 수 있

는 믿음이 있습니다. 그리고 우리 안에는 죄의 세력을 이길 수 있는 성령의 능력이 있는 것입니다. 이것을 모두 합해서 하나님의 씨라고 말씀하십니다. 이것이 '씨'인 이유는 처음에는 별 것 아닌 것 같은데 나중에는 엄청난 능력으로 나타나고 열매를 맺기 때문입니다.

우선 이 하나님의 씨는 우리 마음속에 죄를 싫어하는 마음을 가지게 합니다. 아무리 죄가 나쁜 것인 줄 알아도 죄가 좋으면 죄를 짓게 되어 있습니다. 그러나 그리스도인들에게는 죄가 싫어집니다. 그러나 육신이 연약하여 죄에 빠질 수 있습니다. 그러면 그 죄를 다 토할 때까지 성령께서 불쾌한 마음을 주십니다. 마치 잘못된 음식을 먹으면 토해야 속이 시원한 것처럼 죄를 지으면 그 죄를 다 토하기 전에는 기쁨이 없습니다. 그래서 나중에는 죄가 '더러워서'(?) 짓지 못하게 됩니다.

우리가 예수 안에 있으면 어떻게 됩니까? 완전히 새로운 피조물이 되며 새로운 인생이 열리게 되는 것입니다. 지금까지 어두운 감옥 안에서 살아왔다면 이제는 환한 세상에 나가서 실컷 내가 원하는 것을 하면서 살 수 있게 된 것입니다.

감옥에서 막 나온 사람에게 이제 무엇을 하겠느냐고 물어보면 차차 생각해 보고 결정하겠다고 말을 할 것입니다. 그리고 이 자유의 기쁨을 사랑하는 사람들과 나누겠다고 말할 것입니다. 그리고 이제부터는 어떤 일이 있어도 다시는 이런 감옥 안에 들어오지 않겠다고 말을 할 것입니다.

이제 우리는 무엇을 하면서 먹고 살 것인지 차차 생각해 보아야 할 것입니다. 이제는 급할 것이 없습니다. 왜냐하면 감옥 안에 있을 때에는 감옥에서 탈출하려고 무지하게 노력을 했지만, 우리는 아무 노력도 하지 않았는데, 땅굴도 파지 않았는데, 예수님의 노력으로 한 순간에 자유를 얻었습니다. 예를 들어서 정상적으로 하면 우리가 감옥에서 나오려면 이십 년이나 삼십 년으로도 안 되고 영원한 세월이 걸려야 하는데 우리는 예수를 믿음으로 단번에 죄의 감옥에서 나오게 되었습니다. 그리고 우리는 이제는 완전히 새로운 신분을 얻었기 때문에 더 이상 쫓길 필요도 없습니다. 우리는 이제 차분하게 내가 무엇을 하며 남은 인생을 살 것인지 생각을 해 보아야 할 것입니다. 그러나 가장 중요한 것은 더 이상 과거의 죄에 빠지지 않는 것입니다. 그리고 이제 다시는 마귀에게 속지 않고 나의 존귀함을 빼앗기지 않는 것입니다. 그러나 아직 우리에게는 죄의 흔적들이 남아 있고 습관들이 남아 있습니다. 이것을 완전하게 버리는 것이 가장 중요한 것입니다. 죄의 감옥에 있을 때의 옷이라든지 습관을 버리는 것이 가장 중요합니다. 죄의 습관을 과감하게 잘라버려야 합니다. 그런데 놀라운 것은 그것이 잘라지는 것입니다. 이제는 의로운 새 옷을 입어야 합니다. 이제는 하나님의 말씀을 가장 소중하게 생각하고 이 말씀을 옷 입듯이 해야 합니다. 그리고 가장 중요한 것이 성도들과의 바른 교제 속으로 들어가는 것입니다. 왜냐하면 혼자의 힘으로는 이 세상의 죄를 이길 수 없기 때문입니다. 우리에게는 무한한 하나님의 축복의 문이 열려 있습니다. 이제는 이 세상에 떨어진 부스러기를 주워서 배불리는 것이 아니라 하늘의 신령한 축복으로 배불리는 자들이 되어야 하겠습니다. 그러면 이 세상에서 꼭 필요한 것도 하나님께서 다 주실 뿐 아니라 우리를 통하여 이 세상도 복을 받게 될 것입니다. 왜냐하면 우리의 믿음을 통하여 그동안 막혀 있었던 하나님의 축복이 다시 열리기 때문입니다.

8-9절 죄를 짓는 자는 마귀에게 속하나니 마귀는 처음부터 범죄함이라 하나님의 아들이 나타나신 것은 마귀의 일을 멸하려 하심이라 하나님께로부터 난 자마다 죄를 짓지 아니하나니 이는 하나님의 씨가 그의 속에 거함이요 그도 범죄하지 못하는 것은 하나님께로부터 났음이라

이 세상에는 두 종류의 사람들이 있습니다. 하나는 아직도 마귀에게 속하여 종노릇하고 있는 자들이고 다른 하나는 하나님께로 난 자들입니다. 그런데 마귀에게 난 자들이 얼마나 어리석은가 하면 자기들처럼 마음껏 죄를 짓는 것이 자유롭다고 말을 합니다. 그리고 죄를 짓지 않는 것이 자유를 속박당한다고 생각합니다. 우리 인간에게 가장 위대한 것이 죄를 짓지 않는 것입니다. 분노와 충동을 이길 수 있는 것입니다.

그런 자들에게 하나님의 무한한 축복이 열려 있습니다. 우리는 이 귀한 축복을 받아서 다른 사람들에게도 풍성하게 나누어줄 수 있기를 바랍니다.

요일 10
(3:10–18)

미워하지 않기

　아마도 몸이 약한 여성들이나 어린이들은 사람들 사이에 미움만 없어도 이 세상이 얼마나 살기 좋은 곳일까 하는 생각합니다. 우리 주위에서 보면 사람들 사이에 서로 미워하는 것을 보게 됩니다. 어떤 학교에서는 상급학생들이 저학년 학생들을 괴롭히거나 돈을 뺏는 경우도 있고 어떤 직장에서는 노사 분규가 일어났는데 거의 전쟁을 하듯이 서로 불을 지르고 돌을 던지면서 싸우는 곳도 있었습니다. 특히 요즘 우리나라에서는 어른들이 여자 어린 아이들을 상대로 해서 성추행을 하는 일들이 많이 벌어지고 있습니다. 이것은 그야말로 힘이 있는 어른이 약한 어린이의 인격과 장래를 잡아먹는 것입니다. 사람들 사이의 이 미움 때문에 때로는 민족 간에 갈등이 일어나기도 하고 전쟁이 터지기도 합니다.
　한번은 나이 드신 부모님을 모시는 문제로 형제가 동네에 나와서 싸우는데 형이 동생 부인의 머리를 술병으로 치는 것을 본 적이 있습니다.

그러니까 얼마나 동생이나 그의 부인이 미웠으면 동네에서 사람들이 보는 앞에서 술병으로 머리를 때리겠습니까?

왜 사람이 서로 미워하느냐 하는 것은 다른 말로 표현하면 왜 육식 동물들은 항상 초식동물들을 잡아먹어야 하느냐 하는 질문과 같을 것입니다. 다시 말해서 미움이라고 하는 것은 어제 오늘 생긴 것이 아니라 우리 인간의 본질에 해당되는 것입니다. 즉 인간의 본성 저 깊은 곳에는 다른 사람에 대한 미움과 적대의 감정이 있습니다.

우선 우리가 미움이라고 생각할 때 자기 보호 본능이라고 생각할 수 있습니다. 즉 약한 자가 강한 자를 보면 두려워해서 자기 자신을 지키려고 하는 것입니다. 약한 자가 강한 자를 미워하는 것은 상처를 덜 받으려고 하는 것입니다. 그래서 사람들은 누구나 자기와 다른 부류의 사람들에 대해서는 적대감을 가지고 있습니다. 따라서 사람들은 대개 나와 다른 사람들을 경계하고 미워하게 됩니다. 예를 들어서 피부색이 다르다거나 나라나 민족이 다르면 미워합니다. 경기를 할 때에는 상대방 팀을 무조건 미워합니다. 그래서 상대팀의 잘하는 선수가 얼마나 미운지 모릅니다. 아마도 그 잘하는 선수가 부상을 당해서 쓰러지면 기뻐하면서 박수를 칠 것입니다. 그 이유는 단 하나밖에 없습니다. 그 선수가 상대팀에 소속돼 있기 때문입니다. 그리고 모르는 사람에 대해서는 자기도 모르게 적대감을 느끼게 됩니다. 왜냐하면 모르기 때문에 그 사람이 나를 해칠지도 모르기 때문입니다.

그러나 사람의 미움은 거기서 그치지 않습니다. 사람들은 누군가가 잘되면 그 사람을 시기하고 미워하는 마음이 생기게 됩니다. 사실 어떻게 보면 이런 시기심은 내가 잘되고 싶은 욕망이 왜곡이 되어서 나타나는 것입니다.

사실은 내가 저렇게 잘되어야 하는데 나는 잘 안되고 다른 사람이 잘

되게 되면 마음속에 시기심이 생기면서 잘된 사람이 미워지게 되는 것입니다.

그러나 사실 사람의 마음속에는 교만이 있어서 이 교만 때문에 많은 사람들을 지배하고 자기 욕망을 채우기 위해서 미워하게 됩니다. 바로 이 죄의 본성은 모든 인간들에게 다 있고 우리 안에도 있습니다.

이것을 오늘 말씀에서 마귀가 인간들에게 준 마음이라고 말하고 있습니다. 즉 원래 우리 인간들이나 피조 세계에는 미움이 없었습니다. 그러나 인간이 타락하면서 죄가 들어오게 되었는데 바로 이것이 미움의 감정인 것입니다. 그러나 우리가 예수를 믿고 난 후에 하나님은 우리에게 다시 사랑의 감정을 주셨습니다. 하나님께서 우리에게 주신 가장 놀라운 선물은 사랑을 알게 하시고 사랑할 수 있게 하신 것입니다. 즉 하나님은 우리가 우리 자신을 사랑하게 하셨고 또 다른 사람도 사랑하게 하셨습니다.

결국 사랑은 하나님의 본성입니다. 우리 모든 피조물들이 하나님으로부터 멀어지면 멀어질수록 사랑은 없어지고 미움의 감정이 많아지게 되어 있습니다. 그래서 마귀가 가지고 있는 것은 오직 시기와 미움 밖에 없습니다. 그러나 우리가 하나님께 가까이 갈수록 미움은 없어지고 사랑만 많아지게 되어 있습니다. 그런데 우리가 이 세상을 살면서 보면 사랑을 하면 손해를 보게 되어 있습니다. 오히려 다른 사람을 미워해야 자기 이익을 더 잘 지킬 수 있고 손해를 보지 않을 수 있습니다. 그렇다면 우리는 과연 어떻게 하는 것이 옳을까요? 손해를 보지 않기 위해서 남들과 똑같이 눈에는 눈, 이에는 이로 내 이익을 지켜야 할까요? 아니면 손해를 보고 좀 상처를 입는다 하더라도 사랑을 해야 할까요?

두 종류의 사람들

우리는 사람들이 왜 그렇게 미워하고 싸우고 서로 해치는지 이해가 되지 않을 때가 많이 있습니다. 그러나 이것은 결국 우리 인간의 문제만이 아닌 것입니다. 즉 우리 인간은 성품을 물려받았는데 하나님으로부터 성품을 물려받은 사람도 있고 마귀에게 고약한 성품을 물려받은 사람도 있는 것입니다.

10절 이러므로 하나님의 자녀들과 마귀의 자녀들이 드러나나니 무릇 의를 행하지 아니하는 자나 또는 그 형제를 사랑하지 아니하는 자는 하나님께 속하지 아니하니라

이 세상에는 두 종류의 사람들이 사는데 이 사람들은 그들이 속해 있는 집안이 완전히 다른 사람들입니다. 하나는 하나님의 집안사람들이요, 다른 하나는 마귀의 집안 사람들입니다. 그래서 사도 요한은 이 세상에 하나님의 자녀와 마귀의 자녀가 나타난다고 말을 하고 있습니다. 물론 인간들이 타락하고 난 후에 이 세상에는 마귀의 자녀들 밖에 없었습니다. 그러나 하나님은 기적적으로 이 세상에 하나님의 자녀들을 만드셨습니다.

이것은 인류초기 때부터 있었던 것입니다.

12절 가인 같이 하지 말라 그는 악한 자에게 속하여 그 아우를 죽였으니 어떤 이유로 죽였느냐 자기의 행위는 악하고 그의 아우의 행위는 의로움이라

가인과 아벨은 한 형제였습니다. 그러나 그들의 아버지는 달랐습니

다. 하나는 하나님의 자녀요, 다른 하나는 마귀의 자녀라고 말하고 있습니다. 즉 가인과 아벨은 그 안에 있는 성품의 출처 자체가 달랐던 것입니다. 가인은 사람이 아주 멋이 있었지만 마음속에는 교만과 미움의 본성이 가득 차 있었고 아벨은 가인에 비해서는 부족한 점이 많았지만 하나님의 성품을 가진 자였습니다. 그래서 이들은 모든 점에서 달랐던 것입니다.

제가 어렸을 때 '박 군의 마음'이라는 전도지가 있었습니다. 그 전도지에는 마음을 나타내는 큰 하트가 있는데 처음에 뱀도 있고, 돼지도 있고, 공작도 있고, 호랑이도 있었습니다. 그런데 박 군이 예수님의 십자가를 마음에 모시면서 이런 동물의 본성들은 다 나가고 온유한 비둘기의 모습이 남는 전도지였습니다. 우리가 어렸을 때에는 사납지 않았다고 하지만 우리 안에는 다 미움의 본성이 있었습니다. 호랑이나 사자 새끼도 어렸을 때에는 착하고 예쁘게 보이지만 그 안에는 사나운 야생의 본성이 있습니다. 그래서 이 새끼들은 자라면서 점점 더 사나워집니다. 다시 말해서 모든 인간들은 야생동물의 본성을 가지고 태어납니다. 또 그렇게 해야 이 세상의 경쟁에서 이기고 다른 사람들의 공격에서 살아남을 수 있습니다. 그러나 우리가 예수를 믿음으로 본성이 바뀌게 되었습니다. 즉 우리 안에 온유한 하나님의 본성이 들어오게 된 것입니다. 그러나 이것은 우리 인생의 큰 위기입니다. 왜냐하면 우리가 늑대 가운데 살면서 나 혼자 양으로 변한다면 결국 나는 늑대들에게 잡아먹힐 수밖에 없기 때문입니다. 결국 아벨이 가인에게 죽임을 당했던 것처럼 우리들도 이 세상에서 강한 자들에게 먹힐 수밖에 없지 않느냐 하는 것입니다. 그래서 사실 우리가 예수를 믿고 하나님의 자녀가 된다고 하는 것은 이 세상을 살아가는데도 큰 위기가 됩니다. 그러나 하나님이 만드신 최고의 기적이 우리를 바꾸신 것입니다.

어떤 분은 하루에 한 명 이상 누구를 미워하지 않거나 한번 이상 자기 자랑을 하지 않으면 하루를 넘기지 못하는 분이 있습니다. 그래서 우리가 예수 믿고 난 후에는 이 세상을 살아가는 것이 아주 두렵게 되었습니다. 누군가가 소리만 질러도 무섭고 노려보기만 해도 무섭게 되었습니다.

그러나 우리가 알아야 할 것은 우리도 처음에는 이렇지 않았다는 것입니다. 우리도 모두 사나운 야생동물이었는데 하나님의 사랑이 우리를 바꾼 것입니다.

11절 우리는 서로 사랑할지니 이는 너희가 처음부터 들은 소식이라

우리에게 가장 충격적인 소식은 하나님께서 우리를 위하여 사랑하는 독생자를 죽게 하실 정도로 사랑하셨다는 것입니다. 우리는 누군가가 나를 위하여 죽어줄 정도로 사랑한다는 말을 들어본 적이 없을 것입니다. 우리는 그런 사랑을 들은 적도 없고 본 적도 없습니다. 그러나 하나님께서는 사랑할 자격이 없는 우리들을 위하여 아들을 죽게 하셨습니다. 우리가 그것을 믿을 때 우리의 마음속에 하나님의 사랑이 들어오게 됩니다.

그때 처음으로 느끼게 되는 것이 더 이상 하나님이 밉거나 두렵지가 않습니다. 그리고 내가 이렇게 소중한 사람인가 하는 느낌이 생기는 것입니다.

자기를 사랑하지 않는 사람은 다른 사람도 사랑하지 않습니다.

우리 인생에 가장 위대한 것은 하나님의 사랑을 아는 것입니다. 그리고 우리가 변하여 새 성품을 가지는 것입니다.

세상이 그리스도인을 미워함

13-14절 형제들아 세상이 너희를 미워하여도 이상히 여기지 말라 우리는 형제를 사랑함으로 사망에서 옮겨 생명으로 들어간 줄을 알거니와 사랑하지 아니하는 자는 사망에 머물러 있느니라

하나님의 가장 중요한 성품은 다른 존재들을 사랑하는 것입니다. 그래서 우리가 하나님을 가까이 하면 할수록 다른 사람을 사랑하게 됩니다. 그런데 놀라운 것은 세상에서 우리는 다른 사람들을 미워하지 않는데 다른 사람들은 우리를 미워하는 것입니다. 그것에 대하여 성경은 조금도 이상하게 생각하지 말라고 말씀하고 있습니다. 어떻게 해서 우리는 다른 사람들을 미워하지 않는데 다른 사람들은 우리를 미워하는 것일까요?

가장 중요한 이유가 예수 믿는 사람들이 세상 사람들과 본질적으로 다르기 때문입니다. 세상 사람들은 눈앞에 있는 세상이 전부라고 생각합니다. 그래서 자신의 모든 힘을 세상에서 인정받고 성공하기 위하여 사용합니다. 그러나 믿는 자들은 세상이 전부가 아니라는 것을 알기 때문에 세상을 위해서 모든 힘을 다 쓰지 않습니다. 오히려 하나님을 위해서 더 많은 시간과 물질을 씁니다. 뿐만 아니라 세상 사람들은 하나님을 모르기 때문에 죄짓는 것을 겁내지 않습니다. 세상 사람들은 죄는 짓지만 사람들에게 들키지만 않으면 된다고 생각합니다. 그러나 믿는 자들은 하나님이 우리의 일거수일투족을 다 보고 계신다는 것을 알기 때문에 마음대로 죄를 지을 수가 없습니다. 세상 사람들이 믿는 자들을 미워하는 이유는 무엇인가 자기들과 생각하는 것이나 가치관이 다르기 때문입니다. 거기에다가 세상 사람들이 그리스도인들을 미워하는 이유는 악

하게 보이기 때문입니다. 보통 사람들이 누군가를 집단적으로 미워하거나 괴롭힐 때는 약한 자를 상대로 고릅니다. 왜냐하면 그렇게 해야 보복을 당하지 않기 때문입니다. 세상 사람들이 믿는 자들을 볼 때 이 조건에 너무나도 맞습니다. 하나님의 백성들은 약하게 보입니다. 거기에다가 괴롭힘을 당해서 복수하지 않고 참습니다. 그러니까 세상 사람들은 믿는 자들을 마음 놓고 미워할 수 있는 것입니다.

믿는 자들이 세상을 살아가는데는 바로 이런 점에서 큰 어려움이 있습니다. 즉 우리 믿는 자들이 세상에서 다른 사람들로부터 사랑받지 못하고 미움을 받는 것입니다.

사람들이 다른 사람을 미워하는 이유는 자기 자신을 지키기 위한 본능입니다. 다른 사람이 나보다 잘될 때 그를 미워하고 이겨야 내가 잘될 수 있고 누군가가 나를 해치려고 할 때에는 미워하고 나를 지켜야 합니다. 그런데 남을 미워하지 않는다는 것은 경쟁을 하지 않는다는 것이고 자기를 방어하지 않겠다는 것인데 그렇게 해서 어떻게 이 세상을 살아갈 수 있겠습니까? 이것이 우리에게 가장 심각한 문제입니다.

그러나 하나님께서는 우리가 능히 세상을 이길 수 있게 하십니다. 하나님이 주시는 놀라운 힘이 바로 지혜입니다. 세상 사람들은 모든 것을 맹목적으로 하지만 하나님은 우리에게 지혜를 주셔서 분별하게 하십니다. 그리고 하나님께서는 결국 사랑으로 미움을 이기게 하십니다.

누군가가 나를 미워하면 자기자신도 자기를 미워하게 됩니다. 그리고 자기를 학대합니다. 왜냐하면 사람이 나를 대하는 태도가 결국 자기 자신의 가치로 나타나기 때문입니다. 다른 사람이 자기를 소중하게 대하면 자기가 소중한 줄 압니다. 그러나 아무리 귀한 사람이라고 하더라도 야단맞고 미움만 받으면 자기 자신이 아무것도 아닌 것으로 느끼게 되는 것입니다. 세상 사람들이 믿는 자에게 주는 상처는 '나는 아무것도 아니라'는 소아증입니다. 다른 사람의 미움은 우리를 너무 보잘 것 없이 보게 만드는 것입니다. 그리고 아무것도 할 수 없는 자로 만듭니다. 모든 자신감을 다 상실하게 만듭니다. 그래서 우리는 하나님의 말씀으로 위로를 받고 축복을 받는 것이 너무나도 필요합니다.

세상 사람들이 다른 사람들을 미워하는 이유는 하나님의 사랑을 받지 못했기 때문입니다. 그러나 우리 믿는 사람들에게는 무한한 사랑을 부어 주시는 아버지가 계십니다. 우리가 아버지에게 간구하기만 하면 아버지는 무한정으로 많은 것을 우리에게 내려주십니다. 우리가 보기에 이 세상에 있는 것들이 우리의 행복에 절대적으로 보이지만 결코 그렇지 않습니다. 오히려 이 세상에 있는 것들은 보조적인 것들이고 정말 중요한 것은 모두 다 하나님께 있습니다. 그러니까 우리는 하나님께 기도하고 간구함으로 이 세상을 살릴 수 있는 것들을 무한정으로 공급받을 수 있습니다. 그러니까 우리는 이 세상 사람들과 경쟁이 되지 않는 것입니다.

아무리 믿지 않는 사람들이 야생의 본성을 가지고 있다 하더라도 아름다운 것은 알 수 있습니다. 세상 사람들이 가장 감격하게 되는 것은 누군가가 자기를 인격적으로 대해주는 것입니다. 물론 처음에는 그런 것을 업신여기고 싫어하지만 나중에는 진정한 사랑 앞에 감격하게 되어 있습니다.

그래서 우리는 다른 사람에게 너무 잘 해주는 것이 사랑이라고 생각할 필요가 없습니다. 우리가 가지고 있는 아름다운 본성을 조금씩 보여주는 것만으로도 세상 사람들에게는 충분히 충격이 될 수 있습니다.

그러므로 우리가 서로를 어떤 눈으로 바라보느냐 하는 것은 그 사람의 자아 인식에 결정적인 영향을 미칩니다. 그리스도인은 할 수 있는 대로 다른 그리스도인 안에서 아름다운 부분을 찾습니다.

하나님께서는 우리에게 다른 형제를 붙들어 주라고 했지, 심판하라고 하시지 않았습니다. 아무리 부족한 사람이라 하더라도 아름다운 점이 하나는 있는 법입니다. 그것으로 그 사람을 만나고 그것으로 그 사람을 붙들어 주는 것입니다. 이렇게 하는 것이 내가 어두움에서 벗어난 증거입니다. 할 수 있으면 다른 사람의 아름다운 점을 보십시오. 그것으로 만나고 그것으로 교제하십시오. 자기자신을 위하여 그렇게 하십시오. 그렇게 하지 않으면 내가 위험합니다. 다른 사람과 만나서 늘 그의 결점만 지적히고 자기가 최고가 되지 않으면 견디지 못하는 자는 아직 어두움에 속한 것입니다.

미움과 사랑의 결과

오늘 성경은 우리가 다른 사람을 미워할 때 어느 단계까지 가게 되는지 그 위험성을 말씀하고 있습니다.

15절 그 형제를 미워하는 자마다 살인하는 자니 살인하는 자마다 영생이 그 속에 거하지 아니하는 것을 너희가 아는 바라

다른 사람을 한번 미워하게 되면 단순히 한번 미워하는 것으로 그치지 않고 그 사람의 모든 것을 싫어하게 됩니다. 그리고 거기서 발전해서 그 사람의 가족들까지도 다 싫어하게 되고 너무 싫어한 나머지 그 사람이 보기 싫으니까 죽기를 바라는 상태까지 가게 되는 것입니다.

우선 우리가 알아야 할 것이 남을 미워하는 마음을 가지면 둘 중 하나가 죽게 되는 것입니다. 첫째로 그 미움의 감정을 상대방에게 폭발시키지 않으면 자기 영혼이 죽어가게 됩니다. 왜냐하면 그 사람에 대한 좋

지 않은 생각을 끊임없이 하기 때문에 결국 자기 마음에 있는 감정이 다 녹아버려서 마음에 평안이 없어지게 되고 결국은 우울증에 걸리게 되는 것입니다. 우울증이라고 하는 것은 마음에 기쁨과 평안이 없기 때문에 끊임없이 다른 사람에게 쫓기는 상태입니다. 모든 사람이 자기 이야기만 하는 것 같고 자기를 감시하는 것 같고 나중에는 자기를 미워해서 가족들까지 다 해치려고 한다고 생각하기 때문에 자살을 시도하기까지 하는 것입니다.

그렇지 않고 속에 있는 미움의 감정을 상대방에서 다 쏟아버리면 그때부터 상대방은 마음에 큰 충격을 받게 되고 그 들은 말을 복수하기 위하며 분노를 가지게 되는 것입니다. 그래서 그 말을 들은 상대방이 죽지는 않는다 하더라도 마음이 큰 상처를 받고 마음의 고생을 하게 됩니다. 그래서 미움의 감정이라고 하는 것은 끓는 물과 같아서 자기 속에 담아두면 자기가 데이게 되고 남에게 쏟아버리면 상대방이 큰 화상을 입게 되는 것입니다.

그뿐만 아니라 한번 미움의 감정을 가지게 되면 마음속으로 얼마나 그 사람이 죽는 것을 생각하는지 모릅니다. 비록 신체적으로는 상대방을 살인하지 않는다 하더라도 마음속에서 여러 번 살인을 하게 되는 것입니다.

그러나 그리스도인들은 자신의 감정이 정직한 것이 아니라는 것을 알아야 합니다. 우리의 감정은 언제나 우리를 속입니다. 그래서 우리는 자기감정을 믿으면 안 됩니다. 그리스도인들은 모든 사람들이 하나님의 형상으로 지음을 받았기 때문에 사람을 미워하는 것은 결국 하나님께 죄를 짓는 것이라는 것을 압니다. 즉 어떤 사람이 나에게 말을 함부로 해서 자존심을 상하게 하고 혹은 나에게 좋지 않은 말이나 행동을 한 사람에 대하여 그 사람이 잘 모르고 한 것을 이해합니다. 왜냐하면 사람

요한일서 10 (3:10-18)

들이 남에게 좋지 않은 태도를 보이는 것은 자신의 상태가 좋지 않기 때문인 것을 알기 때문입니다. 즉 그것은 그 사람의 상태인 것이지 나까지 영향을 받아야 할 이유가 없는 것입니다. 즉 어떤 사람이 기분이 나쁘다고 해서 나까지 기분이 나빠야 할 이유는 없는 것입니다. 그리고 더 중요한 것은 이 모든 것을 뒤에서 조종하는 것은 악한 마귀이고 사람들은 마귀에게 조종당하는 하수인에 불과한 것입니다.

예를 들어서 어떤 사람이 나에게 악한 말을 해서 밤새 고민하다가 며칠 후에 찾아가서 따지지만 그 사람은 다른 의미로 그 말을 했든지 아니면 자기가 그런 말을 한 것 자체도 잊어버리고 있을 때가 많습니다. 그러니까 사람들은 자기도 잘 모르는 말을 해서 남을 기분 나쁘게 하는 것입니다. 그래서 우리가 남을 사랑한다고 하는 것은 남을 이해하려고 하는 노력이라고 볼 수 있습니다. 즉 '저 사람은 나에게 좋지 않은 말을 했지만 그럴만한 사정이 있었을 것이다'라고 이해하는 것입니다.

특히 우리 그리스도인들은 사람들의 가치를 아는 사람입니다. 한 사람 한 사람은 하나님으로부터 무한히 존귀한 인생을 물려받았습니다. 마치 우리 한 사람 한 사람은 고장 난 최고의 바이올린과 같습니다. 지금 고장이 나서 소리가 제대로 나지 않지만 고치기만 하면 최고의 소리를 내는 악기인 것입니다. 이 세상의 최고의 피조물이 인간입니다. 천사도 우리를 흉내낼 수 없을 정도로 우리 인간의 육체는 뛰어나게 만들어져 있습니다. 단지 하나님의 사랑을 모르기 때문에 이 육체로 술이나 마시고 정욕적인 삶을 살 뿐입니다. 그런데 우리 인간에게 하나님의 사랑이 부어지고 성령이 임하시면 우리 인간은 몸을 가진 천사로 변하게 됩니다. 그 말 한마디와 눈 빛 하나로 사람을 살리고 축복하는 역할을 감당하게 되는 것입니다.

그래서 우리 그리스도인들은 다른 사람들을 볼 때에 모든 인간을 하나님의 형상으로 만들어진 존귀한 자로 봅니다. 단지 그들은 죄로 인하여 하나님의 파괴된 형상이기 때문에 정 반대되는 마귀가 기뻐하는 삶을 살아가고 있는 것입니다.

우리 그리스도인들이 하나님을 믿게 되었을 때 깨닫는 것이 무엇입니까? 나의 인생이 소중한 만큼 다른 사람의 인생도 소중하다는 것입니다. 우리가 하나님의 사랑을 알기 전에는 남을 사랑한다고 하지만 자기가 원하는 스타일로 만들어서 사랑을 하려고 합니다. 그래서 말로는 사랑을 한다고 하면서 조건이 많습니다. 사랑하지만 살을 빼야 하고 사랑하지만 공부를 잘해야 하고 사랑하지만 키가 커야 한다고 합니다. 그러나 하나님의 사랑을 알면 상대방을 있는 그대로 인정하게 됩니다.

우리 각 사람은 모두 다 행복할 특권이 있습니다. 그래서 사람들에게 가장 무서운 죄가 남의 행복을 망쳐가면서 나의 행복을 추구하는 것입니다. 우리는 절대로 다른 사람의 행복을 빼앗을 자격이 없습니다. 얼굴이 못생긴 사람도 키가 작은 사람도 공부를 못하는 사람도 모두 행복할 권리가 있는 것입니다. 이것을 인정하는 것이 형제 사랑의 시작입니다.

거기에서 한 걸음 더 나아가게 되면 다른 사람의 행복을 위하여 나의 어떤 것을 희생하고 포기해야 하는지 생각하게 됩니다.

16절 그가 우리를 위하여 목숨을 버리셨으니 우리가 이로써 사랑을 알고 우리도 형제들을 위하여 목숨을 버리는 것이 마땅하니라

우리가 다른 사람을 너무 사랑하게 되면 그들의 행복을 위하여 자신의 소중한 것을 포기하게 됩니다. 가장 중요한 자신의 젊음을 포기한다든지 아니면 학문의 길이나 사회적인 출세의 길을 포기하게 됩니다. 그 이유는 다른 사람들의 행복이 소중해서 그들이 하나님의 축복을 많이

받기를 바라는 것입니다. 우리가 자신의 행복을 추구하는 것도 중요합니다. 그러나 다른 사람을 행복하게 하는 것은 더 기쁘다는 것을 알 필요가 있습니다. 예를 들어 내가 돈을 많이 벌어서 맛있는 것을 많이 사먹으면 기쁘겠지만 그 돈의 일부를 다른 사람에게 주어서 그 집 식구들이 둘러앉아서 저녁 식사를 맛있게 하는 것을 보는 것은 수십 배 더 기쁜 것입니다.

예수님께서는 우리가 행복해 하고 우리가 하나님의 축복을 받는 것을 보시기 위하여 자신의 목숨을 버리셨습니다. 이제는 우리가 다른 사람들을 위하여 그렇게 할 때가 되었다는 것입니다. 우선 이 세상에서 열심히 공부하고 열심히 삽니다. 더 나아가 다른 사람의 행복을 위하여 자신의 행복을 버리게 되면 가장 위대하고 행복한 것입니다.

예수님께서는 베드로에게 말씀하시기를 젊어서는 네가 스스로 띠를 띠고 네가 원하는 것으로 다녔지만 늙어서는 다른 사람이 네게 띠를 띠우고 원치 않는 곳으로 데려가리라고 하셨습니다. 젊어서는 내가 하고 싶은 일들이 너무 많아서 스스로 띠를 띠고 여러 곳으로 다닙니다. 그러나 점점 더 하나님의 사랑을 깨닫게 되면 남을 위하여 자기 계획이나 인생을 포기하게 되는 것입니다.

왜 사랑합니까? 사랑하고 싶어서 사랑하는 것입니다. 왜 하나님께서 우리를 구원하셨습니까? 그렇게 하는 것을 하나님께서 기뻐하셨기 때문입니다. 훌륭한 사람들이 많은데도 불구하고 왜 하나님께서는 아무것도 자랑할 것이 없는 자를 택하셔서 자녀로 삼으셨습니까? 그렇게 하는 것이 하나님의 기쁘신 뜻이었기 때문입니다.

사도 바울은 믿음 소망 사랑 이 세 가지는 항상 있을 것인데 그 중의 제일은 사랑이라고 말씀하셨습니다. 최고의 사랑을 실천하는 성도들이 되시기를 바랍니다.

요일 11
(3:19-24)

영적 침체

우리는 흔히 그리스도인의 마음은 늘 기쁘고 은혜가 충만할 것이라고 생각합니다. 그래서 그리스도인이 마음이 우울해지거나 무서운 절망에 사로잡히는 것은 잘못된 것이며 믿음이 부족한 것이라고 말합니다. 그러나 위대한 신앙 인물들의 전기를 읽어보면 이것이 전혀 사실이 아니라는 것을 알 수 있습니다. 아무리 위대한 믿음의 사람이라 하더라도 그들의 마음속에는 때때로 무서운 염려와 근심이 찾아와서 너무 걱정한 나머지 죽음의 문턱까지 갔다가 오는 것을 볼 수 있습니다. 그것은 영적 침체였습니다. 그렇게 용기 있고 주님께 전적으로 바쳐졌던 위대한 신앙의 인물이 갑자기 심한 두려움에 사로잡혀서 너무나도 비참한 모습으로 주님 앞에 나타났던 일들은 한두 번 있는 일이 아닙니다.

사도 바울은 주님께 철저하게 헌신된 사람이었고 죽음을 두려워하지 않는 사람이었습니다. 그러나 바울은 고린도에 처음 전도하러 갔을 때 말할 수 없는 두려움에 사로잡혔습니다. 바울은 너무나도 침체되어 있어서 주님께서 특별히 나타나셔서 붙들어 주시고 위로해주시지 않았디라면 그 절망에서 헤어 나오지 못했을지도 모릅니다. 바울은 갑자기 아테네에서의 전도가 잘못되었고 실패였다는 두려움이 엄습해오면서 그는 견딜 수 없는 절망을 느꼈습니다. 바울이 드로아에 갔을 때에는 전도의 문이 열렸음에도 불구하고 이 침체를 이기지 못하여 전도를 포기하고 말았습니다. 바울은 디도를 만나지 못해서 마음이 불편했다고 말하고 있습니다. 디도를 만났더라면 이 침체를 벗어날 수 있었을 텐데, 디도가 오지 않아서 결국 마케도니아로 갈 수밖에 없었다고 말하고 있습니다.

구약 성경에 나오는 엘리야는 혼자 외로이 바알의 선지자 사백오십 명과 싸워 이긴 용사입니다. 그러나 그도 심한 영적 침체를 경험했습니다. 그는 로뎀나무 아래서 얼마나 절망했던지 하나님께 죽여 달라고까지 하였습니다.

염려는 침체로 가기 전의 단계입니다. 사실 누구든지 염려할 수 있고 사람이 앞으로 있을 어려움으로 인하여 염려한다는 것은 정상적인 현상입니다. 그러나 염려를 그냥 두면 침체가 되어버리는데 침체는 이미 두려움에 사로잡혀버리는 것입니다. 염려는 그냥 두면 저절로 기운이 회복이 되지만 침체는 그냥 두어도 회복이 되지 않고 치료가 필요한 단계인 것입니다. 영적 침체를 이겨야 힘이 넘치는 승리의 믿음 생활을 할 수 있습니다.

영적 침체의 원인

어떻게 보면 우리 그리스도인들은 이 세상에서 가장 기뻐해야 할 사

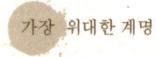

람들입니다. 왜냐하면 우리의 그 많던 죄가 예수님의 보혈로 다 씻음을 받았고 하나님의 자녀 되는 권세를 얻게 되었습니다. 너무나도 귀하신 하나님의 성령께서 우리 믿는 사람들 안에 언제나 함께 계시기 때문입니다. 그래서 우리는 늘 기뻐하고 감사하는 것이 정상입니다. 그럼에도 불구하고 어떻게 보면 우리 그리스도인들은 근심과 걱정을 달아놓고 사는 사람들 같습니다. 왜냐하면 우리에게는 염려하고 근심해야 할 것들이 너무나도 많기 때문입니다.

우선 우리 그리스도인들의 영적인 침체의 가장 큰 이유는 하나님의 말씀을 제대로 먹지 못할 때 일어나게 됩니다. 예수님께서 말씀하시기를 '사람이 떡으로만 살 것이 아니요 하나님의 입에서 나오는 말씀으로 살 것이니라'(마 4:4)고 하셨습니다. 그리스도인들에게는 하나님의 말씀을 듣는 것이 영적인 양식입니다. 그런데 교회가 침체되거나 개인적인 이유로 하나님의 말씀을 오랫동안 듣지 못하면 영적으로 병이 들게 됩니다. 그래서 기쁨이 없고 모든 것이 불만스러우며 성격조차도 난폭하게 변하게 됩니다. 그리고 그 단계가 조금 더 지나게 되면 육체적인 병이 찾아오게 됩니다. 소화가 잘되지 않는다든지 불면증이 생긴다든지 아니면 두통이 생긴다든지 우울증이 생긴다든지 하는 것입니다. 이때 이런 병은 약을 아무리 먹어도 고쳐지지 않습니다. 이런 경우에는 모든 것을 다 제쳐놓고 하나님의 말씀이 선포되는 곳으로 가서 충분히 하나님의 말씀을 들어야 합니다. 이때 하나님의 말씀을 들으면 내가 그 동안 얼마나 믿음이 식어 있었으며 찬송이 죽어 있었고 기도가 죽어있었는지 깨닫게 되고 말할 수 없는 눈물이 흐르게 되는데 이 눈물을 흘려야 치료가 되는 것입니다.

두 번째 과거에 지은 죄에 대한 기억 때문에 침체될 수 있습니다. 우리는 지금은 모두 믿는다고 하지만 과거에 우리가 예수를 믿지 않거나 혹은 신앙이 어렸을 때 별 생각 없이 죄를 짓던 시절이 있었을 것입니다. 어떤 때는 술을 마시기도 하고 어떤 때는 정신적으로 많이 방황할 때도 있었을 것입니다. 물론 지금은 그런 옛 생활을 다 청산했지만 그럼에도 불구하고 과거에 죄를 짓던 기억들 때문에 스스로 비참해지기도 하고 구원의 기쁨을 잃어버릴 때도 있습니다. 우리는 말씀을 통해서 과거에 지은 모든 죄를 예수님께서 보혈로 다 씻어주셨다는 것을 믿습니다. 그리고 현재의 짓는 죄도 하나님 앞에 나와서 자백을 하면 하나님은 우리 죄를 다 씻어주십니다. 그러나 우리의 머리로는 그것이 믿어지는데 가슴이 그것을 인정을 하지 않는 것입니다.

사탄은 과거에 우리가 주님을 모를 때 지었던 죄들을 자꾸 생각나게 함으로 하나님 앞에서 절대로 구원받을 수 없는 죄인이라는 생각이 들게 합니다. 성경에는 분명히 '예수 그리스도 안에 있는 자에게는 결코 정죄함이 없다'(롬 8:1)고 했는데 내 머리로는 옛날에 지은 죄가 자꾸 생각이 나고 그럴 때마다 기분이 좋지 않습니다. 그뿐만 아니라 우리의 양심은 우리가 하나님 앞에 잘못을 저지르고 회개한 후에도 자꾸 우리를 공격해서 영적인 침체에 빠트립니다. 그래서 천주교에는 고해 성사라든지 아니면 고행 같은 것을 함으로 이런 무서운 죄책감에서 벗어나게 하는 것입니다. 이것이 모두 인간이 과거에 지은 죄로부터 자유롭지 못하기 때문에 하는 것입니다. 그러나 마음이 시원해지고 가벼워졌다고 해서 죄 용서 받은 것은 아닙니다. 우리는 반드시 예수 그리스도의 보혈로 죄 씻음을 받아야 합니다. 이것은 예수님의 십자가 공로와 하나님의 말씀을 믿는 것입니다. 우리는 아무리 죄가 하늘보다 더 많다 하더라도 하나님 앞에 고백하고 죄 용서를 믿어야 합니다. 때로는 아무런 느낌이 없고 아무런 감동이 없다 하더라도 하나님의 약속의 말씀을 붙들고 믿음으로 사탄의 공격을 물리쳐야 하는 것입니다.

세 번째로는 우리 믿는 사람들의 기질 때문에 생기는 경우가 있습니다.

사실 우울증이 생기는 가장 큰 이유는 완벽할 수 없는데 완벽하려고 하기 때문에 생기는 것입니다. 우리 인간은 아무리 완전해지려고 해도 절대로 완전해질 수 없습니다. 그럼에도 불구하고 성격이 너무나도 깔끔하고 자존심이 높아서 절대로 자신의 실수나 부족한 것을 용납하지 못하는 사람은 병이 생기게 되는 것입니다. 우리 그리스도인들도 마찬가지로 절대로 완전할 수 없습니다. 그래서 조금이라도 마음속으로 악한 생각을 하거나 비열한 말을 하거나 행동을 했을 때 자신이 스스로 부끄러워하고 스스로를 용서하지 않는 것입니다. 그래서 그리스도인들은 거의 대개 기질적으로 우울증에 걸릴 수밖에 없는 체질을 가지고 있다고 보아야 합니다. 자신이 하나님의 말씀대로 살지 못하는 것에 대해서 심한 가책을 받습니다. 이것은 어떤 의미에서는 당연한 것입니다. 우리가 구원받았다 하더라도 본질적으로는 믿지 않는 사람들에 비하여 크게 다르지 않습니다. 우리 안에도 다 거짓말하는 습관이 있고 육체의 정욕이 있으며 분노와 시기하는 마음이 있습니다. 그런데 우리 안에 있는 양심이 이런 것을 용서하지 않는 것입니다. 사실 하나님께서 우리를 택하신 것은 완전하기 때문이 아닙니다. 허물이 많고 부족한 것이 많아도 우리를 사랑으로 택하신 것입니다. 그래서 하나님께서는 우리가 이렇게 부족하게 신앙생활을 하는 것만 해도 대단하다고 생각하시는데 우리는 자신이 더 철저해야 하고, 더 많이 기도해야 하며, 더 나아가서는 재산을 다 바쳐야 하고, 끝에는 순교까지 해야 한다고 생각하는 것입니다.

네 번째는 이 세상의 현실적인 어려움들이 우리를 침체시킵니다. 우리가 하나님의 말씀을 들으면 믿음이 생기고 또 성령이 주시는 은혜로 모든 염려를 이길 수 있습니다. 그럼에도 불구하고 육체적인 어려움이 너무 오래 지속될 때에는 우리의 믿음이 부족해서 하나님의 사랑이 의심이 되면서 침체에 빠지게 됩니다. 예를 들어서 말씀을 들을 때에는 굉장히 기쁜데 육체의 질병이 금방 낫지 않고 오래 지속이 되거나 집안의 경제적인 어려움이 오래 지속이 될 때 우리는 침체에 빠지게 됩니다. 이것은 예수님께서 말씀하셨듯이 '마음은 원이로되 육신은 약한 것'입니다. 이럴 때는 병이 낫고 또 경제적인 어려움이 해결되어야 기뻐할 수 있는 것입니다.

다섯 번째는 믿지 않는 사람들의 핍박과 반대가 우리를 침체시킬 수 있습니다. 우리가 예수 믿기 전에는 믿지 않는 가족들이나 친구들과 친하게 지냈습니다. 그런데 예수를 믿음으로 가치관에 큰 변화가 생기게 되고 이때부터는 오래 전부터 친하고 사랑했던 사람들과 미워하는 관계로 변하기도 합니다. 이 사람들이 한 번씩 좋지 않은 말을 할 때 오랫동안 침체됩니다. 어떤 경우에 예수 믿는 며느리는 명절에 시집에 가서 심한 종교적인 공격을 받으면 그 후에 두어 달 정도 침체되고 심지어는 다음 명절이 가까워오기만 해도 두려움과 걱정이 생기게 되는 것입니다.

여섯 번째는 육체적인 피곤이 영적인 침체를 가져오기도 합니다. 우리가 육체적으로 피곤하면 이것이 몸에 이상한 반응을 가져와서 무엇인가 심각한 죄가 있어서 이런 침체가 온 것처럼 예민해지고 신경질적이 되기 쉽습니다. 그래서 우리에게 육체적인 피곤으로 인하여 침체가 왔을 때에는 무조건 자고 쉬어야 합니다. 그런데 더 기도하고 더 열심히 봉사를 하는 바람에 더 침체가 올 수 있습니다. 이런 것을 보면 우리가 얼마나 예민한 자들인지 알 수 있습니다. 우리 믿는 자들은 믿지 않는 자들이 느끼지 못하는 것을 느끼고 아파하고 걱정하기도 하고 두려워하기도 합니다. 물론 우리가 이렇게 예민한 것은 믿음이 부족한 것이고 이것 때문에 더 현실에서 실패하게 될 것이라고 생각하기 쉽습니다. 그러나 우리가 예민해지는 것은 우리가 더 좋아진 것입니다.

기계도 값이 싼 것은 아무렇게나 사용해도 잘 고장나지 않습니다. 그러나 예민하고 복잡한 기계는 전문 기술이 없는 사람은 오히려 사용하기가 더 불편할 것입니다. 우리가 좀 더 우리 자신에 대하여 깊이 이해하고 우리를 잘 사용하기만 하면 예민한 것이 훨씬 더 좋은 것임을 알 수 있습니다. 분명히 우리는 예수를 믿음으로 더 예민해졌고 모든 기능들이 더 살아나게 되었습니다. 그러나 우리는 우리 자신을 잘 이해하지 못해서 오히려 잘 사용하지 못할 때가 많습니다.

양심의 반응에 대한 조절

19-20절 이로써 우리가 진리에 속한 줄을 알고 또 우리 마음을 주 앞에서 굳세게 하리니 이는 우리 마음이 혹 우리를 책망할 일이 있어도 하나님은 우리 마음보다 크시고 모든 것을 아시기 때문이라

우리가 가장 먼저 알아야 할 것은 우리 마음의 정죄에 대하여 믿음을 가져야 한다는 것입니다. 지금 우리 안에 있는 양심은 우리를 계속 공격해서 절망으로 빠뜨리는데 우리는 그것에 대하여 하나님 앞에서 확신을 가져야 한다는 말입니다.

사람의 양심은 참 놀라운 것입니다. 우선 믿지 않는 자들은 양심이 거의 작동을 하지 않습니다. 그래서 신앙이 없는 자들은 죄를 지으면서도 양심의 고통을 덜 받습니다. 그러나 하나님을 믿는 자들은 양심의 기능이 살아나게 되고 어떤 때는 양심이 너무 예민해서 시도 때도 없이 우리를 공격할 때가 있습니다. 이것에 대하여 우리는 확신을 가질 필요가 있

습니다.

우리는 믿음으로 의롭다함을 받은 사람들입니다. 우리는 과거의 모든 죄에서 놓임을 받았고 변하여 새 사람 되었지만 그럼에도 불구하고 우리 안에는 과거의 욕망이나 나쁜 마음이 그대로 남아 있고 모든 것을 자신의 기질대로 하려고 하는 고집이 남아 있습니다. 이것 때문에 양심이 과민 반응을 하게 되는 것입니다. 우리가 알아야 하는 것은 양심의 지적이 우리에게 꼭 필요한 것이지만 모든 것을 그대로 받아들여야 하는 것은 아니라는 것입니다. 일단 우리 안에서 양심의 경고가 들리는 것은 좋은 것입니다. 그러나 때로는 지나치게 과민 반응을 해서 양심의 경고가 울리는 경우도 있기 때문입니다.

우리에게 어떤 경우에 양심의 경고음이 들릴까요?

일단 우리가 자신도 모른채 죄악을 향하여 접근하고 있을 때 양심의 경고음은 울리게 되어 있습니다. 물론 이것은 죄악을 향하고 접근해 가고 있는 것이기 때문에 대단히 위험한 것은 사실이지만 거기서 빠져 나오기만 하면 되는 것이지 그런 상태에 빠진 것 자체로 인하여 너무 슬퍼할 필요는 없습니다. 경고음이라고 하는 것은 위험을 방지하는 것이 목적이기 때문에 위험에서 벗어나면 그것으로 충분한 것입니다. 그러나 실제로는 자기가 그런 일시적인 유혹에 빠졌고 그런 마음을 가졌다는 사실 자체로 수치심을 느끼고 부끄러워 할 수 있습니다. 그럴 때 믿음에 담대하게 서서 그런 죄에서 벗어난 것으로 인하여 기뻐하고 감사하며 다시는 그 죄에 빠지지 않으면 되는 것입니다.

특히 우리는 대인 관계에서 내가 충분히 내 의사 표시를 하지 못했을 때 양심의 고통을 받을 수 있습니다. 예를 들어서 어떤 회의를 할때 이러이러한 말을 했어야 하는데 두려워서 말을 제대로 하지 못 했을 때 집에 와서 내가 왜 바보같이 이렇게 말을 하지 못했을까 하는 생각을 수백

번 수천 번씩 하게 됩니다. 그때 우리가 기억해야 하는 것이 '하나님의 나라는 말에 있지 않고 능력에 있다'는 것입니다. 우리가 말을 잘 했다고 해서 상대방이 그것을 받아들이지는 않습니다. 하나님께서 성령으로 사람들의 마음을 움직여 주셔야 말을 잘했다고 해서 결과가 달라지지는 않습니다. 오히려 우리는 그런 말을 통하여 내가 얼마나 똑똑한가 하는 것을 과시하고 싶어할 때가 있습니다. 그럴 때는 말을 하지 않은 것이 좋은 것이고 하나님께서 때가 되면 또 말하게 하실 것이라는 것을 믿어야 합니다.

특히 우리가 주님의 능력에 붙들려 있을 때에는 천사처럼 권세 있게 능력을 행합니다. 말 한 마디에 몇백 명이 거꾸러지면서 회개할 때도 있습니다. 그러나 그 일이 끝나고 자기 자신에게로 돌아왔을 때에는 여전히 이기적이고 보잘것없는 자신을 보게 될 때도 있습니다.

요나 선지 같은 경우에는 하나님의 능력에 붙들려서 니느웨 성에서 말씀을 외칠 때에는 성 전체가 하나님 앞에서 무릎 꿇고 회개를 했습니다. 요나 선지는 천사와 같은 능력으로 말씀을 전했던 것입니다. 그러나 그 일이 끝난 후 성 밖에서 그 회개한 사람들이 멸망하기를 바랬으며 자기 박넝쿨을 벌레가 갉아먹었다고 해서 불같이 화를 냈습니다. 이것이 요나의 두 가지 모습이었습니다.

엘리야는 하나님의 능력에 붙들렸을 때 하늘에서 불이 떨어지게 하여 바알의 제사장 450명을 죽이는 능력을 발휘했습니다. 그러나 이 일 후 이세벨의 체포 명령이 두려워서 로뎀 나무 아래서 하나님께 죽게 해 달라고 불평할 정도의 모습이 되고 말았습니다. 이것이 우리 인간의 모습입니다. 그런데 우리 인간은 처음부터 끝까지 하나님의 손에만 붙들려 있을 수 없고, 끝까지 주님만 바라볼 수 없고, 어쩔 수 없이 자기 자신을 보게 되고 어쩔 수 없이 이기적인 자기 자신에게로 돌아올 수밖에 없다는 것입니다. 그때 우리가 알아야 할 것은 하나님은 이런 우리도 사랑하신다는 것입니다. 하나님께서는 우리가 하나님의 손에 붙들려서 능력 있게 사용될 때만 사랑하시는 것이 아니라 침체되어 있고 비참해져 있을 때에도 우리를 사랑하십니다. 우리 그리스도인들은 극과 극을 왔다 갔다 하는 사람들이기 때문에 한 순간이라도 하나님의 말씀 앞에 나와서 우리의 불신앙을 치료받지 않으면 침체에 빠지게 되는 것입니다.

우리는 믿음으로 했다가 자기 기질로 했다가 왔다 갔다 합니다. 그런데 자기를 바라보거나 자기 기질로 일할 때에는 여지없이 양심의 채찍이 날아옵니다.

사도 요한은 이 부분에 있어서 첫째는 하나님 앞에서 담대하라는 것입니다. '우리 마음을 주 앞서 굳세게 하라'고 말씀하고 있습니다. 그것은 이것이 내 기질로 인한 것이며 이런 침체에도 불구하고 내가 여전히 진리 안에 있다는 사실입니다. 사실 진리를 떠난 사람은 이런 무서운 절망을 느끼지 않습니다. 그는 자기도 모르는 사이에 평안하게 있다가 갑자기 폭포 아래로 곤두박질하면서 멸망해버리는 것입니다. 그러나 진리 안에 있는 사람은 자기가 지금 믿음으로 행하지 않고 자기 기질로 행하고 있다는 것을 알고 있습니다. 주님을 바라보아야 함에도 불구하고 자기 연민에 빠져있다는 것을 알고 있습니다. 자기가 결코 완전할 수 없다는 것을 알면서도 완전한 것처럼 큰 소리쳤다는 것을 알고 있습니다. 그러나 그런 자기 자신을 용서하지 못하는 것입니다. 우리는 자기 자신이 지극히 약한 존재요 결코 완전하지 않은 존재라는 사실을 인정하려고 하지 않습니다. 자신의 자존심이 자기를 더욱 더 괴롭게 하고 있습니다. 그때 이 절망이 나를 결코 망하게 하지 않는다는 사실을 붙들 필요가 있습니다.

하나님의 말씀의 특징이 무엇입니까? 우리를 그처럼 아프게 함에도 불구하고 결국 그 안에 치료책이 있다는 것입니다. 사탄의 말은 우리를 정죄하고 아프게 하고 절망에 빠뜨립니다. 그러나 하나님 안에서 하는 근심은 그 안에 치료책이 들어 있습니다. 결국 무서운 양심의 고통에서 벗어나는 일은 무엇입니까? 내 생각이나 내 감정을 믿지 말고 하나님의 말씀을 믿어야 합니다. 우리의 감정은 여리고 성과 같습니다. 라합이 여리고 성을 배반했듯이 우리는 우리의 감정을 배반하고 하나님의 진리를 붙잡아야 합니다.

두 번째로는 하나님의 사랑에 의지하는 것입니다. 20절은 오해하기 쉽게 되어 있습니다. "우리 마음이 혹 우리를 책망할 일이 있거든 하물며 우리 마음보다 크시고 모든 것을 아시는 하나님일까보냐"라고 되어 있습니다. 그래서 우리가 우리 마음에 책망할 것이 있다면 하나님께서는 얼마나 우리를 무섭게 책망하시겠냐는 뜻으로 보입니다. 하나님은 우리 마음보다 크십니다. 내가 나를 그처럼 무섭게 책망하는 것 같이 하나님은 그렇게 보시지 않습니다. 하나님은 또 나의 모든 연약한 것을 알고 계십니다. 하나님께서 나를 구원하실 때 이미 나의 연약함을 알고 구원하신 것입니다. 하나님께서는 우리가 예수를 믿고 난 후에는 한 번도 실수하지 않을 것으로 생각하고 구원하신 것이 아닙니다. 우리가 하나님 앞에서 정직하기만 하면 어떤 허물도 사함을 받을 수 있습니다.

우리가 때때로 기도할 때 '나의 모든 것을 아시는 주여'라고 기도를 시작합니다. 우리는 너무 허물이 많아서 도대체 어디서 시작해야 할 지 알 수 없습니다. 그래서 있는 모습 그대로 나아와서 '나의 모든 것을 아시는 주여'라고 기도할 때 하나님께서는 알아서 우리의 아픈 부분을 치료하여 주시고 회복시켜 주십니다.

더욱 담대한 믿음

우리 그리스도인들의 문제는 어려운 여건에서 믿음으로 결단을 내렸으나 바로 하나님의 축복이나 응답이 오지 않는 것입니다. 이때 우리는 다시 인간적인 생각에 빠지기 쉽습니다.

21-22절 사랑하는 자들아 만일 우리 마음이 우리를 책망할 것이 없으면 하나님 앞에서 담대함을 얻고 무엇이든지 구하는 바를 그에게서 받나니 이는 우리가 그의 계명을 지키고 그 앞에서 기뻐하시는 것을 행함이라

사도 요한은 '사랑하는 자들아 만일 우리 마음이 우리를 책망할 것이 없으면'이라고 말을 하고 있습니다. 이것은 우리가 어려운 상황에서 믿음의 결단을 내리게 된 경우를 말합니다. 물론 우리 마음에 인간적인 생각도 많이 있었지만 그럼에도 불구하고 믿음으로 결단을 내렸는데도 결과가 더 나쁠 때가 있습니다. 우리가 믿음의 길로 들어서고 보니까 아무것도 손에 잡히는 것이 없고 어려움이 계속되는 것입니다. 이때 우리 마음속에는 '이렇게 될 바에야 차라리 믿음으로 나서지 않았으면 좋았을 걸'하는 후회마저 듭니다. 그래서 은근히 하나님이 원망스럽고 자기도 모르는 사이에 절망감이 스며드는 것입니다. 이때 우리는 막상 믿음으로 나서기는 하였으나 어려운 현실에 앞이 막혀서 더 나아가지도 못하고 뒤로 돌아갈 수도 없어서 그 자리에 주저앉아 있는 꼴입니다. 이때 우리는 뒤로 돌아서면 반드시 죽습니다. 어떻게 해야 합니까?

22절상 무엇이든지 구하는 바를 그에게서 받나니

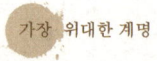

하나님께서 나에게 살 길을 주시고 아무리 절망적인 생활이라고 하더라도 길을 인도하여 주십니다. 이럴 때 우리가 믿음에서 후퇴하면 죽습니다. 계속 기도하면서 앞으로 나아가야 합니다. 그러면 구하는 모든 것을 하나님께서 다 채워주십니다. 우리는 인간이기 때문에 하나님의 뜻을 잘못 알 수 있습니다. 그러나 내가 지금 하고 있는 일이 하나님을 기쁘시게 하는 것인가 하는 것을 생각하라고 하고 있습니다. 이것만 확인이 되면 아무 두려움 없이 전진하라는 것입니다. 우리가 무엇이든지 구하는 바를 하나님은 응답해주시기 때문입니다. 하나님께서 반드시 우리의 기도를 들어주십니다. 우리 생각으로는 아무리 불가능할 것 같아도 하나님은 가능하게 해주십니다.

23절 그의 계명은 이것이니 곧 그 아들 예수 그리스도의 이름을 믿고 그가 우리에게 주신 계명대로 서로 사랑할 것이니라

계명은 예수를 믿는 것과 형제를 사랑하는 것이 계명입니다. 예수를 믿는다고 하는 것은 모든 것을 그리스도 중심으로 하는 것입니다. 그리고 형제를 사랑하는 것은 신앙 중심으로 하는 것입니다. 그리고 그들과 함께 모든 좋은 것을 나누려고 하는 것입니다. 이것만 분명하면 주저하지 말라는 것입니다. 무엇이든지 구하는 것을 이루어줄 것이라고 말씀하십니다. 이것은 사실입니다. 아마 올해도 이 놀라운 기도의 응답을 체험하신 분들이 많이 있을 것입니다. 그리스도를 위하여 구한 것, 그리고 형제들과 함께 좋은 것을 나누기 위하여 구한 것은 모두 다 응답이 되었습니다. 자기 혼자 잘되려고 하는 기도는 올바른 기도가 아닙니다. 그것은 계명이 아닙니다. 자기 세력을 키우기 위하여 날뛰는 것도 계명이 아닙니다. 오직 모든 것을 그리스도를 위하여 할 때, 한 번 나선 것을 후회

할 필요가 없습니다. 하나님께서 무섭게 응답해주시며 하나님께서 함께 하신다는 것을 확인시켜 주실 것입니다. 이것은 하나님 아버지의 사랑입니다.

그러나 우리가 영적 침체를 이기는 가장 중요한 것은 성령의 직접적인 위로입니다.

24절 그의 계명을 지키는 자는 주 안에 거하고 주는 그의 안에 거하시나니 우리에게 주신 성령으로 말미암아 그가 우리 안에 거하시는 줄을 우리가 아느니라

주님은 주님이 나와 함께 하시는 것을 성령으로 확인시켜 주십니다.
예수 믿지 않는 사람들은 영적 침체는 잘 모르고 '무기력증에 빠졌다'고 말을 합니다. 믿지 않는 자들은 무기력증에서 벗어나기 위해서 술을 마시거나 노래방을 가거나 혹은 여행을 떠납니다. 그러나 예수 믿는 자들은 예배를 드리는 가운데 성령의 임재하심을 체험합니다. 찬송을 부르고 기도하는 가운데 마음이 뜨거워지기도 하고 때로는 방언으로 기도하기도 하고 때로는 설교에 몰입이 되어서 울기도 하고 웃기도 합니다. 이때 성령께서는 우리 안에 있는 세상의 모든 노폐물들을 다 씻어서 우리를 깨끗케 해주십니다.

영적 침체라고 하는 것은 하나님의 은혜가 일시적으로 단절되는 것입니다. 그 중에서 우리가 교만하여 죄를 짓는 것이 영적 침체의 가장 무서운 원인이 될 때가 많습니다. 이때 하나님의 은혜가 나를 떠난 것은 아니지만 나는 그렇게 느끼고 영적으로 곤고한 가운데 있는 것입니다. 그러나 우리가 하나님께 부르짖으며 기도하고 나의 죄와 미련함을 고백하면 하나님께서 성령의 은혜를 회복시켜주십니다.

삼손은 죄에 빠져서 큰 침체를 경험하게 되었습니다. 삼손은 미련하게 들릴라에게 속아서 눈알이 뽑히고 머리털까지 밀린 후 블레셋의 노예가 되었습니다. 하나님의 성령은 삼손을 떠나셨습니다. 그러나 삼손이 하나님 앞에서 회개했을 때 블레셋 감옥 안에서도 잘렸던 머리털이 자라서 다시 잡히게 되었습니다. 삼손이 하나님께 부르짖으며 기도했을 때 다시 능력이 나타나면서 삼손은 신전의 기둥을 안고 쓰러짐으로 블레셋 사람들에게 원한을 갚을 수 있었습니다.

오늘 말씀을 통하여 우리가 생각해야 할 것은 우리가 진리 안에 있음에도 불구하고 여전히 영적 침체를 경험한다는 사실입니다. 이것은 우리에게는 영적인 독감(?)과 같은 것입니다. 때로는 침체가 너무 심해서 내가 구원받지 못했나 의심이 될 때도 있습니다. 그러나 이때 우리는 성경적 진리로 이런 침체를 이겨내어야 합니다. 우리는 자신의 감정을 믿을 것이 아니라 하나님의 말씀을 믿어야 합니다. 영적 침체에 빠지지 말고 지속적으로 독수리의 날개처럼 올라가는 성도들이 되시기 바랍니다.

JOHN 1

요일 12
(4:1–6)

영 분별하기

처음 예수를 믿고 은혜를 받으면 누구든지 하나님의 말씀을 더 많이 배우고 더 많은 은혜를 받고 싶어집니다. 그래서 교인들 중에서 열심이 넘치는 사람들은 다른 사람을 따라서 기도원에서 하는 집회를 가기고 하고 때로는 다른 교회에서 하는 부흥회를 따라가기도 합니다. 그런데 그런 집회 중에는 성경 말씀을 잘 가르쳐주는 아주 은혜스러운 집회가 있는가 하면 어떤 경우에는 분위기가 너무 강압적이거나 혹은 음악소리가 너무 커서 정신이 없어지는 경우도 있습니다. 그때 마음속으로 분명히 같은 기독교인인데 왜 이렇게 분위기가 다를까 하는 생각이 들면서 혼란스러워지게 됩니다. 더욱이 자칫 잘못해서 이단들이 하는 모임에 가서 성경을 배우게 되면 더욱 더 기존 교회에 대하여 불신을 가지게 되기도 합니다. 또 청년들 중에는 스님이나 신부님들 중에서 인격적으로 훌륭하시고 삶에 대한 통찰력도 뛰어난 분들이 계신데 그들에게도 무엇인가 배울 것이 있지 않을까 하는 생각을 하면서 과연 진리라고 하는 것이 꼭 기독교 안에만 있을까 하는 의심을 가져보기도 합니다.

우리가 생각하기에 현대인들은 아주 이성적으로 합리적인 것 같지만 실제로는 대단히 미신적인 부분도 많이 있습니다. 얼마 전에 남아프리카에서 월드컵 경기가 열렸을 때 놀랍게도 우승팀을 가리는 예언을 한 것이 문어였다는 사실입니다. 옛날에 유명한 축구 스타였던 펠레가 예언한 팀은 모두 탈락하고 문어가 찍은 팀이 우승까지 올라가게 되었다는 것입니다. 그 뿐만 아니라 우리나라 통일교에서는 한 번에 수천 쌍씩 모아서 합동결혼식을 하는데 이런 결혼식에 일본인이나 미국인이나 서구인들이 많이 참가하는 것을 보면 얼마나 멍청한지 알 수 있습니다.

이미 예수를 믿고 구원받은 사람은 비성경적인 진리를 가르치는 곳을 가면 그 곳의 분위기가 자기 신앙과는 다르다는 것을 알게 됩니다. 이것은 너무 중요한 것입니다. 우리는 때때로 타종교를 믿는 자나 혹은 신앙이 없는 자에게서도 종교적인 감동이나 예언한 것이 성취되는 것을 볼 수 있습니다. 그럼에도 불구하고 우리는 그런 것 가운데 무엇인가 진실한 것이 있다고 생각해서는 안 됩니다. 왜냐하면 거짓된 방법을 통해서도 얼마든지 일시적인 흥분이나 만족감 같은 것이 나타날 수 있기 때문입니다.

우리에게 소중한 것이 참으로 많이 있습니다. 우리에게는 돈도 소중하고 지식도 소중하고 건강도 소중합니다. 그러나 가장 중요한 것은 우리 영혼을 지키는 것입니다. 우리의 영혼은 어떤 가르침을 받아들이고 따라가느냐에 그 모든 가치가 결정이 되게 됩니다. 사도 요한은 교인들에게 모든 종교적인 현상이라고 해서 다 믿지 말고 오직 그 영들을 분별하라고 말하고 있습니다.

사람은 모두 영의 존재

1절 사랑하는 자들아 영을 다 믿지 말고 오직 영들이 하나님께 속하였나 분별하라 많은 거짓 선지자가 세상에 나왔음이라

사도 요한은 성도들에게 모든 '영'을 다 믿지 말고 '그 영'들이 하나님으로부터 나왔나 시험하여 보라고 말씀하고 있습니다. 여기서 영이라고 하는 것은 우리의 생각이나 감정에 중요한 영향을 미치는 어떤 분위기나 힘을 말합니다. 우리는 서로를 통해서 얼마든지 종교적인 감동이나 흥분이 일어날 수 있다는 것을 인정해야 합니다.

우선 모든 인간의 마음속에는 무엇인가 절대적인 존재를 생각하고 갈망하는 본능이 있습니다. 그것이 바로 모든 인간이 가지는 종교적인 본성입니다. 그래서 사람들은 누구든지 어려운 일을 당하면 기도를 하려고 하고 특히 촛불을 켜고 무슨 소원을 비는 것을 좋아합니다. 그런데 사람들은 자기 안에 있는 바로 이런 종교적인 본성이야말로 가장 오염되지 않았고 순수하다고 생각합니다. 이것은 마치 사람이 자기 안에 있는 예술적인 감성이나 이성에 대한 사랑은 가장 순수하다고 믿는 것과 비슷합니다. 그러나 문제는 인간의 종교적인 본성이나 예술적인 감성도 부패했다는 사실입니다.

더욱이 인간의 잠재의식 속에는 우리가 생각하지 못하는 아주 많은 욕망이나 충동이나 생각 같은 것들이 잠재되어 있습니다. 그러다가 우리가 단식을 한다거나 혹은 어떤 종교적인 행위를 할 때에는 안에 잠재되어 있던 어떤 감정이나 느낌들이 표출되게 되는데 사람들은 이것이야말로 신의 응답이며 아주 숭고한 것이라고 생각합니다. 그러나 사실은 이런 종교적인 행위에 따라서 나타나는 것은 인간의 마음속에 잠재되

어 있는 수많은 생각이나 욕망 중의 하나일 뿐입니다. 그래서 인간의 종교적인 본성이나 감정이 가장 바르게 반응하는 경우는 하나님의 말씀을 들을 때입니다. 그 외의 종교적인 감정들은 믿을 수 있는 것이 아닙니다. 그래서 잘 이해가 되지 않는 것이 왜 타종교에 심취된 사람들도 기독교 이상의 어떤 현상이 나타나며 또 거기에 어떤 숭고한 만족감 같은 것을 얻을 수 있느냐 하는 것입니다. 그것은 잠재되어 있던 어떤 감정이나 욕망이 표출되는 것뿐입니다. 게다가 우리 눈에는 보이지 않지만 사탄이나 천사 같은 영적인 존재가 있습니다. 그런데 마귀는 우리 안에 있는 종교적인 감정을 믿게 만듭니다. 그뿐만 아니라 때로는 사탄이 그런 종교적인 분위기를 만들어내기도 합니다. 그래서 사도 요한은 우리 주위에서 일어나는 어떤 종교적인 현상이나 만족감을 무엇인가 있다고 해서 다 믿지 말라고 권면하고 있습니다.

처음 복음이 전파되고 교회가 세워지게 되었을 때 교인들을 매주 모여서 하나님의 말씀을 들어야만 했습니다. 그러나 사도의 숫자는 제한되어 있고 복음 전도자는 다른 곳으로 떠났기 때문에 결국 교인 중에서 예언을 하는 사람들이 생기게 되었습니다. 이들의 예언이라고 하는 것은 아주 기초적인 설교에 해당한다고 보면 좋습니다. 즉 예수 그리스도에 대한 간단한 진리나 혹은 성도들이 지켜야 할 간단한 윤리나 혹은 도덕적인 권면과 같은 것이었습니다. 오늘도 목사가 없는 교회에서 평신도들끼리 예배를 하려면 이와 비슷한 방식으로 하게 될 것입니다. 그런데 가끔 교회 안에서 예언을 한다는 사람이 사도들이 가르친 것과 전혀 다른 내용을 예언하기 시작한 것입니다. 심지어는 그런 사람들 중에서 능력이 나타나는 사람들도 있었습니다. 그리고 사람들 중에는 이들이 사도들의 가르침보다 더 낫고 능력이 있다고 해서 추종하는 사람들도 생기게 되었습니다. 이때 교인들은 당황해하면서 과연 이 사람들도 하나님의 말씀을 전하는데 계속 말을 하게 해야 할 것인가 아니면 못하게 할 것인가 그리고 이런 사람들을 옳다고 믿고 따르는 사람들을 어떻게 해야 할 것이냐 하는 것입니다.

이때 사도 요한은 말하기를 성령으로 말한다고 해서 다 믿지 말고 그 영이 어디에 속했는지 분별하라고 말씀을 하십니다. 왜냐하면 이미 거짓 선지자들이 많이 있기 때문입니다.

아주 오래 전에 좀 이름이 있는 교회의 대학생들과 함께 겨울 수련회를 하게 되었습니다. 설교 말씀을 마친 후에 모두 은혜를 많이 받고 열심히 기도를 했습니다. 그때 나이가 좀 든 선배 청년이 자기가 받은 은혜를 간증하겠다고 자청을 했는데 그 내용은 아주 건전하지 못한 귀신에 대한 이야기였습니다. 멋도 모르는 청년들은 큰 두려움에 빠지게 되어서 마음이 굉장히 답답해졌습니다. 그 선배는 무당 아들이었고 고시 공부를 한다고 절이나 이상한데 많이 있었다는 것입니다. 즉 그 교회 청년들은 간증하는 이 엉터리 가르침에 주의를 하지 않았던 것입니다.

한때 우리나라 교회들에서 '귀신론'이 유행한 적이 있었습니다. 복음서에 보면 예수님께서 귀신들을 쫓아내시고 또 귀신들과 대화도 나누시는데 그 사람도 그런 방법을 썼습니다. 그런데 처음에는 사람들이 모두 영적인 세계에 대하여 무지했기 때문에 많이 추종을 했습니다. 이들의 가르침은 죽은 사람의 영혼이 자기가 좋아하는 사람에게 붙어서 병을 일으킨다는 것입니다. 그래서 이런 죽은 영혼을 저주하고 쫓아낼 때 사람은 건강해질 수 있다는 것입니다. 이분은 모든 것을 귀신론으로 보았고 그분의 영향을 받은 많은 사람들은 귀신을 쫓아낸다고 애를 많이 썼습니다. 그러나 사실 귀신들렸다는 사람들 중에 멋도 모르고 앞에 나오는 사람들도 있었습니다. 이런 사람을 나오라고 해서 많은 사람들이 보는 앞에서 이마를 치니까 넘어지는 것입니다. 그래서 넘어지면 귀신이 떠났다고 하는데 교인들 앞에서 장로도 넘어지고 권사도 넘어지니까 교회가 큰 시험에 빠지는 경우가 있었습니다. 이 사람의 귀신론은 우리나라의 토속적인 신앙에 기독교가 혼합된 것입니다.

어떤 분은 사람이 병을 고친다고 하면서 집회를 열고 뜨겁게 찬송을 하며 손톱으로 암을 꺼낸다고 할퀴는데 그것 때문에 병이 더 도져서 중병에 걸리게 되었다고 하기도 합니다.

오늘 성경에서 '영들을 분별하라'는 것은 우리에게 나타나는 여러 가지 종교 현상들을 다 믿지 말라는 것입니다. 왜냐하면 많은 종교 현상들이 하나님으로부터 나온 것이 아니라 인간의 심리적인 현상도 있고 심지어는 사탄으로부터 나온 것도 있기 때문입니다.

그런데 문제는 이런 거짓된 가르침에도 감동이 일어나고 은혜를 받을 수 있습니다. 그러나 중요한 것은 그 내용이 예수님의 제자들이나 복음 전하는 자들이 가르친 것과는 다른 것입니다.

어떤 사람은 예수 그리스도가 육신으로 오신 것이 아니라고 예언합니다. 또 어떤 사람은 예수를 아예 부인하기도 합니다. 문제는 이런 것을 믿고 따르는 자들이 많은 것입니다. 그 사람들은 사도들이 가르친 것만이 옳은 것이 아니라고 합니다. 그런데 무엇보다 이상한 것은 이런 이상한 진리가 사람의 기분을 이상야릇하게 흥분을 시킬 뿐 아니라 굉장한 우월감을 가지게 하고 사람의 마음을 들뜨게 했던 것입니다. 그리고 지금까지 들었던 성경 이야기가 아니라 전혀 새로운 많은 지식들이었습니다. 사람들은 거기에 정신이 팔려서 많이 따라갔습니다. 이런 현상에 대하여 사도는 거짓된 영의 역사가 있다고 증거하고 있습니다.

우리가 알아야 할 것은 모든 사상이나 종교적인 현상 뒤에는 그것을 주도하는 영이 있다는 것입니다. 주로 악령이 주도하는 종교 운동은 광적인 것입니다. 그리고 사람들을 현혹시켜서 바른 교회생활이나 가정생활에서 떠나게 합니다. 또한 돈을 부정하게 모으든지 아니면 성적으로 방종한 생활을 하게 합니다. 그러나 성령이 하시는 일은 일단 평안합니다. 그리고 우리로 하여금 절제하게 하고 하나님을 높여드리며 죄와 교만을 고백하고 버리게 하며 깨끗하고 거룩한 감동을 우리에게 주시는 것입니다.

영을 구별하는 기준

우리는 감동이 오는 것을 세 가지로 보면 좋겠습니다. 하나는 성령이 주시는 감동입니다. 성령께서 임하시는 것이지요. 이것은 약속하신 성령입니다. 우리가 하나님의 말씀을 깨달을 때 큰 은혜가 임합니다. 그리고 하나님을 높여드리는 찬송을 할 때 큰 은혜가 입합니다. 또한 말씀에 자신을 복종시킬 때 은혜가 임합니다. 이것은 성령께서 주시는 감동입니다. 그리고 또 다른 하나는 자기 자신이 스스로에게 감동을 주는 것입니다. 예를 들어서 자기 최면을 걸거나 똑같은 일을 반복함으로 감동이 오게 하는 것입니다. 어떤 내용을 상상하면서 같은 노래를 반복해서 여러 번 부르면 쉽게 감동이 옵니다. 이것은 일종의 카타르시스와 같은 것입니다. 이런 감동은 기분을 들뜨게 하고 일시적으로 기분을 좋게 합니다. 그러나 그 이상은 아닌 것입니다. 무서운 것은 세 번째 경우입니다. 이것은 사탄이 감동을 주는 것입니다. 거짓 교훈에 확신을 가지고 가르치는 것입니다. 무당에게 신이 내리는 것은 사탄이 감동을 주는 것입니다. 그때 작두 위에 올라가도 발이 베이지 않습니다.

삼손은 성령이 사람이었습니다. 그런데 삼손의 은사는 힘이었습니다. 거기에 비하여 사무엘은 같은 나실인이요 성령의 사람이었지만 말씀의 사람이었습니다. 사무엘은 삼손같은 힘은 없었지만 이스라엘 백성들에게 부지런히 말씀을 가르쳤고 그의 말씀은 모두 성취되었습니다. 이 두 사람 모두 진실한 성령의 사람이었습니다. 그러니까 같은 성령이 한 사람에게는 큰 힘으로 나타났고 다른 한 사람에게는 성경적인 가르침으로 나타났습니다. 사울왕도 몇 번 성령의 감동을 받았습니다. 그가 왕이 되기 전에 성령으로 감동되어 완전히 다른 사람이 된 적이 있었고, 다윗을 추격하다가 하나님의 신이 내린 적도 있었습니다. 사울에게 임한 성령의 역사는 일종의 엑스타시 상태에 빠지는 것인데 이것은 처음에는 유익한 것이었지만 나중에는 점점 좋지 않은 쪽으로 변질되었습니다. 그래서 나중에 성령의 감동이 사울왕을 떠났을 때에 사울은 그 후유증을 견디지 못해서 심한 우울증 증세가 나타났고 그는 악신이 들려서 정신적인 고통을 받았습니다.

한때 사람들은 같은 기독교의 집회인데도 내용이 너무 달라서 혼란스러워하는 경우가 있었습니다. 즉 어떤 곳에는 성령 집회라고 하는데 설교는 거의 없고 주로 찬송을 부르고 병을 고치는 은사 집회가 있는가 하면, 어떤 곳에는 병은 별로 고치지 않고 말씀만 주로 가르치는 집회도 있는 것입니다. 어떻게 같은 성령의 역사인데 이렇게 다르게 나타날 수 있을까요? 그리고 어느 것이 진짜 성령의 집회일까요? 우리가 알아야 할 것은 성령 안에 이 모든 것이 다 들어 있다는 사실입니다. 그러나 주로 병을 낫게 하는 은사 집회는 굳은 마음을 갈아 엎어서 부드럽게 하는 효과가 있습니다. 그러나 사람들이 결국 성령의 큰 은혜를 받는 것은 말씀을 듣고 믿는 것을 통해서 나타나는 것입니다.

구약시대 아합 때 수많은 거짓 선지자들이 있는 것을 보게 됩니다. 이 때 북쪽 이스라엘 왕 아합과 남쪽 유다 왕 여호사밧은 힘을 합해서 길르앗 라못을 치러온 수리아와 싸우려고 했습니다. 그때 여호사밧은 우리가 이렇게 수리아와 싸우러 가는 것이 하나님의 뜻인지 선지자들에게 물어보자고 아합에게 제안했습니다. 그때 아합 앞에는 많은 선지자들이 있었는데 그들은 모두 아합에게 전쟁을 하러 가라고 하면서 싸우기만 하면 승리를 취할 것이라고 했습니다. 그런데 여호사밧은 그 선지자들의 말을 믿지 않습니다. 왜냐하면 그 선지자들은 무엇인가 천박하고 무엇인가 가벼운 느낌을 주었기 때문입니다. 그래서 다른 선지자가 없느냐고 하니까 아합은 미가야라는 선지자가 있는데 늘 부정적인 예언만 하기 때문에 그 사람을 별로 좋아하지 않는다고 대답을 했습니다. 미가야는 자기가 하나님 앞에서 본 것을 이야기했습니다. 하나님께서는 누군가가 아합을 꼬여서 전쟁에 나가 수리아와 싸우다가 죽게 해야 할 텐데 누가 하겠느냐고 하니까 한 거짓말하는 영이 자기가 거짓 선지자들에게 들어가서 아합을 꼬여서 전쟁에 나가 죽게 하겠다고 자원했습니다. 그때 하나님께서는 그 거짓 영에게 너는 반드시 이룰 것이라고 하셨습니다. 미가야는 아합의 죽음을 예언했습니다. 그럼에도 불구하고 아합은 미가야의 예언을 무시하고 전쟁에 나갔다가 우연히 누군가가 쏜 화살에 맞아서 죽습니다. 이것을 보면 얼마든지 거짓 영이 들어와서 하나님의 말씀인 것처럼 속여서 예언을 할 수 있다는 것을 알 수 있습니다. 그런데 이들의 예언의 특징이 사람들이 듣고 싶어 하는 희망사항을 예언한다는 것입니다. 그러나 모든 영감이 다 하나님으로부터 나온 것이 아닙니다. 모든 감동과 충동이 성령으로부터 온 것이 아닙니다. 악한 사탄에게서 나온 것도 있습니다. 그래서 누군가가 예언을 할 때 그 예언이 어느 영에 의해서 나온 것인지 분별해야 하는 것입니다. 적그리스도는 다른 것이 아니라 교회 안에서 예언을 하는데 성령이 감동으로 하지 아니하는 예언이요, 설교라는 것입니다. 그런데 어려운 문제는 미가야의 경우에서 보는 것처럼 거짓 예언자 자신도 모른다는 사실입니다. 자기에게도 감동이 오고 확신이 오기 때문에 그들은 이것을 분명한 하나님의 뜻으로 압니다.

부흥의 시기에는 많은 거짓 체험이 나타나서 성령이 하시는 일을 방해합니다. 이것을 분별하지 못하면 교회가 큰 혼란에 빠지고 개인의 신앙에도 큰 손상을 봅니다. 조나단 에드워드 때에도 여러 번의 부흥이 있었는데 얼마가지 않아서 부흥의 불이 꺼지고 말았습니다. 그 이유는 잘못된 열광주의자들 때문이었습니다. 이들은 흥분해서 떠들며 돌아다녔는데 결국 사람들은 이런 것을 통해서 부흥을 싫어하게 되었던 것입니다. 그래서 은혜 받고 부흥이 일어나야 하지만 절제가 있어야 시험에 들지 않고 지속적으로 부흥이 일어날 수 있습니다.

사도는 무엇보다 그 가르침에 '예수 그리스도가 육신으로 온 것을 믿느냐'하는 것을 분별의 기준으로 삼았습니다.

2-3절 이로써 너희가 하나님의 영을 알지니 곧 예수 그리스도께서 육체로 오신 것을 시인하는 영마다 하나님께 속한 것이요 예수를 시인하지 아니하는 영마다 하나님께 속한 것이 아니니…

즉, 어떤 사람이 무엇인가 가르치는데 그 사람의 감동이 진짜인지 아닌지 구별하려면 그에게 바로 물어보라는 것입니다. '당신은 예수 그리스도가 육신으로 오신 것을 믿습니까?' 만약 그 사람이 이 부분을 시인하지 않는다면 그는 가짜 선지자입니다. 왜냐하면 예수님이 육신으로 오신 하나님의 아들이 아니라면 우리의 구원은 완전하게 이루어질 수가 없기 때문입니다.

이 당시의 풍조는 육체를 천시하는 것이었습니다. 그래서 지식인들은 하나님의 아들이 육체로 온 것을 아주 망측하게 생각했습니다. 그래서 예수님께서 육체로 오셨느냐 하는 것만 물어보면 이 사람이 진짜 설교자인지 거짓 설교자인지 알 수 있었던 것입니다. 가짜는 그리스도가 육신으로 온 것을 믿는다고 말하지 못합니다.

종교개혁시대에는 한 가지만 물어보면 되었습니다. 그것은 믿음으로 구원받느냐 아니면 행위로 구원받느냐 하는 것이었습니다. 그때 믿음으로 구원받는다고 고백하는 사람이 진짜 성령으로 설교하는 자였습니다. 그 대신에 고행이나 면죄부로 구원을 받는다고 말하는 자는 거짓된 영으로 말하는 사람이었던 것입니다.

오늘날은 먼저 성경을 하나님의 말씀으로 믿느냐고 물어보아야 합니다. 성경을 하나님의 말씀으로 믿지 않으면 그들은 성령으로 말하는 자들이 아닙니다. 오늘 자유주의 신학을 가진 자들은 성경을 하나님의 말씀으로 믿지 않습니다. 거기서 성령의 능력이 나올 수가 없습니다. 오늘 예수님의 십자가의 대속을 믿느냐고 물으면 많은 가짜를 걸려낼 수 있습니다. 진화론적인 사고방식을 가진 자들은 십자가의 대속을 믿지 않습니다. 인간이 점점 개선된다고 믿습니다. 또 말씀을 가르치는 자에게 교회를 믿느냐고 물어보아야 합니다. 많은 사람들이 자기 체험은 믿지만 교회는 믿지 않는 것을 볼 수 있습니다. 그러나 이것은 진리의 영이 아닙니다. 교회를 세우신 분은 그리스도시요, 교회는 성령의 전입니다. 그러나 사람들은 이런 공동체보다 자기의 생각을 더 중요하게 생각합니다.

이미 서구에는 교회가 다 비어 있습니다. 교회에 가면 세상적인 소리만 잔뜩 들리니까 교회에 갈 필요를 느끼지 못하는 것입니다. 교회가 죄를 설교하지 않으니까 사람들이 교회에 갈 필요를 느끼지 못하는 것입니다. 또 교회는 죄를 치료하는 영혼의 병원인데 죄를 설교하지 않으니까 교회에 가지 않는 것입니다.

그리스도가 육신으로 온 것이 왜 중요합니까? 이것이 구원의 핵심이기 때문입니다. 그리스도는 우리의 죄 때문에 육신으로 오셨고, 우리의 구원은 결국 육체의 부활로 완성됩니다. 그리스도는 육체를 입고 계시며 우리가 육체로 만날 것입니다. 모든 눈이 그를 보게 될 것입니다. 그리스도의 육체는 거기에 우리의 죄, 우리의 윤리, 그의 다시 오심과 우리의 영광스러운 부활이 다 들어있습니다. 그리스도가 육체로 오신 것을 부인하는 자는 분명히 인간의 죄를 인정치 않습니다. 또 그리스도의 육체로 오심을 부인하는 자는 은혜 받는 것만 좋아하지 육체적 생활의 중요성을 모릅니다. 직업을 중요하게 생각하지 않습니다. 결혼이나 가정을 중요하게 생각하지 않습니다. 또 육체로 오심을 부인하는 자는 부활을 믿지 않습니다. 기독교를 하나의 사상으로 이데올로기화하려고 합니다. 그래서 그의 육체로 오심을 부인하는 것이 사탄의 가장 중요한 전략입니다. 그렇게 전하는 자는 사탄이 감동을 준 자입니다.

바른 가르침의 특징

예수님께서는 양의 가죽을 쓴 이리들에 대하여 경계하라고 하셨습니다. 그들도 다 '주여, 주여'하면서 말씀도 전하고 능력을 행합니다. 그러나 주님은 그들을 모른다고 하셨습니다. 양가죽을 뒤집어 쓴 이리는 겉으로 보아서는 구별할 수 없습니다. 그러나 이것이 더 무서운 것입니다. 진심으로 중심이 변화되지 않은 자도 일시적으로는 진리에 따라 행할 수 있습니다. 가롯 유다가 바로 그 사람입니다. 가롯 유다는 점잖았습니다. 예의도 있었습니다. 그러나 주님은 그를 '마귀'라고 말씀하셨습니다. '너희 중 한 명은 마귀니라' 왜 그렇게 무서운 말씀을 하셨을까요? 그의 중심이 전혀 변화되지 않았기 때문입니다. 그의 중심에는 더러운 탐욕이 가득 차 있었습니다. 그래서 중심이 변화되지 않은 자는 기회가 주어지면 결국은 악한 길로 가게 되어 있습니다. 왜냐하면 그 길이 자기에게 맞는 길이기 때문입니다. 누구든지 거듭나지 않으면 언젠가는 악한 길로 갑니다. 문제는 바로 여기에 있습니다.

기독교 안에는 아름다운 은사들이 너무나도 많이 있습니다. 아름다운 찬양도 있고 병 고침도 있고 방언도 있고 신학 지식도 있고 성도의 교제도 있고 사회에 대한 구제나 봉사도 있습니다. 그러나 가장 중요한 것은 누구든지 자기가 하나님 앞에서 죄인이라는 것을 고백하고 예수님이 십자가에 달리신 것을 믿고 거듭 나야 하는 것입니다. 거듭나지 않은 상태에서 예수를 믿을 때 성령의 능력이 나타나기도 합니다. 성령이 부으실 때에는 거듭난 자만 은혜를 받는 것이 아니라 모든 자가 은혜를 받고 성령의 능력이나 병 고치는 은사도 나타납니다. 그러나 나중에 욕심이 발동하게 되면 자기 죄를 인정하지 않고 다른 길로 가고 마는 것입니다.

어떤 사람은 기도를 많이 한다고 하면서 예언을 해서 부담을 주는 사람들이 있습니다. 그런 예언은 그 사람의 희망 사항이라고 생각하면 좋을 것입니다. 아무리 분명한 예언이고 꿈에서 봤다고 하더라도 하나님의 말씀과 맞지 않으면 엉터리이며 특히 상식과 맞지 않으면 믿을 필요가 없습니다. 그저 하나의 충고 정도로 받아들이면 좋을 것입니다.

사도 바울은 예루살렘에 헌금을 가지고 올라갈 때 그를 아끼는 성도들이 그의 허리띠로 바울의 수족을 묶고 성령께서 바울이 예루살렘에 올라가면 이렇게 된다고 하셨다고 예언을 했지만 바울은 올라갔습니다. 그 대신 그는 그 예언을 통하여 예루살렘에서 상당한 반대와 어려움이 있을 것을 받아들였던 것입니다.

우선 성령이 주시는 체험은 말씀과 함께 하는 체험입니다. 사도 바울은 방언을 할 수 있는 사람이었습니다. 그는 환상 중에 세 번째 하늘에 올라갔고 자기가 몸 안에 있었는지 몸 밖에 있었는지 모르는 상태에 있기도 했습니다. 그러나 바울이 가장 소중하게 생각했던 것은 성령께서 자기 안에 주신 깨달음이었고, 바울은 주님의 말씀을 생명보다 더 중요하게 생각했습니다. 베드로 사도도 높은 산에 올라가서 주님이 변화되신 모습을 목격하고 하나님의 음성을 친히 들은 경험보다 성경을 읽고 깨달은 것을 더 소중한 은혜로 생각했습니다.

우리가 언제 가장 기쁩니까? 하나님의 말씀이 나에게 깨달아지고 이해되어질 때 우리는 가장 큰 기쁨을 느낍니다. 이것을 통하여 하나님께서 나와 함께 계시며 나를 인도하시는 것을 느끼게 되는 것입니다.

예수님은 양들은 목자의 음성을 듣는다고 말씀하셨습니다. 하나님의 음성이 나에게 들릴 때 이미 나는 목자를 만났으며 목자는 나의 신음소리만 듣고서도 내가 어디가 아픈지 어디를 다쳤는지 다 알고 치료해주시는 것입니다. 그래서 우리가 체험을 따라가고 느낌을 따라가면 잘못된 속임수에 걸려들 가능성이 있습니다.

우리는 때로 집회에 참석을 했을 때 그 영을 분별할 수 있습니다. 성령의 역사가 아닐 때에는 너무나도 혼동이 됩니다. 그리고 두렵고 무섭고 저주받는 것 같습니다. 노래를 부르는 것도 하나님을 높여드리는 노래가 아니고 광적인 노래인 것 같습니다. 그러나 성령이 함께 하실 때에는 그렇게 평화스러울 수가 없고 기쁠 수가 없으며 하나님을 높여드리는 찬양을 할 때 성령의 충만함을 받게 되는 것입니다.

성령의 은혜는 지저분하거나 추하지 않습니다. 성령의 은혜를 받았다고 하면서, 난잡하고 추잡하며 더러운 욕설을 한다면, 그것은 거룩한 영의 체험이 아닙니다. 그리고 성령은 모든 사람들로 하여금 서로 복종하게 합니다. 아내는 남편에게, 자식은 부모에게, 또 교인들은 서로서로에게 복종합니다. 은혜를 받고 나서 다른 사람들을 무시하고 업신여긴다면, 그는 악한 영의 조종을 받고 있는 것입니다. 아내가 은혜 받고 남편을 무시한다면 적어도 그것은 성령의 역사가 아닙니다.

그리고 은혜는 서로 질투하거나 투기하지 않습니다. 모세는 두 족장이 예언을 하는 것을 보고 달려온 여호수아를 책망했습니다. 그는 모든 사람이 은혜를 받아서 예언하는 자가 되기를 원한다고 하였습니다. 모세는 하나님의 은혜가 너무나도 커서 어느 누구도 독점할 수 없다는 것을 잘 알고 있었습니다. 누구든지 은혜를 받아서 섬길 수 있습니다. 그러나 독점할 수 없으며 질투하거나 시기해서는 안 됩니다. 그리고 성령의 열매들은 모두 윤리적인 거룩함으로 나타나게 되어 있습니다. 우리가 하나님의 은혜를 받게 되면 그 동안 끊지 못하던 죄의 습관들을 다 끊게 되고 미워하던 사람들을 용서하게 되며 더 큰 은혜의 자리를 향하여 담대하게 나아가게 되는 것입니다. 이 귀한 축복이 모두에게 있으시기를 바랍니다.

JOHN 1

요일 13

(4:7–11)

하나님은 사랑

사람이 다른 사람에게 할 수 있는 가장 위대한 일이 있다면 그것은 그 사람을 사랑하는 것입니다. 사람들은 누구나 이 세상을 살아가면서 한 번씩 이성을 뜨겁게 사랑하는 시기를 거치게 됩니다. 물론 그때는 사랑이 무엇인지도 모르고 마치 열병에 걸린 것처럼 들떠서 이성을 사모하고 그리워하는데 나중에 세월이 지나서 생각해 보면 그래도 그때가 가장 순수했고 아름다웠던 시기였던 것을 알게 됩니다. 이 세상에서 사랑받는 것을 싫어하는 사람은 없을 것입니다. 그리고 사람이라면 누군가를 죽도록 사랑하고 싶은 마음도 있을 것입니다. 그러나 대부분 그런 마음은 있지만 그럴만한 상대를 만나지 못해서 사랑이 불발탄이 될 때가 많습니다. 혹은 어떤 사람은 상대를 만나기는 해도 해서는 안 되는 사랑의 대상을 사랑하는 바람에 불륜의 죄에 빠지기도 합니다.

아마도 모든 사람의 마음속에는 두 가지 상반된 욕구가 자리 잡고 있

는 것 같습니다. 하나는 이 세상에서 순수하고 아름다운 사랑을 해보고
싶은 것과 다른 하나는 성공해서 돈을 많이 벌고 높은 자리에 앉고 싶은
욕심인 것입니다. 즉 하나는 자기가 성공하고 싶은 욕심이고 다른 하나
는 누군가를 사랑하고 싶은 욕심인데 이 두 가지는 완전히 상반된 것입
니다. 즉 성공하려면 다른 사람을 사랑하지 말아야 하고 다른 사람을 사
랑하려고 하면 성공하려고 하는 욕심을 버려야 하는 것입니다. 그러나
대부분의 경우 사랑의 감정은 쉽게 없어지고 성공의 욕망이 한 평생을
지배하게 됩니다.

얼마 전에 신문을 보니까 2차대전 때 한 폴란드 청년이 유대인 여성
을 사랑해서 유대인 수용소에서 구출한 내용이 있었습니다. 즉 이 폴란
드 청년은 수용소 안에서 한 유대인 처녀를 사랑하게 되었는데 이 유대
인 처녀를 구출하기 위해서 세탁소에서 독일군 친위대 옷을 훔치고 자
기가 친위대 장교인 것처럼 가장해 조사할 것이 있는 것처럼 해서 이 유
대인 처녀를 정문을 통과해서 데리고 나간 것입니다. 그 청년은 독일군
을 속이고 수용소 정문을 나갈 때 너무나도 겁이 많이 났지만 유대인 처
녀를 구해야 되겠다는 생각으로 용기를 낸 겁니다. 사랑은 사람을 적극
적으로 만들고 또 담대하게 만듭니다.

사랑 중에서 가장 아름다운 사랑은 모성애입니다. 얼마 전 신문을 보
니까 엄마가 임신 중에 암에 걸리게 되었는데 아기를 살리기 위해서 항
암 치료를 받지 않고 끝까지 견디다가 아기를 낳고 난 후에 죽은 어머니
이야기가 있었습니다. 아기를 가진 엄마들은 몸에 이상이 생기면 자기
가 죽고 아기를 살리는 길을 택한다는 것입니다. 얼마 전 중국 쓰촨 성
에서 지진이 났을 때에도 어느 엄마는 아기를 꼭 끌어안고 죽었는데 아
기는 살아 있었습니다. 엄마는 죽어가면서도 아기에게 편지를 남겼는데
그 내용은 '엄마가 아기를 사랑한다'는 말이고 앞으로도 세상을 씩씩하

게 살아가라는 것이었습니다.

　사람은 사랑받지 못하면 성격이 난폭하게 되고 나중에는 흉악한 범죄자가 되기 쉽습니다. 오래 전에 돈이 아주 많은 부모님이 있어서 아들에게 하고 싶은 것은 다해주었습니다. 그럼에도 불구하고 그 아들은 탈선을 해서 나중에 죄를 짓고 감옥에 갇히게 되었습니다. 부모님은 자기 자식이 도대체 무엇이 부족해서 이런 죄에 빠지게 되었는지 이해가 되지 않았습니다. 그래서 부모님은 감옥에 있는 자식을 찾아가서 '도대체 부모가 너에게 무엇을 해주지 않아서 불만을 가지고 죄에 빠지게 되었느냐'고 물으니까 그 아들이 대답하기를 '아버지는 돈만 주었지 나에게 진정한 관심을 보여주지 않았습니다'라고 대답을 하는 것이었습니다.

　모든 사람은 사랑받기를 원하는데 사랑을 해주는 사람이 없어서 소외감을 느끼고 열등감을 느끼고 자기 상실증에 걸려서 살아가고 있습니다. 그런데 우리 인간들에게 사랑하는 마음을 주신 분이 있습니다. 그분은 바로 하나님이십니다. 그러나 지금 우리 인간들이 가지고 있는 사랑은 온전한 사랑이 아닙니다. 왜냐하면 이것은 자기 생명을 유지하고 종족을 유지하기 위한 본능적인 사랑이지 원래 하나님이 우리에게 주신 사랑이 아니기 때문입니다. 그래서 우리는 다시 하나님의 사랑을 배울 필요가 있습니다.

진정한 사랑은 어떤 것일까?

　오늘날 아마 사랑에 대한 정의만큼 복잡하고 다양한 것은 없을 것입니다. 사람들은 모두 자기 나름대로 사랑의 정의를 가지고 있는 것 같습니다. 의처증을 가지고 있는 남편은 아내를 사랑하기 때문에 아내를 의심하고 또 아내를 때립니다. 이것은 시기심에서 나온 비뚤어진 사랑의 감정입니다. 남학생들은 학교를 다닐 때 자기가 좋아하는 여학생이 있으면 특히 많이 괴롭게 합니다. 그 여학생의 관심을 끄는 여학생을 사랑하는 방식이라고 생각합니다.

그런데 보통 사람들이 사랑이라고 생각하는 것은 누군가에 대하여 좋아하는 감정을 가지는 것을 말합니다. 내가 어떤 사람에 대하여 마음으로 좋은 감정을 가지고 있을 때 그 사람을 사랑한다고 말합니다. 그런데 특히 이성간의 좋은 감정은 상대방을 완전히 소유해서 자기 사람으로 만들고 싶은 욕망이 생기기 때문에 좀 더 특별합니다. 즉 남녀 간의 사랑은 자기가 사랑하는 사람을 완전히 소유하려고 하기 때문에 만약 상대가 다른 사람을 좋아하게 되면 분노의 감정을 가지게 되는데 이것을 질투라고 합니다. 그런데 성경은 진정한 사랑의 원천은 오직 하나님이시라고 말씀하고 있습니다. 즉 우리 인간들이 가지고 있는 사랑은 그 하나님의 사랑이 많이 왜곡되고 변질된 것임을 말씀하고 있습니다.

7-8절 사랑하는 자들아 우리가 서로 사랑하자 사랑은 하나님께 속한 것이니 사랑하는 자마다 하나님으로부터 나서 하나님을 알고 사랑하지 아니하는 자는 하나님을 알지 못하나니 이는 하나님은 사랑이심이라

성경은 오직 하나님만이 유일한 사랑의 원천이라고 말씀하고 있습니다. 여기에는 깊은 이유가 있습니다. 성경이 말하는 사랑이라고 하는 것은 단지 이 사람의 현재의 모습만 보고 좋아하는 것이 아니라 그 사람의 근본적인 모습을 알고 사랑하는 것입니다. 그뿐만 아니라 그 사람이 추하게 변하기 전의 모습을 위하여 자기 자신을 희생하는 사랑이기 때문입니다.

아름답게 생긴 어떤 여성이 잘못된 길에 빠져서 술집 여자가 되었다고 합시다. 그 술집에 오는 남자들이 아무리 이 여자를 사랑한다고 하더라도 그것은 단지 현재의 아름다운 미모 때문에 좋아하는 것이지 그 여자의 원래 모습을 알고 사랑하는 것은 아닙니다. 또 그는 이 여성이 원래의 아름다운 모습을 회복하기 위하여 할 수 있는 것이 아무것도 없습니다. 그러나 부모나 가족들은 이 여성의 옛 모습을 알고 있기 때문에 현재의 모습에 가슴 아파하고 어떻게 해서든지 원래의 상태로 회복시키려고 할 것입니다.

전에 미국에 어떤 여자 교수가 있었습니다. 이 분은 남편과의 사이가 나빠지면서 술을 조금씩 마시게 되었는데 나중에는 알코올 중독자가 되어서 공원에서 쓰러져 있는 것을 누군가가 발견해서 가족에게 알려주었습니다. 가족은 이 여성을 결국 재활 치료를 해서 술을 끊게 하고 정상인으로 만들었습니다. 그러니까 사람들은 다른 사람의 지금의 모습을 가지고 잘 생겼다거나 혹은 마음에 들어서 사랑한다고 하지만 결국 이것은 알코올 중독자를 사랑하는 것 밖에 되지 않는 것입니다. 그러나 하나님은 지금 우리의 모습을 가지고 사랑하시는 것이 아니라 우리가 타락하기 전의 모습을 가지고 우리를 사랑하시는 것입니다. 또 하나님께서는 우리의 회복될 모습을 보시고 사랑하시는 것입니다.

그래서 우리 인간을 진정으로 사랑할 수 있는 분은 오직 하나님 한 분 밖에 없습니다. 왜냐하면 하나님은 우리를 만드신 장본인이기 때문입니다. 하나님께서 우리 인간들을 처음 만드셨을 때 너무나도 좋았더라고 말씀하셨습니다. 하나님이 처음 인간들을 만드셨을 때 우리 인간들은 천사들보다 더 아름다웠습니다. 이것이 우리 인간들의 원래 모습입니다. 지금 인간이 타락한 후에 아무리 외모가 멋있고 아무리 권세와 명예로 장식을 했다고 하더라도 처음 우리의 인간의 모습에 비하면 너무나도 비참한 모습인 것입니다. 하나님께서는 우리 인간들의 변질된 모습에 너무나도 가슴 아파하셨습니다. 그래서 하나님께서는 우리로 하여금 다시금 그 아름답고 영광스러운 모습을 회복할 수 있도록 사랑하는 독생자를 희생시키신 것입니다. 이것이 우리를 향한 진정한 사랑입니다.

우리 모든 인간들은 참으로 존귀하게 창조되었습니다. 우리 인간들 중에서 존귀하지 않은 사람은 아무도 없습니다. 그러나 우리 모든 인간들은 마치 죄의 독약을 마신 것처럼 자기 자신을 잃은 채 방황하면서 살아가고 있습니다. 최근에 신문을 보면 상당히 높은 지위에 있는 분들 중에서 성 추행이나 성을 모욕하는 잘못된 발언을 해서 지위를 박탈당하거나 심지어는 형사처벌까지 되는 것을 보게 됩니다. 그 모든 것이 자기 자신이 얼마나 존귀한지 몰라서 그런 것입니다. 그들은 술을 마셔서 실수했다고 하지만 사실 술이 우리 인간들을 더 미치게 만든다는 것을 알았어야만 하는 것입니다. 하나님의 사랑은 단순한 사람에 대한 관심이나 그들을 소유하려는 사랑이 아니라 하나님께서는 우리 한 사람 한 사람이 얼마나 소중한 사람인지 아시고 우리를 대신해서 자기 아들을 주셨습니다. 하나님께서는 사랑하는 아들을 화목제물로 주심으로 우리의 모든 죄를 다 해결하게 하시고 하나님과 우리 사이를 화해하게 하셨습니다.

사랑할 수 있는 사람

7-8절 사랑하는 자들아 우리가 서로 사랑하자 사랑은 하나님께 속한 것이니 사랑하는 자마다 하나님으로부터 나서 하나님을 알고 사랑하지 아니하는 자는 하나님을 알지 못하나니 이는 하나님은 사랑이심이라

도대체 이 세상에서 다른 사람을 사랑할 수 있는 사람은 누구일까요? 원칙적으로 모든 사람은 다른 사람을 사랑할 수 있습니다. 그러나 우리 모든 사람들이 하는 사랑은 이기적인 사랑입니다. 즉 상대방이 나에게 필요하고 또 나에게 잘 해주기 때문에 사랑하는 것입니다. 그러나 그것은 진정한 사랑이 될 수 없습니다. 예를 들어서 사자도 자기 새끼들에게는 잘 해줄 것입니다. 어미 사자가 새끼 사자를 사랑으로 감싸주기도 하고 먹이를 사냥해서 주기도 합니다. 그러나 그것은 어디까지나 종족 보존의 본능에서 사랑하는 것이지 사자가 사랑이 많은 짐승은 아닌 것입니다. 마찬가지로 인간의 사랑에도 이기적인 사랑이 있고 이타적인 사랑이 있는데 이기적인 사랑은 본능적인 사랑밖에 되지 않는 것입니다. 우리가 이타적인 사랑을 하려고 하면 상대방의 가치를 알아야 합니다.

오늘 본문에는 두 종류의 사람이 있다고 말씀하고 있습니다. 하나는 하나님께 속해서 하나님의 사랑을 아는 자이고, 다른 하나는 하나님도 모르고 사랑도 모르는 자인 것입니다.

여기서 우리는 두 가지를 생각하게 됩니다. 하나는 사람의 가치이고 다른 하나는 사람의 이익입니다. 예를 들어서 두 사람이 있는데 한 사람은 사랑을 알고 다른 한 사람은 사랑을 모른다고 합시다. 그러면 결국 누가 손해를 보게 될까요? 그것은 당연히 사랑을 아는 사람입니다. 왜냐하면 다른 사람을 사랑한다는 것 자체가 자기희생을 전제로 하는 것이기 때문에 다른 사람을 사랑하면 손해를 보게 될 것입니다. 그러나 사람의 가치를 두고 생각을 해 보면 사랑을 아는 사람이 훨씬 가치가 있고 사랑을 모르는 사람은 사실 가치가 없게 느껴질 것입니다. 즉 내가 손해를 보지 않으면 사랑하지 않고 이기적으로 살면 되는 것이고 내가 가치 있게 살려고 하면 손해를 보고 사랑을 해야 합니다.

그런데 하나님께서는 완전히 손해를 보시면서 우리를 사랑하셨습니다. 하나님은 사랑을 모르는 우리 인간을 사랑하셨기 때문에 아들이 죽어야만 했습니다. 인간들은 하나님의 사랑을 몰랐기 때문에 독생자를 죽였습니다. 그럼에도 불구하고 하나님의 사랑이 우리를 이렇게 바꾸어 놓았습니다. 결국 우리가 다른 사람을 사랑하면 손해는 보겠지만 결국 사람을 바꾸어놓게 됩니다.

여기서 '하나님께로 난 자'라고 하는 것은 거듭난 자를 말합니다. 예수님을 믿음으로 하나님의 백성이 된 자들의 특징은 인간의 가치를 아는 자라는 것입니다. 우리 인간들은 모두 하나님의 형상으로 만들어진 자입니다. 그래서 우리 인간이 아무리 악하고 못생긴 사람이라도 그 사람 안에는 너무나도 존귀한 하나님의 형상 있습니다. 단지 사람들은 자신의 뿌리를 알지 못하기 때문에 더러운 탐욕을 위하여 살고 있는 것입니다. 술이 취해서 행패를 부리는 사람들을 보면 인간의 가치가 너무나도 떨어진다는 생각이 들것입니다. 그러나 그런 사람들도 얼마든지 정신을 차리기만 하면 정상적인 사람이 될 수 있고 특히 그들에게 하나님의 은혜가 임하면 완전히 변하여 새사람이 될 수 있습니다. 하나님의 은혜는 짐승 같은 자를 천사와 같은 자로 만드는 능력이 있습니다. 그래서 우리 인간은 얼마든지 투자할 가치가 있는 자인 것입니다. 단 한 사람의 영혼이라도 건져서 하나님의 백성으로 만들어 놓으면 천하보다 더 큰 것을 얻은 것입니다.

하나님께서는 우리 인간들을 건지시기 위하여 모든 것을 다 희생하셨습니다. 하나님은 누군가를 살린다고 하면 자신의 모든 것을 다 희생하십니다. 하나님의 시간, 하나님의 계획, 하나님의 자존심, 하나님의 모든 것을 다 희생시키십니다.

오늘 우리 믿는 자들에게는 새로운 인식이 필요합니다.

우선 첫째로 이 세상에서 가장 위대한 것은 성공이 아니고 사랑하는 것입니다. 예수님께서 가장 존귀하신 이유는 그가 가장 많이 자신을 버리셨기 때문입니다. 예수님은 우리를 사랑하셔서 하늘 보좌에서 지옥까지 낮아지셨습니다. 그렇게 낮아지신 분이 아무도 없습니다. 원래 지옥에 가야 할 자들이 지옥에 떨어졌다면 희생이 아닙니다. 그러나 예수님은 지옥에 가실 수 없는 분이요, 지옥의 고통을 당해야 할 이유가 전혀 없는 분이신데 우리를 위해서 희생하셨습니다. 그래서 하나님께서는 예수님을 지극히 높이셔서 모든 천사들과 모든 것이 그 발아래 무릎을 꿇게 하셨습니다.

그래서 우리의 새로운 기준은 바로 이것입니다. 즉 우리는 형제를 위하여 무엇을 포기했는가? 무엇을 잃어버렸는가? 무엇을 놓쳤는가 하는 것입니다.

또한 우리 인간의 힘으로는 다른 사람을 제대로 사랑할 수 없다는 사실입니다. 왜냐하면 우리는 모두 이기적인 존재들이기 때문에 나 중심으로 다른 사람을 사랑할 수밖에 없습니다. 그러나 하나님이 우리에게 은혜를 주시면 다른 사람을 그 사람을 위해서 사랑할 수 있습니다. 그래서 우리가 다른 사람을 사랑하기 위해서는 계속적인 은혜의 공급이 필요합니다. 우리의 모든 사랑의 능력은 나의 것이 아니라 전부 하나님으로부터 온 것입니다. 우리가 다른 사람을 사랑할 때 단순히 동정심으로 사랑하는 것이 아닙니다. 우리가 다른 사람을 사랑할 때 하나님은 그런 사랑을 할 수 있는 마음과 물질 그리고 계속 할 수 있는 힘을 다 공급해 주십니다. 우리가 하나님을 의지할 때 이런 사랑은 고갈되는 법이 없습니다. 그래서 우리가 다른 사람을 사랑하면 할수록 우리 자신이 더욱 풍성해집니다. 그러나 다른 사람을 사랑할 수 있는 기회가 있음에도 불구하고 사랑하지 않는 사람은 점점 더 사랑이 없어지게 되고 믿음이 고갈될 것입니다. 우리가 다른 사람을 사랑하면 오병이어의 기적을 행하고 남은 부스러기만 열두 광주리가 되는 것입니다.

하나님께서 공급하시는 힘은 거의 무한대입니다. 그의 뜻대로 구하는 모든 것을 들어주실 것입니다. 그러나 그것은 반드시 나의 희생이라는 통로를 통해서 공급됩니다. 희생하기 싫어하는 사람은 그런 은혜를 체험할 수도 없습니다.

세 번째로 진정으로 하나님을 닮은 사람의 특징은 남을 먼저 사랑하는 것입니다. 하나님은 우리가 전혀 사랑받을 자격이 없음에도 불구하고 우리를 사랑하셨습니다. 누군가 하나님께 왜 이 사람들을 사랑하셨습니까라고 물으면 '그저 내가 사랑하고 싶기 때문에 사랑한거야'라고 대답하실 것입니다. 하나님께서는 우리에게 무엇인가 대가를 기대하고 사랑하시지 않으셨습니다. 우리가 다른 사람을 사랑할 때에도 그 사람이 그럴만한지 그렇지 않은지는 중요하지 않습니다. 우리는 사랑하고 싶기 때문에 사랑하는 것뿐입니다. 거기에 다른 이유는 없습니다. 하나님의 자녀들은 다른 사람을 먼저 사랑합니다. 이들은 이유도 없이 먼저 사랑을 해버립니다. 이들은 먼저 찾아가서 말을 걸고 용서를 구합니다. 이것이 하나님의 자녀의 특징인 것입니다.

사랑의 방법

우리의 사랑의 본이 되는 것은 이 세상 사람들이 사랑하는 것이 아니라 하나님께서 우리를 사랑하신 것입니다.

9절 하나님의 사랑이 우리에게 이렇게 나타난 바 되었으니 하나님이 자기의 독생자를 세상에 보내심은 그로 말미암아 우리를 살리려 하심이라 하나님께서는 우리를 살리는 목표를 가지고 사랑하셨습니다. 우리가 사는 것이 하나님의 사랑의 목표입니다. '그로 말미암아 우리를 살리려 하심이라' 하나님의 사랑의 목표는 죽었던 우리가 그리스도를 통하여 생명을 얻어서 살아있는 존재가 되는 것입니다.

우리가 다른 사람을 진정으로 사랑하는 것은 그 사람을 내 마음에 드는 사람으로 만드는 것이 아니라 자신의 가치를 회복할 수 있도록 도와주는 것입니다. 즉 우리가 다른 사람을 사랑하는 것은 그들이 나에게 필요하거나 혹은 내 마음에 들도록 하기 위해서가 아닙니다. 우리의 목표는 각 사람이 자신의 가치를 되찾는 것입니다. 그렇게 하려면 먼저 그들에게 하나님의 말씀이 필요하고 우리는 다른 사람에 대하여 정직한 자세가 필요합니다. 즉 우리가 궁극적으로 원하는 것은 우리에게 일어났던 것과 같은 놀라운 하나님의 은혜가 다른 사람들에게도 임하는 것입니다. 즉 그들도 예수를 믿어서 하나님의 백성이 되는 것입니다. 그러나 세상 사람들은 이 세상으로 충분하다고 생각하기 때문에 그런 진리를 원치 않습니다. 그래서 우리 그리스도인들은 먼저 다른 사람들 자체가 참으로 가치 있는 자라는 것을 알게 해줄 필요가 있습니다.

그래서 우리 그리스도인들이 다른 사람에 대한 가장 중요한 태도는 그들을 진실하게 대하는 것입니다. 우리가 다른 사람이 돈이 있다고 해서 아부하거나 혹은 가난하다고 해서 무시하지 않고 있는 그대로 대할 때 다른 사람들은 자신의 진정한 모습을 발견하게 될 것입니다. 사람들은 자신을 볼 수 있는 거울이 다른 사람이 자기를 대해주는 태도입니다. 다른 사람이 자기를 사랑으로 대해주면 자기에 대하여 아름다운 모습을 보게 되는데, 다른 사람에게 자기를 화를 내면서 대하면 아주 못생긴 모습을 보게 될 것입니다. 그런데 사람들이 다른 사람을 대하는 태도는 자기 기분이나 감정에 따라서 너무나도 심하게 변덕을 부리기 때문에 마치

'요술 거울'을 보는 것과 같습니다. 어떤 때에는 머리가 크게 보이다가 어떤 때에는 엉덩이가 크게 보이는 것입니다. 그런데 그리스도인들이 다른 사람에 대하여 한결같은 태도로 대할 때 사람들은 진정한 자신의 모습을 발견하게 될 것입니다. 다른 사람을 대할 때 나의 기분이나 나의 욕심으로 대한다면 그를 진정으로 사랑하지 않는 것입니다.

또 누구든지 사랑을 하려면 손해를 보게 되어 있습니다. 하나님은 우리를 사랑하시기 위해서 모든 것을 희생하셨습니다. 자신이 손해를 보지 않으면서 다른 사람을 사랑한다는 것은 불가능한 일입니다.

알버트 슈바이쳐 박사는 청년의 시기에 '부자와 거지 나사로' 설교를 듣고 큰 은혜를 받았습니다. 그래서 그 당시 거지 나사로와 같은 아프리카 사람들을 도와야겠다고 생각해서 서른이 넘은 나이에 다시 의학 공부를 해서 그 당시 미개하고 비참했던 대륙 아프리카에 의사로 가게 됩니다.

어떤 여학생은 참 마음이 착했습니다. 그랬더니 선생님께서 늘 장애인과 짝을 시켜주시는 것이었습니다. 언제나 장애인과 짝을 하는 바람에 다른 정상적인 친구들과 사귈 수 없었습니다. 그의 바람은 자기도 정상적인 아이들과 신나게 놀아보는 것이었습니다. 그런데 다음 학기에도 자신의 짝은 다리를 잘 쓰지 못하는 아이였습니다. 이 아이는 모든 것이 느렸습니다. 그녀는 드디어 집에 돌아와서 울음을 터뜨렸습니다. 늘 장애 친구와 짝이 되는 바람에 좋은 친구들을 다 놓쳤다는 것입니다. 그러나 엄마와 대화를 나누는 가운데 다른 장애를 가진 아이의 친구가 되어 주는 것이 얼마나 큰 축복인지 알았습니다. 희생이 없으면 장애인의 친구가 되어 줄 수 없습니다.

특히 사랑은 다른 사람을 믿어주고 인정해주는 것입니다. 우리 사회에서는 공부를 못하는 청소년들에 대한 편견이 심한 편입니다. 청소년들 중에는 모범적이고 공부 잘하는 청소년들도 있지만 거칠고, 반항적이고 공부를 못하는 청소년들도 있습니다. 그러나 모든 청소년들의 마음속에는 누군가가 자기를 믿어주고 이해해주기를 바라는 마음이 있습니다.

하나님께서는 우리에게 살릴 영혼을 맡겨 주십니다. 우리는 그들의 반응을 보지 말고 그들이 욕을 하든지 칭찬을 하든지 개의치 말고 오직 처음에 가졌던 뜻을 끝까지 밀고 나가야 합니다.

이것을 위해서 우리는 기도하는 것이 필요합니다. 우리는 다른 사람에게 진정으로 필요한 것이 무엇인지 알지 못합니다. 그러나 하나님께 기도를 드리면 가장 좋은 방법으로 돕게 하십니다. 그뿐만 아니라 우리가 남을 사랑할 수 있는 모든 힘은 주님으로부터 옵니다. 우리는 나의 것으로 이 일을 하지 않습니다. 예수님도 아버지께서 주시는 힘으로 이 모든 일을 하셨습니다. 그래서 계속적으로 기도를 해야 합니다. '구하라 그리하면 너희에게 주실 것이요 찾으라 그러면 찾을 것이요 문을 두드리라 그리하면 너희에게 열릴 것이라'고 약속하셨습니다. 다른 영혼을 살리기 위한 이 일에는 반드시 사탄의 집중적인 공격이 있습니다. 중요한 일은 모두 다 어렵고 심한 반대와 희생이 따릅니다. 최종적으로 우리가 줄 수 있는 가장 귀한 선물은 우리의 생명이라는 사실을 알아야 합니다. 결국 우리의 생명까지 바쳐지게 될 것입니다. 자신의 생명까지 다른 사람을 위해서 줄 수 있는 사람이 가장 위대한 사람입니다.

JOHN 1

요일 14
(4:12-16)

놀라운 연합

　사랑하는 남녀가 결혼을 하게 되면 따로 따로 살던 것을 청산하고 합쳐서 하나가 됩니다. 우리가 생각하기에는 두 사람이 살던 것을 하나로 합치면 모든 것이 훨씬 줄어들 것 같습니다. 그러나 부부 사이에는 신비로운 연합이 있어서 하나가 되어 있는 것이 둘이 따로 따로 있는 것보다 훨씬 더 안정적이고 행복하고 능력 있는 삶을 살게 됩니다. 마찬가지로 우리 예수 믿는 사람들은 이 세상에서 힘도 없고 지혜도 모자라는 것 같습니다. 어떤 때에는 우리가 예수를 믿지 않고, 하나님을 의지하지 않고 사는 것이 더 능률적으로 살 수 있을 것 같습니다. 그러나 우리와 하나님 사이에는 신비로운 연합이 있어서 우리가 한 사람이 아니라 하나님과 함께 하는 삶을 살아가게 됩니다.
　때때로 동물의 왕국 같은 프로를 보면 열대 들판에서 사자나 표범 같은 맹수들은 언제나 초식동물인 노루나 사슴들을 잡아먹고 삽니다. 그러면 우리의 상식으로는 열대 지방에서는 사자나 표범 같은 맹수들만 살아남고 노루나 사슴 같은 초식동물들은 다 멸종해야 하는데 그렇지 않고 언제나 일정한 수가 유지되는 것을 볼 수 있습니다. 그 이유는 아무리 사자나 표범 같은 맹수라 하더라도 수가 무한정으로 늘어나지 않고 제한되어 있기 때문입니다. 그 대신에 초식동물들은 굳이 사냥을 하지 않아도 그 넓은 벌판에 널려 있는 풀들이 모두 초식동물들의 양식이기 때문입니다. 그리고 또 초식동물들은 사자나 표범과 같은 맹수들의 공격이 있어야 긴장을 유지하면서 건강하게 살아남게 된다고 합니다. 우리 그리스도인들은 예수를 믿으면서 맹수 같은 사람들이 모두 양과 같이 변한 사람들입니다. 우리는 예수를 믿으면서 우리의 사나운 성격도 포기하고 세상적인 야망도 포기하고 인간적인 자랑도 버렸습니다. 그렇다면 우리 그리스도인들은 이 세상에서 다른 사람들에게 먹혀서 살아남지 못하는 것이 정상일 것입니다. 오래전에 상영되었던 쿼바디스 같은 영화를 보면 예수 믿는 사람들이 로마 군인들에게 붙들려서 원형 경기장에서 맹수들에게 물려 죽기도 하고 불에 타 죽기도 합니다. 그런데 놀라운 것은 그런 환란과 핍박 가운데서도 기독교는 더 부흥이 되었고 예수 믿는 사람들은 더 능력 있는 사람으로 만들어져가는 것이 사실입니다. 그 이유가 어디에 있을까요? 예수 믿는 사람들은 눈에 보이지 않는 한 분이 그들과 함께 하시기 때문입니다. 즉 하나님이십니다.

예수님의 제자들이 갈릴리에서 예수님과 함께 있을 때 그들은 가난했고 아무 힘이 없었습니다. 그러나 제자들은 예수님이 계셨기 때문에 어느 누구보다 능력 있는 기적의 삶을 체험할 수 있었습니다. 제자들은 예수님이 계셨기 때문에 예수님께서 수많은 병자들을 고쳐주셨고 귀신들린 정신병자들을 낫게 해주셨으며 또 수많은 기적으로 하나님의 능력을 체험하게 해주셨습니다. 제자들은 예수님이 그들과 함께 계셨기 때문에 갈릴리 촌구석에 있었지만 세계에서 가장 능력 있는 사람으로 살 수 있었습니다. 그러나 예수님이 십자가에 죽으시고 부활하신 후 제자들을 떠나 하늘로 올라가셨습니다. 그런데 제자들은 그들이 함께 모였을 때 마치 갈릴리에서 예수님이 그들과 함께 계셨을 때와 같은 능력을 체험하게 되었습니다. 이것이 바로 세상 사람들은 이해할 수 없는 그리스도인들의 신비인 것입니다. 만약 우리가 이 세상에서 우리의 힘만으로 살아야 한다면 우리는 모두 실패할 수밖에 없을 것입니다. 그러나 우리에게는 하나님의 능력이 있고 부활하신 예수님이 함께 계십니다.

하나님이 함께 하시는 사람들

12절 어느 때나 하나님을 본 사람이 없으되 만일 우리가 서로 사랑하면 하나님이 우리 안에 거하시고 그의 사랑이 우리 안에 온전히 이루어지느니라

이 세상에서 하나님을 눈으로 직접 본 사람은 아무도 없었습니다. 그래서 많은 사람들은 하나님은 없다고 주장하기도 합니다. 바로 이것이 다윗과 골리앗의 싸움이기도 하였습니다. 블레셋 장수 골리앗은 자기 힘만 믿었습니다. 골리앗은 거인이었고 힘이 세었으며 격투기에 최고의 실력을 가진 사람이었습니다. 거기에 비해서 다윗은 소년이었고 키도 작았고 힘도 세지 못했습니다. 그러나 다윗은 골리앗을 향해서 '너는 창과 단창을 가지고 내게 나아오지만 나는 만군의 하나님 여호와의 이름으로 네게 가노라' 하면서 물맷돌을 던졌는데 그 물맷돌이 골리앗의 이마에 박히면서 골리앗이 죽었던 것입니다. 하나님은 사람들의 눈에 보이지 않지만 분명히 계십니다. 더 중요한 것은 하나님은 그냥 계시기만

하신 것이 아니라 예수 믿는 사람들과 함께 하시는 것입니다.

오늘 말씀은 우리가 어떻게 하면 하나님의 능력을 나의 능력으로 만들 수 있느냐 하는 것입니다.

여기서 우리에게 중요한 것은 '하나님의 사랑이 우리 안에 거하시고 그의 사랑이 우리 안에 온전히 이룬다'는 말씀입니다. 우리에게 두 가지 비밀을 말씀하고 있습니다. 하나는 하나님의 능력이 우리 안에 있게 하는 것입니다. 그리고 두 번째는 하나님의 능력이 그냥 있는 것이 아니라 우리 안에서 더 완전해지는 것입니다. 이 두 가지야말로 우리가 이 세상에서 능력 있는 신앙생활을 하는데 아주 중요한 것입니다.

우선 우리가 하나님의 능력을 내 능력으로 만들려고 하면 다른 것을 붙들어서는 안 됩니다. 우리가 신비적인 체험을 붙들거나 혹은 많은 선행을 하거나 혹은 금식을 한다고 해서 하나님의 능력이 나의 능력이 되는 것은 아닙니다. 여기서 '하나님의 사랑이 우리 안에 거한다'고 하는 것은 하나님의 사랑이 다른 곳에 있지 않고 우리 안에 독점적으로 있는 것을 말합니다. 예를 들어서 우리가 어떤 명품 물건을 사려고 하면 반드시 그 제품을 파는 회사의 대리점에 가야 합니다. 왜냐하면 다른 곳에는 그 물건을 팔지 않기 때문입니다. 마찬가지로 우리 안에 하나님의 능력이 나타나려고 하면 다른 것을 붙들어서는 안 되고 반드시 하나님의 말씀만을 붙잡아야 합니다. 우리가 하나님의 말씀만 붙들면 어느 순간 하나님의 말씀이 살아 있는 말씀이 되어서 움직이기 시작합니다. 어떤 때는 그 날에 성경 읽고 적용한대로 일이 이루어지기도 합니다. 그리고 어떤 때에는 기도하면 기도가 응답되기도 합니다. 다윗이 골리앗을 이길 수 있었던 것도 다윗이 다른 것을 붙잡지 않고 하나님의 말씀만 붙잡았기 때문에 하나님의 말씀이 살아 움직이는 체험을 했기 때문입니다. 그러나 우리는 이것만으로는 하나님의 사랑이 온전히 이루어졌다고 말할 수 없습니다. 다윗도 골리앗을 죽인 후에 이스라엘의 영웅이 되었지만 얼마 후 사울왕의 시기를 받아서 결국 자리에서 쫓겨나서 도망자 신세가 되고 맙니다. 여기에서 중요한 것은 '우리가 서로 사랑하면'이라는 것입니다. 즉 이것은 내가 개인적으로 하나님을 사랑하고 하나님의 말씀을 붙드는 것이 아니라 같은 믿음의 형제 자매들이 모여서 함께 하나님의 말씀을 사랑하며 공동체를 이루는 것을 말합니다. 다윗도 그 무서운 환란 가운데 살아남을 수 있었던 것은 억울한 일을 당해서 다윗을 찾아왔던 사백 명의 사람들이 있었기 때문입니다. 다윗은 그들을 도와야겠는데 인간적으로는 가진 것이 없으니까 하나님의 말씀을 가지고 가르치고 위로했습니다. 다윗이 그렇게 했을 때 그들은 다 살 수 있었고 나중에 다윗은 이스라엘의 왕이 되었습니다.

예를 들어서 남자나 여자나 결혼하기 전에는 무엇인가 약하고 부족합니다. 특히 여성들의 경우에는 누구든지 가까이 할 수 있다고 생각하기 쉽고 남자도 혼자 있으면 무엇인가 어설퍼 보이고 부족해 보입니다. 그러다가 두 사람이 결혼을 하게 되면 서로가 서로를 지켜주기 때문에 어느 누구도 파고 들어갈 수 있는 틈이 없어집니다. 결혼한 여성은 뒤에 남편이라는 든든한 반석이 있기 때문에 아무도 우습게 여길 수 없습니다. 또 남편도 눈에 보이지 않아도 아내라고 하는 불꽃같은 눈으로 감시하고 지켜주는 사람이 있기 때문에 외롭지 않습니다. 그리고 그 가정에 아이가 생기게 되면 이제는 더 부족한 것이 없습니다. 왜냐하면 미래의 소망이 있기 때문입니다. 가정을 하나 되게 하는 것은 사랑이고 신뢰입니다. 식구들끼리 서로 사랑하지 않는 가정은 아무 힘이 없습니다. 가정은 시간이 가면 갈수록 사랑이 더 완전해지게 되어 있습니다.

우리 크리스천들은 각 사람의 생명이 하나님과 연결되어 있어서 말할 수 없는 신비가 있지만 우리가 교회로 모이게 되면 개인이 체험하는 것과는 엄청나게 다른 하나님의 신비로운 능력을 체험하게 됩니다. 그것이 바로 '우리가 서로 사랑하면'이라는 것입니다.

오늘 우리 주위에 교회에서 상처를 받았다는 사람들을 많이 만나게 되고 또 어떤 경우에는 교회를 잘 선택하지 못하겠다는 말을 들을 때도 있습니다. 그러나 그것은 교회가 정상적인 상태가 아니어서 그런 것입니다. 우리가 서로 사랑하지 못하기 때문입니다. 우리가 서로 사랑한다고 하는 것은 두 가지 의미를 가집니다. 그 하나는 교회가 모일 때 반드시 하나님의 말씀 중심으로 모이는 것을 말합니다. 우리가 세상적인 성공이나 명예를 가지고 모이는 것은 서로 사랑하는 것이 아닙니다. 혹은 교회의 권위를 위해서 모이거나 혹은 관습이나 전통에 얽매여서 모이는 것도 서로 사랑하는 것이 아닙니다. 우리가 하나님을 사랑한다면 반드시 하나님의 말씀 중심으로 모이게 되어 있습니다. 그리고 또 다른 하나는 다른 사람을 나보다 낫게 생각하는 것입니다. 우리가 모이기는 모이되 남을 판단하고 정죄하는 마음으로 모인다면 서로 사랑하는 것이 아닙니다. 우리가 모이되 다른 형제와 자매를 마치 예수님을 대하는 심정으로 대할 때 우리는 무엇인가 우리만 모인 것이 아니라 우리 안에 다른 한 분이 더 계신 것을 느끼게 될 것입니다. 바로 그분이 하나님이시고 예수님이십니다. 마치 제자들이 갈릴리에 모였을 때 예수님께서 그들에게 말씀을 가르치시고 기적을 행하시며 병을 낫게 하셨던 것처럼 우리들 가운데도 그런 일이 일어나게 되는 것입니다. 무엇인가 말할 수 없는 감동이 일어나고 하나님의 충만한 은혜가 임하는 것을 체험할 수 있습니다. 이것이 바로 우리 그리스도인들이 가지는 신비입니다.

믿지 않는 사람들이 보기에는 그리스도인들은 왜 그 아까운 시간을 쉬거나 돈 버는 데 쓰지 않고 모여서 예배드리는지 이해가 되지 않을 것입니다. 그러나 우리는 우리끼리 모이는 것이 아니라 하나님을 모시고 모이는 것입니다. 우리는 여기서 하나님의 모든 능력을 다 체험하게 됩니다.

그리스도인들이 모여서 하나님을 찬송하고 기도할 때에 세상 사람들이 모였을 때 느끼는 것과는 전혀 다른 강한 힘을 느끼게 됩니다. 그것이 바로 하나님께서 그 백성들에게 나타나시는 것입니다. 하나님께서는 우리 눈에 보이게 임하시지 않으십니다. 우리 눈에는 아무것도 보이지 않는데 이상하게 우리 마음속에는 세상 사람들이 알지 못하는 강한 힘을 느끼게 되는 것입니다. 믿는 사람들은 예배를 드리는 가운데 하나님께서 우리를 이 세상 그 어떤 것보다 사랑하신다는 것을 느끼게 됩니다. 그리고 하나님께서 우리를 보호하시며 지켜주시며 인도하신다는 것을 느끼게 됩니다. 더 놀라운 것은 하나님께서 우리 각자의 마음속에 은혜와 축복을 내려주시기 때문에 아무도 부족함을 느끼지 않는다는 사실입니다.

그리스도인들의 모임은 하나님의 사랑이 공급되는 신비로운 샘물입니다. 여기에 오는 자마다 자기 자신이 하나님 앞에서 얼마나 소중한 사람인지 깨닫게 됩니다. 자기가 소중하니까 이제는 더 이상 다른 것들이 필요하지 않습니다. 이전에는 다른 많은 것을 가짐으로 자신의 가치를 인정받으려고 했는데 이제는 더 이상 다른 사람의 인정을 받을 필요가 없습니다. 그뿐만 아니라 우리가 모일 때 하나님께서는 모든 사람들에게 더 많은 사랑을 내려주십니다. 그래서 누구든지 그리스도안에 있는 자들은 하나님께서 자기에게 주실 아름다운 삶이 있고 풍성한 삶의 몫이 있다는 것을 알아야 합니다. 그런데 이 하나님의 사랑은 '온전히 이루어지는' 사랑입니다. 즉 우리 한 사람이 하나님의 사랑으로 보석같이 만들어지는 사랑인 것입니다. 우리는 더 풍성해지고 더 능력 있게 변화됩니다. 부흥의 능력은 더욱더 커지게 됩니다.

그래서 우리는 결코 이 진리의 샘물을 나의 욕심으로 막아서는 안 됩니다. 즉 이 신비의 샘물을 흐리게 하거나 혹은 물이 더 이상 나오지 못하게 막아버리면 우리는 결국 다 죽게 되고 맙니다.

　팔레스타인에 보면 우기에는 많은 물웅덩이들이 있습니다. 그러나 건기가 되면 그 웅덩이들의 물은 다 말라버리고 맙니다. 그런데 끝까지 물이 마르지 않는 것은 샘밖에 없습니다. 오늘 우리들이 이 세상에서 멸망하지 않고 끝까지 풍성한 삶을 살기 위해서는 이 말씀의 샘물을 지키는 일을 해야 합니다. 하나님의 말씀보다 다른 것을 더 좋아하면 이 샘물은 막혀 버립니다. 세상의 가르침을 좇거나 교만하여 죄를 짓고도 회개하지 않으면 이 샘물은 말라버립니다. 우리가 지속적으로 하나님 앞에 겸손하게 엎드려 기도하면서 은혜를 간구하지 않으면 이 샘물은 막혀버립니다. 이 샘물만 지키면 세상도 살 수 있습니다. 왜냐하면 하나님의 은혜가 세상으로 흘러가기 때문에 마치 에스겔이 환상에서 본 것처럼 성전 문지방에서 흘러내린 생수가 나중에는 강이 되어서 죽음의 바다를 살리는 것입니다.

성령으로 하나되게 하심

　우리가 예수를 믿어도 예수님은 눈에 보이지 않기 때문에 우리는 이 세상을 살아가는데 상당히 어려울 때가 많습니다. 예수님이 계시면 예수님에게 병도 낫게 해 달라고 할 수 있고 기적도 행하게 해 달라고 할 수 있는데 예수님이 안계시기 때문에 우리는 혼자서 무엇을 어떻게 해야 할지 모를 때가 많습니다.

　누구든지 처음 대학에 입학을 하면 수강신청하는 방법을 몰라서 애를 많이 먹게 됩니다. 그런데 친절한 선배를 만나서 어느 과목을 들으며 어떻게 수강신청을 하는지 물어볼 수 있으면 굉장히 유리할 것입니다.

예수님은 육체로는 우리와 함께 계시지 않지만 성령을 우리 안에 주셔서 예수님이 계실 때보다 우리를 더 지혜롭게 만들어주십니다.

13절 그의 성령을 우리에게 주시므로 우리가 그 안에 거하고 그가 우리 안에 거하시는 줄을 아느니라

만일 어떤 사람이 돈은 아주 많은데 식물 인간으로 병원에 누워 있다면 그 돈이 아무 소용이 없을 것입니다. 차라리 그런 돈이 없어도 의식을 차리고 건강하게 이 세상에서 사는 것이 훨씬 더 행복한 일이 될 것입니다.

인간이 하나님을 모를 때에는 식물 인간과 같은 상태에 있습니다. 우리는 겨우 생존만 할뿐 하나님도 모르고 내 자신도 모르면서 살아갑니다. 그러다가 예수를 믿으면서 우리 안에 하나님의 생명이 공급되게 됩니다. 이것은 마치 의식을 잃었던 자가 의식을 회복해서 다시 살아나는 것과 같습니다. 이것을 할 수 있는 분이 오직 성령 한 분밖에 없는 것입니다.

지금 모든 인간들은 미친 광기에 빠져 있습니다. 우리 인간들이 평소에는 극히 정상적인 것 같지만 어떤 충동을 받게 되면 걷잡을 수 없이 분노하거나 집착을 하게 됩니다. 그러니 성령님은 이것을 고쳐주십니다.

성령님의 가치는 이 세상에 있는 모든 돈과 다이아몬드를 다 합쳐도 비교가 되지 않는 것입니다. 그래서 이 세상에서 가장 복 받은 사람들은 바로 마음속에 하나님의 성령이 계신 사람입니다. 이 사람들은 마귀에게 도둑맞았던 인생을 도로 찾았을 뿐 아니라 무한히 가치 있는 삶을 살수 있는 능력을 받은 사람들입니다.

원래 하나님께서는 사람들을 천사로 만드셨습니다. 하늘의 천사는 몸이 없는 천사요 우리 인간들은 몸을 가진 천사들이었습니다. 그런데 우리 인간들이 죄를 범함으로 짐승같이 되어버렸습니다. 이제 우리 안에 성령이 임하심으로 우리는 천사보다 더 존귀하게 되었고 이 몸으로 하나님께 영광을 돌리게 된 것입니다. 특히 성령님은 우리 인간의 속사람을 치료하시는 분이십니다. 우리 인간들은 몸만 병이 든 것이 아니라 정신도 병이 들고 마음도 병이 들었습니다. 그런데 육체가 병드는 것은 병원에 가서 치료를 받을 수 있지만 정신이 병들고 마음이 병든 것은 한평생 그냥 그대로 참으면서 살아갑니다. 얼마나 많은 사람들이 정신적인 질병으로 고통을 받으며 우울증으로 고통을 받는지 모릅니다. 그런데 이런 병을 치료하기 위하여 사용하는 방법은 모두 증세를 완화시켜주는 것뿐이지 정작 치료할 수 있는 것은 못됩니다. 그러나 성령님은 사람의 병든 마음을 치료해 주십니다. 성령님은 우리 안에 있는 열등감이나 우울증이나 정신적으로 병든 것들을 모두 치료해주시는데 병들기 전보다 더 건강하게 치료해주십니다.

특히 지금 세상은 사람의 마음이 너무나도 병들기 쉽습니다. 예를 들어서 다른 사람들이 쏟아놓는 분노에 찬 말들은 우리 마음을 심하게 상하게 합니다. 그래서 어떤 때에는 마음속에 피를 흘리면서 교회에 올 때도 있을 것입니다. 때로는 자신의 기질 때문에 스스로가 상처를 입을 때도 있습니다. 혹은 말씀에 불순종하고 죄를 지음으로 양심의 고통으로 심한 상처를 입을 때도 있습니다. 특히 이 세상의 죄악의 불은 용광로보다 더 뜨거워서 우리의 영혼을 다 태우려고 할 때도 있습니다. 그러나 성령님께서는 우리 안의 상처를 치료하시고 세상의 죄의 불길이 우리를 태우지 못하도록 지켜주십니다.

그뿐만 아니라 우리는 한 번도 살아보지 않은 세상을 살아가고 있기 때문에 우리 앞에 무엇이 놓여있는지 어떤 어려움이 우리를 기다리고 있는지 전혀 알지 못합니다. 산이나 광야에서 길을 잃어버리면 결국 열심히 돌아다니기는 하지만 제 자리를 맴돌든지 아니면 점점 더 깊은 곳으로 들어갈 수가 있습니다. 우리는 지금 우리가 걸어가고 있는 미래에 무엇이 기다리고 있는지 알지 못합니다. 그러나 성령님께서는 구름 기둥과 불기둥으로 우리의 발걸음을 인도하셔서 실족하거나 억울한 죽임을 당하지 않게 지켜주십니다. 때로는 예수님을 따라 가다보면 사망의 음침한 골짜기를 지나갈 때도 있습니다. 그러나 실제로는 그 길이 생명의 길인 것입니다. 자기 생각에 너무 많이 헤매었다고 생각되지만 나중에 알고 보면 그 길이 지름길이었던 것을 알게 됩니다.

그래서 예수님께서는 성령이 오시기를 얼마나 간절하게 기다리셨는지 모릅니다. 사람이 변하는 것은 모두 성령의 능력과 치료로 이루어지는 것이고, 이것보다 더 위대한 일은 없습니다. 하나님께서는 우리를 사랑하셔서 가장 위대한 의사이며 교사를 우리에게 주셨습니다. 우리가 늘 의지하고 도움을 받을 수 있도록 이 거룩한 영을 선물로 주셨습니다.

특히 성령님께서는 하나님 앞에서 우리의 모든 기도를 대변해 주십니다. 우리들이 기도할 때 마치 어린아이의 중얼거림처럼 불명확한 말들이 많습니다. 마치 엄마가 자기 아기가 혀가 짧은 소리로 하는 말을 알아 듣는 것처럼 성령님께서는 하나님 앞에서 우리에게 필요한 모든 기도를 다 해주십니다. 우리는 그저 어린아이 같은 기도만 해도 충분한 것입니다.

성령님은 우리로 하여금 놀라운 통찰력을 가지게 하십니다. 그리스도인은 이 세상에서 돈이나 힘으로 살지 않습니다. 우리들에게는 남들이 보지 못하는 것을 보는 지혜가 있습니다. 솔로몬은 은이나 금을 구하는 것보다 이 지혜를 구하라고 했습니다. 그러면 결코 사망의 음침한 골짜기에 빠지지 않을 것입니다. 가장 무서운 사람들이 눈을 감고 차를 모는 사람입니다. 그런 사람들은 미친 사람입니다. 이 시대 사람들은 무조건 달리고 봅니다. 그 결과는 무서운 파멸입니다. 성령께서는 우리의 지각을 열어주셔서 위험한 것을 보게 하십니다. 성령님은 은밀하게 접근하는 사탄의 유혹을 보게 하십니다.

또한 성령님께서는 우리에게 바른 열정을 심어주십니다. 결국 우리는 이 세상에서 바른 목표를 가지고 살아야 의욕이 있는 능력의 삶을 살게 됩니다. 성령님은 우리 마음에 하나님의 마음을 부어주셔서 선한 욕망을 가지게 하십니다. 어디서 무엇을 해도 자신이 있습니다. 왜냐하면 하나님께서 바른 동기로 그 일을 하게 하시기 때문입니다. 성령이 안 계시면 어떻습니까? 우선 불안합니다. 심한 불안과 공포에 시달립니다. 그리고 성격이 포악해지고 파괴적이 됩니다. 사람들이 미치는 이유는 성령께서 그 사람의 마음속에서 평안을 빼앗아 가시기 때문입니다. 믿지 않는 사람들도 성령이 주시는 평안이 있기 때문에 미치지 않고 평안하게 살게 되는 것입니다. 이 평안이 없어지면 살인이요 전쟁이요 미치는 것입니다. 그런데 우리 그리스도인들에게는 평안을 넘어서서 생명을 주십니다. 그러니까 우리 그리스도인들이 이 세상의 평화에 얼마나 중요한 사람들입니까? 우리가 은혜를 받아서 이 세상이 평안할 수 있습니다. 왜냐하면 우리 믿는 자들을 통해 세상에 은혜가 흘러들어가기 때문입니다.

하나님이 자신의 아들을 주심

14절 아버지가 아들을 세상의 구주로 보내신 것을 우리가 보았고 또 증언하노니 하나님께서 이 세상에서 행하신 가장 위대한 일은 하나님의 아들을 인간으로 이 세상에 보내신 것입니다. 이것은 마치 산에서 조난당한 자들을 건지기 위해서 구조 대장 아들이 직접 온 것과 같습니다. 하나님의 아들은 우리를 구원하는데 전문가이십니다. 누구든지 예수님의 말씀을 듣기만 하면 한 사람도 빠짐없이 모두 건짐을 받을 수 있습니다. 그런데 사람들은 하나님의 아들을 시기해서 죽여버렸습니다. 그런데 하나님께서는 얼마나 자비로우신가 하면 아들이 죽었지만 그래도 아들을 믿고 그 말씀에 순종하는 자들은 한 사람도 빠짐없이 다 건져주시는 것입니다.

사도 요한은 하나님께서 아들을 이 세상에 보내신 것을 자신의 눈으로 직접 보았다고 말씀하고 있습니다. 요한은 하나님의 아들이 오신 것을 눈으로 보았습니다. 예수님은 자기들과 똑같은 사람이셨습니다. 그러나 예수님 안에는 사랑과 진리가 충만하셨습니다. 그는 참으로 진실하셨습니다. 그는 참으로 각 사람을 사랑하셨습니다. 그리고 예수님을 믿는 자들은 모두 변화되어 새사람이 되었습니다. 어떤 부자 아버지가 있었습니다. 그에게는 아들이 한 명 있었는데, 이 아들에게 모든 재산을 다 물려주려고 생각했습니다. 그런데 그 아들이 얼마 살지 못하고 그만 병들어 죽게 되었습니다. 아버지의 재산은 무한한데 아들이 죽은 것입니다. 아버지는 아들에게 죽기 전에 소원이 무엇이냐고 물어보았습니다. 그랬더니 자기 친구들이 놀러오면 자기에게 대하듯이 잘 대해달라는 것이었습니다. 아버지는 이 아들을 생각하면 그 사랑으로 견딜 수가 없었습니다. 아버지는 아들의 친구들이 올 때마다 아들이 생각났습니다. 그래서 그들 모두에게 잘 대해 주었습니다. 어떤 친구는 대학 동창이었고, 어떤 친구는 군대 친구였습니다. 친구의 친구도 있었습니다. 그래도 아버지는 더 많은 친구들이 오기를 바랬습니다. 왜냐하면 아들을 사랑했기 때문입니다. 아버지는 다른 친구들도 더 데리고 오도록 부탁을 했습니다. 왜냐하면 이 모든 아들의 친구들은 아들을 생각나게 했기 때문입니다.

하나님은 하나밖에 없는 아들을 사랑하셨습니다. 온 우주보다도 아들을 더 사랑했고, 아들이 모든 것이었습니다. 천사들을 다 합쳐도 아들과는 비교할 수 없었습니다. 그런데 하나님께서는 이 아들을 우리에게 주셨습니다. 이것은 모든 것을 다 우리에게 주신 것과 같습니다.

예수님은 이 지상에 계실 때에도 아버지의 비상한 사랑을 느끼면서 사셨습니다. 물에서 세례를 받고 올라오실 때 하늘이 열리며 하늘에서 친히 아버지께서 '너는 내 사랑하는 아들이다. 내가 너를 기뻐하노라'는 소리를 들었습니다. 그가 높은 산에서 십자가를 두고 기도하실 때, 하나님께서는 그를 영화롭게 하심으로 사랑을 나타내셨습니다. 그가 십자가에 못 박혀 죽으셨을 때, 그를 죽은 자 가운데서 다시 살리시고, 영광을 회복시켜 주심으로 아들에 대한 사랑을 나타내셨습니다.

하나님께서는 이 아들을 우리에게 주심으로 우리가 얼마나 놀라운 사랑의 대상인지를 깨닫게 하셨습니다. 하나님께서는 죄인인 우리들에게 이런 놀라운 사랑을 보여주셨습니다. 세상을 바꾼 것은 바로 이 하나님의 사랑입니다.

그래서 사랑이 없는 기독교는 이미 생명을 잃어버린 것입니다. 하나님의 사랑은 원수된 자를 찾아가는 사랑입니다. 하나님의 사랑은 원수된 자들에게도 화해할 수 있도록 자기 자신을 주는 것입니다.

16절 하나님이 우리를 사랑하시는 사랑을 우리가 알고 믿었노니 하나님은 사랑이시라 사랑 안에 거하는 자는 하나님 안에 거하고 하나님도 그의 안에 거하시느니라

우리가 하나님의 사랑을 알고 믿었다면 우리는 그 사랑을 믿어야 합

니다. 다시 말해서 나의 모든 필요가 하나님의 사랑으로 채워지며 나의 모든 것도 하나님의 뜻으로 이루어질 것을 신뢰해야 합니다. 그렇지 않으면 우리는 그 사랑을 잃어버릴 것입니다. 왜냐하면 하나님의 사랑은 질투하는 사랑이기 때문입니다. 하나님은 우리를 너무나도 사랑하시지만 우리가 세상을 사랑하면 우리를 버리실 것입니다.

그러나 우리는 이 세상의 좋은 모든 것을 다 차지하려고 하는 욕심이 있습니다. 그래서 하나님의 사랑에 답답함을 느끼고 자기 힘으로 이 세상의 좋은 것을 차지하게 위하여 뛰쳐나갑니다. 그러나 이것이 바로 죽는 길을 택하는 것입니다. 하나님이 감히 벌레 같은 우리를 사랑하셨다는 사실 하나에 감격해야 합니다. 우리가 진정으로 살 수 있는 길은 하나님 한 분만으로 만족하는 것입니다. 우리가 이 세상을 살면서 하나님 한 분만 바로 믿는 것은 너무나도 엄청난 복입니다. 하나님을 믿지 않는 자들은 세상에서 유명하거나 돈을 많이 번 것으로 만족하지만 우리는 하나님 한 분만으로 만족하게 됩니다. 이때 하나님께서도 우리만으로 만족하게 됩니다. 그래서 하나님의 특별한 능력이 그 사람에게 공급이 되는 것입니다. 그러면 우리는 하나님 안에 있게 되고 하나님은 우리 안에 있게 되는 것입니다. 이것은 수학적으로는 합동입니다. 그러나 하나님과 우리는 합동이 될 수 없습니다. 단지 우리가 세상 욕심을 버리고 바보같이 하나님의 말씀을 붙들 때 하나님은 우리만을 통해서 신기한 능력과 뜻을 행하신 것입니다. 우리에게 성령의 넘치는 은혜가 있으며 기도하는 것마다 이루어지고 하나님의 특별한 축복이 임하게 되는 것입니다.

JOHN 1

요일 15

(4:17–21)

사랑의 담대함

　사랑은 사람을 담대하게 만들고 용기 있게 만듭니다. 몇 년 전에 서울 어느 아파트에서 엄마가 슈퍼에 간 동안에 어린 아이가 베란다에서 놀다 밖으로 떨어지려고 할 때 엄마는 아이 이름을 부르면서 떨어지는 아이를 밑에서 받았습니다. 그런데 아이는 팔만 좀 부러지고 생명에 이상이 없었습니다. 엄마는 힘이 없는데 어떻게 고층에서 떨어지는 아기를 달려가서 팔로 받을 수 있었을까요? 그것은 엄마가 아기를 사랑하기 때문입니다. 바로 이것이 사랑의 위력인 것입니다. 우리가 청년기에 누군가를 사랑하게 되면 망설이다가도 결국 용기를 내서 말을 걸기도 하고 선물도 주려고 합니다.

　암탉은 힘이 없고 약하지만 개나 고양이나 아이들이 병아리를 해치려고 하면 암탉은 털을 모두 세워서 공격적인 자세를 취하면서 개나 고양이를 쫓아버립니다. 사랑은 사람이나 짐승을 담대하게 만듭니다. 반대로 죄는 사람을 부끄럽고 비겁하게 만듭니다. 어떤 사람들이 노름을 하다가 붙들리게 되었을 때 전부 고개를 푹 숙이고 얼굴을 들지 않습니다. 죄는 그만큼 사람을 부끄럽게 하기 때문입니다. 마찬가지로 어떤 남자나 여자가 잘못된 사랑을 하다가 들키게 되었을 때 부끄러워서 고개를 들지 못하고 심지어는 서로 눈을 흘기면서 원망하고 비난하는 것을 보게 됩니다. 이것은 죄가 사람을 비겁하게 만들고 부끄럽게 만들기 때문입니다. 그래서 사람이 분명하게 말을 하지 못하고 아주 복잡하게 말을 하거나 빙빙 돌려서 말을 하는 이유는 무엇인가 부끄러운 일이 있기 때문입니다. 그러나 전혀 죄를 짓지 않은 사람은 부끄러워해야 할 이유도 없고 무서워 할 이유도 없습니다.

얼마 전에 어느 부장 판사가 집에서 자살을 했습니다. 그는 유서를 남겼는데 그 유서에는 결국 판사가 하는 일이 사람들이 거짓말 한 것을 가려내는 것인데 그것이 너무 힘들다고 했습니다. 결국 누가 거짓말하는지를 가장 잘 아는 사람들은 본인 자신들인데 끝까지 거짓말을 한다는 것입니다.

하나님께서는 예수 믿는 우리로 하여금 이 세상에서 사람들을 사랑하게 하셨습니다. 처음에는 다른 사람을 사랑한다고 하는 것이 아주 약한 것인 줄 알았는데 나중에 알고 보니까 사랑하는 것보다 더 당당한 것이 없는 것입니다. 이 세상에서 가장 당당한 사람은 사랑하는 사람이고 이런 사람은 어느 누구도 건드리지 못합니다. 미국이나 우리나라에서 사람들이 가장 경계하는 사람은 세무서 사람들이거나 검찰 쪽 사람들입니다. 그러나 이런 사람들도 다른 사람에게 사랑을 많이 베푼 사람들은 일체 건드리지 않습니다. 왜냐하면 사람들은 결국 사랑하는 사람이 위대한 줄 알기 때문입니다.

온전히 이룬 사랑

17절 이로써 사랑이 우리에게 온전히 이루어진 것은 우리로 심판 날에 담대함을 가지게 하려 함이니 주께서 그러하심과 같이 우리도 이 세상에서 그러하니라

오늘 본문 말씀을 보면 '온전케 된 사랑'을 말씀하고 있습니다.
'이로써 사랑이 우리에게 온전히 이룬 것은…'이라고 말씀하고 있습니다.
여기서 '온전케 된 사랑'이라고 하는 것은 어느 한 사람으로부터 시작된 사랑이 상대방의 반응을 불러 일으켜서 열매를 맺는 것을 말합니다. 예를 들어서 이성간의 사랑에서 '이루지 못한 사랑'이라고 할 때에는 한 사람이 상대방을 좋아하거나 혹은 둘다 서로를 사랑하였는데 이것이 결혼으로 열매를 맺지 못하고 중간에 깨어져버리는 것을 말합니다. 이럴 때 이루어지지 못한 사랑을 한 사람들은 평생에 걸쳐 아픔이나 아쉬움으로 남을 것입니다. 그런데 성경에서 말하는 완전한 사랑이라고 하는 것은 하나님에게서 시작된 사랑이 우리를 통하여 다른 사람에게 전달되는 것을 말합니다. 그래서 하나님의 입장에서 볼 때 이루어지지 못한 사랑이라는 것은 우리를 향한 하나님의 사랑이 우리에게서 끝나버리고 다른 사람에게 가지 못한 것입니다.
예를 들면, 옛날 방앗간에 가면 여러 가지 기계들이 있습니다. 쌀을 빻는 기계도 있고 증기로 찌는 기계도 있고 가래떡을 만드는 기계도 있습니다. 그런데 정전이 되어버리면 모든 기계들이 멈춥니다. 그러다가 전기가 공급이 되면 모든 기계들이 돌아가게 되는데 최종적으로 김이 무럭무럭 나는 떡이 만들어져 나와야 전기가 들어온 보람이 있는 것입

니다.

  하나님의 사랑은 우리를 사랑하심으로 끝난 것이 아니라, 거기에서부터 시작해서 우리가 변화되어서 또 다른 사람을 사랑하게 되는 것을 말합니다.

  우리는 보통 사랑이라고 할 때 서로에 대하여 좋은 감정을 가지고 잘 대해주는 것이라고 생각합니다. 그래서 요즘은 사랑이라고 하는 것이 대단히 순간적이고 찰나적인 것을 볼 수 있습니다. 그 순간 상대방에 대하여 좋은 감정과 기분을 가지고 즐겁게 지내다가 끝나면 그만인 것입니다. 그러나 이런 사랑은 어떤 의미에서 보면 자기 자신을 위하여 상대방을 이용하는 사랑인 것입니다. 그러나 하나님은 우리에 대하여 거의 실현 불가능한 계획을 가지고 계셨습니다. 그것은 죄에 빠져 있는 우리들을 하나님의 거룩한 자녀로 만드셔서 또 하나님처럼 다른 사람을 사랑하는 사람이 되는 것입니다. 하나님께서는 사랑을 받을 자격이 전혀 없으며 수없이 하나님을 대적하고 실망시켰음에도 불구하고 끝까지 인내하셔서 하나님의 자녀가 되게 하셨습니다. 그러나 하나님은 우리가 하나님의 사랑을 받아서 새사람이 된 것같이 우리도 다른 사람들을 사랑해서 새사람이 되게 하기를 원하십니다. 즉 우리도 다른 사람에 대하여 이런 사랑을 실천할 때 하나님의 사랑이 완성이 되는 것입니다.

  17절 끝에 보면 '주의 어떠하심과 같이 우리도 세상에서 그러하니라'고 말씀하셨습니다. 즉 하나님께서 우리에게 하신 것처럼 우리도 이 세상에서 다른 사람에게 사랑을 실천할 때 하나님의 사랑이 완성이 되는 것입니다.

  그래서 우리가 하나님의 사랑을 받았을 때에는 크게 몇 가지를 생각해야 합니다. 그 중에서 가장 중요한 것은 이제 더 이상 우리 자신의 행복은 생각하지 말아야 합니다. 왜냐하면 우리가 하나님의 사랑을 받은 후에는 더 이상 자신의 행복이 우리 삶의 목적이 될 수 없기 때문입니다. 왜냐하면 우리를 우리 자신보다 더 사랑하는 분이 계시기 때문입니다. 이제는 하나님이 우리를 너무 사랑하시기 때문에 우리는 더 이상 우리를 생각할 필요가 없습니다. 이제는 우리가 자신의 가치를 잃어버리고 방황하면서 사는 사람들에게 자신의 가치를 되찾게 해주는 것이 가장 가치 있는 일입니다. 자신감을 잃은 사람들에게 자신감을 갖게 해주는 것이 우리가 해야할 일입니다. 죄에 빠진 사람들을 죄에서 나오게 해서 바른 길로 살아가게 해야할 일이 우리에게는 가장 중요한 일입니다.

그러나 우리도 이 세상에 사는 이상 행복할 권리가 있습니다. 그런데 우리가 다른 사람의 행복을 위하여 살려고 하면 나는 어떻게 되는 것입니까? 그것에 대하여 우리는 하나님을 믿어야 합니다. 우리가 다른 사람의 행복을 위하여 수고하면 하나님께서 우리의 행복을 위하여 수고를 해 주십니다. 하나님께서는 우리가 다른 사람에게 준 것의 부스러기만 가지고도 원래보다 더 풍성한 삶을 살게 하실 것입니다. 이것이 바로 오병이어의 기적입니다. 내가 가진 것으로 남을 위하여 쓸 때 하나님은 그 부스러기만 가지고도 더 커지게 하시는 것입니다.

그리고 또 다른 문제는 누구를 도울 것이며 어떻게 도울 것이냐 하는 것입니다. 우리 주위에는 도움을 필요로 하는 사람들이 너무나도 많습니다. 그것에 대하여 우리는 너무 걱정할 필요가 없습니다. 우리는 내게 능력 주시는 자 안에서 하면 되는 것이고 하나님이 도우라고 하는 사람만 도와주어도 됩니다. 예수님도 세상의 모든 사람의 병을 다 고치시지는 않으셨습니다. 우리는 우리가 할 수 있는 작은 것만 하면 됩니다. 그리고 나머지는 하나님께 맡겨야 합니다.

사랑의 축복

하나님께서는 우리가 하나님의 은혜를 받고 사랑을 위하여 살 때 주어지는 축복에 대하여 말씀을 하십니다.
첫째로 사랑을 많이 한 사람은 심판의 두려움이 없어집니다.

17절 이로써 사랑이 우리에게 온전히 이루어진 것은 우리로 심판 날에 담대함을 가지게 하려 함이니 주께서 그러하심과 같이 우리도 이 세상에서 그러하니라

우리가 이 세상에 살면서 주님의 사랑으로 다른 사람들을 많이 사랑할 때 하나님의 심판대 앞에서 심판 받을 두려움이 없습니다. 왜냐하면 그 사람의 마음속에 자신의 삶이 진정으로 하나님께서 함께 하시는 삶이며 영원히 복된 삶이라는 확신이 있기 때문입니다.
예수님께서는 어떤 사람들이 심판대 앞에서 무서운 정죄를 받을 것을 말씀하셨습니다. '누구든지 나더러 주여 주여 하는 자마다 다 천국에 들어갈 것이 아니요 아버지의 뜻대로 행하는 자라야 들어가리라'(마 7:21)
어떤 사람은 심판때에 '내가 주님의 이름으로 선지자 노릇을 하며 주님의 이름으로 귀신을 쫓아내며 주님의 이름으로 많은 권능을 행하지 아니하였습니까?'라고 하지만 예수님께서는 '내가 너희를 도무지 알지 못하니 이 불법을 행하는 자들아 내게서 떠나가라' 하겠다고 말씀하셨습니다.
만약 자기 나름대로는 잘 믿었다고 생각했는데 하나님의 심판대 앞에서 '이 불법을 행한 자야 어서 여기서 꺼지라'고 말씀하신다면 어떻게 하겠습니까? 이 세상 대학 시험에 떨어지면 재수라도 할 수 있지만 하나

님의 심판대에서 불합격 판정을 받으면 이것은 구제 받을 길이 없는 것입니다. 그런데 하나님의 심판대 앞에서는 설교를 잘한 것도 소용이 없고 귀신을 쫓아내거나 능력을 행한 것도 소용이 없고 이 세상에서 크게 인정받는 목회를 한 것도 소용이 없고 많은 사업이나 큰 행사를 한 것도 소용이 없습니다. 그러나 사랑을 많이 행한 사람은 심판대 앞에서 전혀 두려움 없이 담대함을 가지게 됩니다.

사람이 죽을 때 보면 죽는 것을 가장 두려워하는 사람은 남을 사랑하지 않고 자기 욕심만을 위하여 산 사람입니다. 그러나 다른 사람을 많이 사랑한 사람은 절대로 죽음이 외롭거나 두렵지 않습니다. 왜냐하면 자기는 죽어도 그 사랑은 없어지지 않는다는 것을 알기 때문입니다. 이 세상에서 가장 위대한 것이 다른 사람을 많이 사랑하는 것입니다. 물론 다른 사람을 사랑한다고 할 때에도 사랑하는 종류가 대단히 많습니다. 가장 중요한 것은 사람이 자신의 가치를 되찾게 해주는 것입니다. 타락한 길을 떠나서 바른 길을 걸어갈 수 있도록 진리의 인도자가 된 사람입니다. 낙심한 사람에게 자신감을 불어 넣어 하나님을 의지하고 스스로 일어서게 해준 사람입니다. 그리고 몸으로 봉사해서 다른 사람의 고통을 덜어준 것도 대단히 중요한 사랑입니다. 하나님께서 우리에게 이 몸을 주신 것은 몸으로 남을 섬기라는 것입니다. 우리의 몸이 다른 사람에게 닿을 때마다 능력이 나타날 것입니다.

두 번째는 사랑을 하게 되면 불안이 없어집니다.

18절 사랑 안에 두려움이 없고 온전한 사랑이 두려움을 내쫓나니 두려움에는 형벌이 있음이라 두려워하는 자는 사랑 안에서 온전히 이루지 못하였느니라 우리가 이 세상을 살아갈 때에 가장 두려운 것이 우리의 미래가 어떻게 될지 모르는 것입니다. 우리는 미래를 알 수 없습니다. 그러니까 미래를 분명히 모르는 상태에서 그냥 살아갈 수밖에 없습니다. 그런데 어떤 사람은 가장 좋은 길이라고 생각해서 선택을 했는데 최악의 결과가 나올 수도 있습니다. 이때 하나님께서 무엇이라고 말씀을 하시는가 하면 '사랑 안에는 두려움이 없다'고 말씀하고 있습니다. 이것은 우리도 너무 불확실한 가운데 살아가지만 하나님을 사랑하고 다른 사람을 사랑하는 마음으로 살아갈 때 하나님께서 우리의 부족함과 어리석음을 책임져주신다는 뜻입니다.

특히 요즘같이 미래가 불안정할 때에는 미래에 대하여 대단히 불안할 수밖에 없습니다. 그러나 아무리 미래가 불안하고 사회가 불안하다 하더라도 우리가 하나님을 사랑하는 마음으로 모든 것을 선택할 때 우리는 절대로 실패하지 않습니다. 왜냐하면 하나님께서 우리의 모든 부족한 것을 다 채워주시기 때문입니다. 그래서 우리에게 모든 것을 판단하는 기준은 내가 주님을 사랑하는 마음으로 하며 다른 사람을 사랑하는 마음으로 하느냐 하는 것입니다.

이 세상에 좋은 것들이 많이 있지만 그것들은 모두 건축 재료에 불과하지 그것만으로 큰집을 지을 수가 없습니다. 좋은 학벌을 가진 사람들도 있고 많은 지식이나 돈을 가진 사람들도 있습니다. 또 힘이 장사인 사람들도 있고 음악이나 예술에 재능이 뛰어난 사람들도 있습니다. 그러나 이런 것들은 모두 모래더미나 벽돌에 불과하고 아주 높은 집을 지으려고 하면 철근과 시멘트가 필요한 것입니다. 이 세상에 있는 재능들을 함께 모아서 높은 집을 지을 수 있는 것은 하나님의 사랑입니다. 하나님의 사랑이 시멘트요 철근이며 다른 것들로는 높은 집을 지을 수가 없습니다.

우리 신앙에서 중요한 것은 많은 것을 지적으로 배우거나 많은 축복을 받는 것이 아닙니다. 하나를 배우면 하나를 실천해보는 것이 중요합니다. 왜냐하면 하나씩 실천을 해보면 하나님의 기적이 나타나고 기도의 응답이 있기 때문에 이 세상에 대한 자신감을 갖게 됩니다. 그래서 아무리 시대가 어렵고 불투명하다 하더라도 그 가운데 일하시는 하나님을 보게 되기 때문에 담대하게 걸어가게 되는 것입니다.

특히 요즘과 같은 시대에는 모든 사람들이 비틀거리며 넘어집니다. 그 중요한 이유가 믿음을 실천해보지 않아서 그런 것입니다. 하나님의 말씀을 듣고 그대로 실천해보면 일이 되게 되어 있습니다. 그래서 자신감이 생기는 것입니다.

군인들도 전쟁을 해 보지 않은 사람들은 전투에 나가기 전에 얼마나 두려워하는지 모릅니다. 그래서 실제로 전투가 벌어졌을 때 공중에 대고 총을 쏘고 적이 나타났다는 소리만 들어도 도망을 치려고 합니다. 그러나 전투를 경험해 본 사람은 전투도 다 사람들이 하는 것이며 정신만 잘 차리고 있으면 얼마든지 이길 수 있다는 것을 압니다. 그래서 눈을 감고 무조건 총을 쏘는 사람과 눈을 크게 뜨고 보면서 총을 쏘는 사람의 차이는 엄청난 것입니다. 자신의 믿음을 가지고 이 세상에서 부딪쳐서 성공하든지 실패하든지 한번 경험해보는 것이 중요합니다. 두려워하는 사람은 이기기 어렵습니다. 운동 경기를 할 때에도 상대방을 두려워하면 이기기 어렵습니다. 이스라엘 백성들이 가나안 땅을 정탐하고 돌아왔을 때 믿음이 없는 열 명의 정탐꾼들은 가나안 사람들은 거인인데 자기들은 메뚜기라고 했습니다. 이스라엘 백성들은 노예 생활을 하면서 전투의 경험이 전혀 없었기 때문입니다. 그러나 여호수아와 갈렙은 '가나안 사람들은 우리들의 밥이라'고 했습니다. 여호수아는 아말렉 사람들과 붙어 보니까 전투는 할만 하더라는 확신을 가지게 되었습니다.

18절ㅎ 두려움에는 형벌이 있음이라 두려워하는 자는 사랑 안에서 온전히 이루지 못하였느니라

여기서 '두려워하는 자'라고 하는 것은 하나님의 진리를 알기는 하지만 두려워서 실천을 하지 않는 사람입니다.

그러나 실제로 행동하지 않고 생각만 할 때에는 염려가 파고 들어옵니다. 그리스도인은 가만히 있으면 반드시 그의 생활을 무력화시키는 염려와 근심이 들어와서 거기에 사로잡히고 맙니다. 모든 것이 염려스럽습니다. 여행을 떠난 남편은 무사히 돌아올지, 아이가 학교에서 무슨 실수를 하지 않을지, 그러다가 무슨 일이라도 생기면 온통 거기에 생각이 다 빼앗겨서 정신을 잃어버립니다.

말씀에 보면 두려움에는 형벌이 있다고 말씀하십니다. 즉 그리스도인이라고 하면서도 늘 두려움에 사로잡혀 있는 자는 그 두려움 자체가 형벌일 수 있습니다. 왜냐하면 그는 마땅히 하나님이 주시는 사랑을 실천하지 않기 때문입니다. 다른 사람을 사랑하면 그렇게 불안해 할 시간이 없습니다. 그의 생활이나 생각은 아주 단순합니다. 그렇지 않으면 도저히 다른 사람을 도울 수 없습니다.

만약 우리가 다른 사람을 사랑하지 않으면, 우리 자신이 병듭니다. 다른 사람을 생각하지 않고, 돈 걱정이나 하는 교회는 계속 그런 걱정을 하는 일만 생길 것입니다. 다른 사람은 생각하지 않고 자기 집 걱정만 하는 사람은 그런 걱정이 떠나지 않을 것입니다. 이미 두려움이 그 마음에 흘러 들어왔기 때문입니다. 우리가 살 수 있는 길은 다른 사람들을 끊임없이 사랑하는 것입니다.

주로 어떤 분들에게 우울증 증세가 나타납니까? 완벽주의 성격을 가진 자들입니다. 이들은 완전해지기 전까지는 행동을 하지 않습니다. 또

누구를 도와도 완전하게 도와야 합니다. 그 결과는 아무도 사랑하지 못하는 것입니다. 그리고 그 마음에 두려움이 들어와서 더욱 더 자기 안에 갇혀버리고 맙니다.

남을 사랑하는 사람은 자신의 문제에 대하여 자신을 가집니다. 왜냐하면 하나님께서 도우실 것을 확신하고 있기 때문입니다. 하나님은 끊임없이 그 일을 할 수 있도록 힘을 주십니다.

하나님을 사랑하는 법

20절 누구든지 하나님을 사랑하노라 하고 그 형제를 미워하면 이는 거짓말하는 자니 보는 바 그 형제를 사랑하지 아니하는 자는 보지 못하는 바 하나님을 사랑할 수 없느니라

우리는 모두 하나님을 사랑한다고 합니다. 그러나 우리가 하나님을 사랑하는데 겪는 어려움은 하나님이 눈에 보이지 않는 것입니다. 우리가 눈에 보이지 않는 하나님을 어떻게 사랑할 수 있습니까? 그것은 눈에 보이는 형제를 사랑하는 것을 통해서입니다. 우리는 어떻게 눈에 보이지 않는 하나님의 말씀에 순종할 수 있겠습니까? 그것은 눈에 보이는 형제의 말씀에 순종하는 것을 통해서라고 말씀하고 있습니다.

많은 사람들은 신앙이라고 하는 것이 눈에 보이지 않는 하나님을 믿는 것이기 때문에 나만 하나님을 잘 믿으면 되는 것이지 다른 사람은 중요하지 않다고 생각합니다. 그래서 건전하지 못한 신비주의입니다. 내가 하나님께 직통으로 기도를 하고 내가 직통으로 응답을 받았기 때문에 교회도 필요 없고 목사나 장로도 필요 없고 다른 성도들도 필요없다고 생각하는 사람들이 있습니다. 그래서 종교적인 광신자들이 나오게 되는 것입니다. 그래서 하나님께서는 우리가 혼자 잘 믿는다고 미쳐 날뛰지 못하게 하기 위하여 안전장치를 만들어 놓으셨습니다. 그것은 우리의 신앙이 눈에 보이는 형제나 자매를 통하여 확인이 되는 것입니다. 즉 내가 하나님을 잘 믿는다면 눈에 보이는 교회의 장로나 목사의 말도 잘 순종하는 것을 통하여 확인이 되어져야 합니다. 은혜를 많이 받아서 교회의 목사님이나 장로님들의 조언이나 가르침이 시시할 정도라면 그 사람은 은혜를 잘못 받은 것입니다.

우리가 하나님을 사랑하고 싶을 때 어떻게 해야 할까요? 그것은 눈에 보이지 않는 하나님에게 음식을 많이 사드리는 것이 아닙니다. 하나님은 그런 것을 필요로 하시지도 않으십니다. 우리 주위에는 먹을 것이 필요한 사람들이 많이 있습니다. 그 사람들에게 주면 하나님께 드린 것이 되는 것입니다.

그래서 성경은 '누구든지 하나님을 사랑하노라 하고 그 형제를 미워하면 거짓말 하는 자라'고 말씀하고 있습니다. 즉 눈에 보이는 형제를 사랑하지 않으면 그 사람의 은혜 받은 것은 엉터리이고 그 사람의 신앙도 엉터리가 된다는 것입니다.

하나님의 사랑은 제일 먼저 인식의 변화부터 가져 옵니다. 가장 먼저 생기는 것이 다른 한 사람 한 사람이 나와 똑같이 소중한 존재라는 사실입니다. 그래서 다른 사람을 있는 그 자체로 인정을 하게 되는 것입니다. 우리가 다른 사람을 사랑한다고 하면서 조건을 달면 그것은 이미 사랑하지 않는 것입니다. 키가 더 크면 사랑하겠다든지 공부를 더 잘 하면 사랑하겠다는 것은 사랑하지 않는다는 것입니다. 우리가 사랑한다고 할 때 가장 중요한 것은 그 사람을 있는 그대로 인정하고 받아들이는 것입니다. 공부를 잘 하는 것이나 못하는 것이나 키가 큰 것이나 작은 것이나 그 사람을 그 사람으로 인정하는 것입니다. 그리고 나서는 그 사람이 소중한 인생을 살면서 더 행복해 하고 더 가치 있는 사람으로 살 수 있도록 내가 해야 할 일이 무엇이며 내가 헌신해야 할 것이 무엇인지 찾는 것입니다.

물론 우리가 이 세상에서 장사를 하려면 밑천이 있어야 합니다. 마찬가지로 남을 사랑하는데도 밑천이 필요합니다. 아무것도 없는 빈손으로 남을 사랑할 수는 없습니다. 때로는 지식이 필요할 수도 있고, 때로는 의술이 필요할 수도 있습니다. 그래서 남을 좀 더 잘 도울 수 있기 위하여 공부를 하거나, 유학을 가거나, 박사 학위를 받는 것은 낭비가 아닙니다. 이것은 장사에 필요한 밑천인 것입니다. 그러나 그만큼 가졌으면 그만큼 더 하나님 앞에서 빚이 많아지는 것입니다.

우리가 진정으로 하나님의 은혜를 깨달은 자라면 다른 믿음의 형제, 자매들을 인정할 뿐 아니라 믿지 않는 자들 앞에서도 겸손할 수 있어야 합니다. 우리가 이 세상을 사랑한다는 것은 그들과 같아지는 것을 말하지 않습니다. 세상 사람들 앞에서 우리가 겸손을 지키는 것입니다. 세상 사람들은 겸손하면 짓밟히는 줄 압니다. 그래서 있지도 않은 허세를 부립니다. 가난하면 가난할수록 더 잘 입으려고 합니다. 무식하면 무식할수록 더 유식한 체 합니다. 그러나 하나님의 사랑을 입은 자들은 그렇게 할 필요가 없습니다. 이미 하나님의 사랑을 입었기 때문에 그것으로 충분합니다. 그는 다른 사람들 앞에서 자신을 주장할 필요를 느끼지 않습니다. 그 이유는 그렇게 하지 않아도 하나님께서 충분히 나를 인정해주셨기 때문입니다.

우리는 기회가 있을 때 작은 사랑의 수고를 해야 합니다. 이것이 계명을 지키는 것이며 이 사랑이 나중에 위대한 사랑으로 발전하게 되는 것입니다. 그러나 마음에 감동이 있으면서도 아무것도 하지 않고 생각만 하는 사람은 결국 하나님의 사랑을 잃어버리고 말 것입니다. 결국 가장 중요한 것은 작은 순종이요 실천입니다. 작지만 움직이는 자는 살아있는 것이요 나중에 큰 것도 감당할 수 있습니다. 그러나 작은 것이 시시하다고 해서 가만히 있는 사람은 나중에 큰 것도 감당하지 못할 것입니다. 우리는 작은 순종을 통해서 큰 축복까지 나아가는 성도들이 되시기 바랍니다.

요일 16

(5:1–5)

새로운 인생을 사는 사람

우리는 '거듭난다' 혹은 '새로 태어난다'는 말을 할 때 정신적인 의미로 사용할 때가 많습니다. 즉 지금까지 정신을 차리지 못하고 부모의 애나 먹이는 아이가 정신 차려서 성실한 사람이 되었을 때 '저 아이는 완전히 새로 태어났어'라고 말을 합니다. 혹은 어떤 사람이 자신의 잠재적인 능력을 찾아서 과거와는 완전히 다른 멋진 성공적인 삶을 살 때 '이 사람은 그때 다시 태어난거야'라고 말을 할 것입니다. 혹은 신체적으로 다시 태어날 때도 있을 것입니다. 예를 들어서 선천적인 병이나 장애를 가지고 있었는데 치료를 받아서 완전히 정상적으로 살게 되었을 때 그 사람으로서는 다시 태어난 느낌이 들 것입니다.

전에 미국에 유명한 앵커우먼이 있었는데 어느 날 자신의 이야기를 했습니다. 이 여성은 태어날 때 몸에 약간의 장애를 가지고 태어났습니다. 그런데 이 사람의 아버지는 자기 아이를 다시 태어나게 할 수는 없지만 반드시 이 장애를 치료하겠다고 생각해서 자신의 직업까지 포기하고 이 아이의 치료에 매달려서 결국 장애를 극복할 수 있게 되었습니다. 이 여성은 대학을 졸업한 후 방송국에 취직을 해서 앵커우먼으로 이름을 날리게 되었습니다. 이 여성은 부모님이 자기를 두 번 낳았다고 했습니다. 즉 한번은 장애를 가진 몸으로 낳으셨는데 그 다음에는 이것을 치료해서 멋진 인생을 살게 하셨다고 고백을 했습니다.

우리 기독교에 있어서 가장 중요한 교리중의 하나가 '거듭난다'는 것입니다. 여기서 거듭난다고 하는 것은 앞에서 설명한 것처럼 나의 소질이나 능력을 재발견하는 것도 아니고 신체적인 장애를 극복하는 것도 아닙니다. 그리고 또 예수 믿는다고 해서 우리 인생이 한 순간에 갑자기 변하는 것 같지도 않습니다. 그러나 성경에서는 예수 믿는 것을 '거듭난다'라고 말을 합니다. 이것은 예수 믿는 것 속에는 아직 우리가 알지 못하는 어마어마한 복이 들어 있다는 것을 의미합니다. 도대체 예수 믿는 것이 무엇이길래 성경은 우리를 거듭난 자라고 말하는 것일까요? 때때로 우리는 내 자신이 지금 내가 아닌 다른 사람으로 변했으면 좋겠다고 생각할 때가 있습니다. 그러나 우리는 예수를 믿은 후에도 여전히 내 모습을 그대로 가지고 있습니다. 어떤 사람은 한 곳에서 나쁜 일을 하면 다른 곳에 가서 신분을 감추고 다른 사람인체 하면서 살아가기도 합니다. 심지어 2차대전 당시에 유대인들을 많이 죽였던 독일 전범 중에는 남미로 도망가 신분을 감추고 성형 수술까지 하고 살다가 붙들린 사람들도 있습니다. 그런데 우리는 어떻게 예수만 믿는다고 해서 새사람이 될 수 있을까요?

하나님께로 난 자

저는 어렸을 때 영화 '레미제라블'을 보고 얼마나 감동을 받았는지 모릅니다. 장발장은 빵 하나를 훔쳤다고 해서 19년 동안이나 감옥살이를 하다가 나왔는데 거리에서 아무도 먹여주고 재워주는 사람이 없어서 그 도시에 있는 어느 신부님을 찾아가게 됩니다. 그런데 그 신부님이 아주 훌륭한 사람이어서 장발장에게 식사도 하게 하고 잠자리도 제공해주었습니다.

그런데 장발장은 옛날 버릇이 다시 나와서 그 집에 있는 은그릇과 촛대를 훔쳐서 달아나다가 경찰에 붙들려서 다시 오게 되었습니다. 그때 신부님은 이 사람이 훔쳐간 것이 아니고 내가 준 것이라고 하면서 은 촛대까지도 줬는데 안가지고 갔다고 하면서 더 주어서 보내었습니다. 이때 장발장은 감동을 받아서 완전히 변하여 새사람이 되었습니다.

그러나 나중에 제가 예수를 믿고 보니까 이 장발장 이야기가 실제로는 불가능한 이야기라는 것을 알게 되었습니다. 왜냐하면 사람 속에 있는 악한 본성은 너무나도 강해서 한번 사랑을 받거나 혹은 결심을 한다고 해서 변할 수 없기 때문입니다.

1절 예수께서 그리스도이심을 믿는 자마다 하나님께로부터 난 자니 또한 낳으신 이를 사랑하는 자마다 그에게서 난 자를 사랑하느니라

우리가 생각하기에 어떤 사람을 훌륭한 사람으로 만들려고 하면 일단 교육을 잘 받게 해야 한다고 생각합니다. 왜냐하면 교육이야말로 사람을 만드는 과정이라고 생각하기 때문입니다. 버락 오바마가 흑인으로서 미국 최초의 대통령이 되었을 때 전 세계가 신선한 충격을 받았습니다.

그러나 버락 오바마가 대통령까지 될 수 있었던 것은 역시 그가 하버드 대학원이라는 학벌이 있었기 때문에 가능한 것이었습니다.

그러나 오늘 성경 말씀을 보면 '예수께서 그리스도이심을 믿는 자마다 하나님께로 난 자'라고 말씀하고 있습니다. 즉 우리가 하나님 앞에서 새사람이 되는데 필요한 것은 오직 예수가 하나님의 아들을 믿기만 하면 된다는 것입니다.

요 1:12-13 영접하는 자 곧 그 이름을 믿는 자들에게는 하나님의 자녀가 되는 권세를 주셨으니 이는 혈통으로나 육정으로나 사람의 뜻으로 나지 아니하고 오직 하나님께로부터 난 자들이니라

성경은 누구든지 예수를 믿기만 하면 하나님의 자녀가 된다고 했습니다. 그리고 바로 이것이 '하나님께로 난 자'라고 정의를 내리고 있습니다.

과연 이것이 의미하는 것이 무엇일까요? 우리가 예수님이 하나님의 아들이라고 믿는 것은 우리 자신의 생각으로는 불가능합니다. 왜냐하면 예수님은 인간적으로 전혀 하나님의 아들같이 생기지 않으셨기 때문입니다. 심지어는 예수님을 하나님의 아들이라고 증거했던 세례 요한 조차도 처음에는 예수님이 하나님의 아들인지 몰랐다고 했습니다.

우리는 자연 상태로는 하나님도 모르고 하나님의 아들은 더 모를 수밖에 없습니다. 그런데 놀라운 것은 우리가 하나님의 말씀을 들을 때 하나님의 말씀이 우리 안에 고장난 지각을 고쳐서 예수님이 하나님의 아들이신 것을 믿게 만듭니다. 그런데 예수님이야말로 우리가 하나님의 모든 축복의 세계 안으로 들어가는 열쇠인 것입니다. 우리가 예수를 믿어야 하나님을 바로 알 수 있습니다. 예수를 통하지 않는 하나님에 대한

지식은 일반적인 지식에 불과합니다. 그러나 예수를 믿음으로 하나님을 믿을 때 우리는 하나님과 특별한 관계를 가지게 됩니다. 이것을 탁월하게 설명한 사람이 제임스 패커입니다.

제임스 패커는 그의 책 『하나님을 아는 지식』에서 '하나님을 아는 것'과 '하나님에 대하여 아는 것'은 다르다고 했습니다. '하나님에 대하여 안다'고 하는 것은 우리가 어떤 사람에 대하여 객관적으로 아는 것을 말합니다. 즉 우리가 어떤 정치인이나 탤런트에 대하여 아는 것과 같습니다. 이런 식으로 아는 것은 상호간에 아는 것이 아닙니다. 즉 나는 그 사람을 알지만 그 사람은 나를 모르는 것입니다. 요즘 일본에 한류 바람이 불어서 일본인들이 한국 배우들을 좋아한다고 합니다. 그러나 이것은 팬으로서 좋아하는 것이지 인격적으로 서로 아는 것은 아닙니다. 그러나 '하나님을 안다'는 것은 하나님과의 가족관계에 있는 것을 말합니다. 이것은 가족들 사이에 아는 것이기 때문에 서로 상호간에 잘 알 뿐 아니라 필요할 때 언제든지 만날 수 있는 것을 의미합니다.

우리가 예수를 믿게 되었을 때 일어나는 가장 놀라운 일은 하나님과의 적대관계가 완전히 없어질 뿐 아니라 하나님이 바로 나의 사랑하는 아버지가 되신다는 사실입니다. 우리가 예수 믿기 전에는 이상하게 하나님이 너무 싫고 너무나도 완고하고 무서운 분같은 생각이 듭니다. 하나님은 언제나 숨어서 내가 잘못하는 것만 지켜보고 계시다가 나를 심판하시는 분같은 생각이 듭니다. 그러나 예수를 믿고 나면 내 모든 죄가 다 씻어졌고 하나님이 나의 사랑하는 아버지인 것을 알게 됩니다. 우리가 예수 믿는 것이 중요한 이유는 예수를 믿어야 내 자신을 되찾을 수 있습니다. 우리가 하나님을 모를 때에는 마귀의 종이었습니다. 우리의 인생은 마귀에게 저당잡힌 상태였습니다. 그러나 예수를 믿었을 때 내 자신을 되찾게 되는 것입니다.

요한일서 16 (5:1-5)

예를 들어서 어떤 사람이 똑같은 사람인데 죄 때문에 재판을 받고 있는 사람이 있다고 합시다. 이 사람은 절대로 자유롭지 못합니다. 이 사람이 아무리 돈이 있고 아무리 학벌이 있다 하더라도 결코 이 사람은 법에서 자유롭지 못합니다. 그런데 이 사람이 법원에서 무죄 판결을 받으면 완전히 새사람이 되는 것입니다.

그래서 우리가 예수 믿고 새사람으로 태어나는 것은 우리가 어떤 도덕적인 감화를 받았거나 혹은 새로운 결심을 했기 때문이 아닙니다. 우리가 새로 태어나는 것은 죄의 올무에서 벗어나 하나님의 식구가 되었기 때문입니다.

여기서 가장 중요한 것은 '하나님께로서 난 자'라는 표현입니다. 이 세상에 태어난 사람들은 모두 부모에 의하여 태어난 사람들입니다. 그래서 부모의 피에 의하여 부모의 기질을 물려받은 사람들입니다. 그런데 이 세상에 하나님으로부터 태어난 자들이 있는 것입니다. 이 사람들은 하나님의 기질을 물려받은 사람들입니다.

원래 '하나님께로서 났다'는 것은 예수 그리스도의 본질에 대하여 사용하는 말씀입니다. 예수 그리스도는 이 세상에 태어나시기 전에도 존재하셨습니다. 예수님은 영원한 하나님의 아들로서 하나님의 모든 능력과 신성을 그대로 받으셨습니다. 그런데 우리도 예수를 믿음으로 하나님의 성품과 능력을 물려받게 되었습니다.

여기서 성경은 거듭나는 조건으로 단 한 가지만 말씀하고 있습니다. 즉 '예수께서 그리스도이심을 믿는 자마다 하나님께로서 난 자'라고 말씀하고 있습니다. 누구든지 하나님의 백성으로 새로 태어나는데는 다른 조건은 아무것도 필요가 없습니다. 오직 한 가지 예수가 그리스도라는 것을 믿기만 하면 됩니다. 즉 예수가 하나님의 아들이신데 내 죄 때문에 죽으셨다는 것을 믿으면 우리에게는 이 놀라운 변화가 일어나게 되는 것입니다.

여기서 우리에게 궁금한 것은 우리가 하는 것은 아무것도 없습니다. 오직 예수님이 하나님의 아들이라는 것을 믿었습니다. 그런데 우리에게 이런 변화가 일어날 수 있습니까? 이것이 바로 하나님의 능력입니다. 하나님은 우리에게 다른 것은 아무것도 요구하시지 않고 오직 믿음 한 가지만 요구하십니다. 우리가 예수님이 하나님의 아들이라는 것을 믿기만 하면 하나님은 우리를 완전히 다른 새로운 인간으로 만들어주십니다.

그러면 우리가 예수를 믿으면 어떻게 됩니까? 우리는 그 즉시 과거 우리의 모든 죄는 사하여졌다는 새로운 신분을 받게 됩니다. 이제 우리는 더 이상 마귀의 종이 아닙니다. 그리고 우리 마음속에는 하나님의 생각과 하나님의 성품이 들어오게 됩니다. 물론 우리 속에는 옛날의 성품과 기질이 남아 있습니다. 그래서 우리 마음속에 하나님의 성품과 육신의 성품이 갈등을 일으키게 됩니다. 사람 속에 두 가지 의지가 있으면 정신분열증이 생기게 됩니다. 예수 믿는 사람 속에는 육신의 생각과 성령의 생각이 서로 싸웁니다. 그래서 우리는 자주 정신분열증 환자와 같은 모습을 나타내기도 합니다. 이렇게 하겠다고 했다가 금방 변덕을 부려서 저렇게 하겠다고 하기도 하고 금방 아무것도 못하겠다고 하기도 합니다. 그런데 조금씩 하나님의 성품이 정욕의 성품을 이기면서 우리에게서 천사 같은 모습이 나타나게 됩니다.

여기서 우리가 알 수 있는 것은 우리가 예수를 믿었을 때 일단 이 세상 속에서 살지만 세상의 인정을 받는 것도 아니고 세상적인 것을 많이 가지는 것도 아니라는 것입니다. 그 대신 우리는 하나님이 주신 믿음을 가지고 하나님이 주시는 능력으로 살게 됩니다. 이것은 우리가 예전보다 훨씬 불리한 입장에서 이 세상에서 살아야 하는 것입니다. 그런데 우리에게는 하나님의 지각이 있고 하나님의 능력이 있습니다.

사랑할 수 있는 능력

만약 우리가 내 부모가 누군지 모르면 내 인생의 뿌리가 없어서 어디에 뿌리를 박아야 할지 모르게 됩니다. 그러나 나에게 훌륭한 부모님이 있다는 것을 알면 그 부모님의 인격과 사랑에 뿌리를 내리고 살게 됩니다. 그래서 사랑을 받은 사람과 사랑을 받지 못한 사람 사이에는 엄청난 차이가 있습니다. 누구든지 사랑을 받았던 사람이 다른 사람을 사랑할 수 있습니다. 그러나 한 번도 사랑받아 본 적이 없는 사람은 사랑할 줄도 모릅니다. 그리고 우리가 부모님의 사랑을 많이 받으면 다른 사람에 대해서도 사랑을 베풀게 됩니다.

1절하-2절 또한 낳으신 이를 사랑하는 자마다 그에게서 난 자를 사랑하느니라 우리가 하나님을 사랑하고 그의 계명들을 지킬 때에 이로써 우리가 하나님의 자녀를 사랑하는 줄을 아느니라

우리가 예수 믿고 난 후에 하나님으로부터 배운 것은 '사랑'이라는 것입니다. 하나님께서는 우리에게 사랑을 알게 하셨습니다. 그래서 사랑을 받게도 하셨고 또 다른 사람을 사랑할 수도 있게 하셨습니다. 우리가 인간다운 사람이 되기 위해서는 사랑할 줄도 알아야 하고 사랑받을 줄도 알아야 합니다. 가정에서 보면 부인은 남편에게 사랑을 받습니다. 그러나 또한 자기 자식을 사랑합니다. 너무 일방적으로 사랑을 받기만 하는 것도 좋지 못하고 너무 일방적으로 사랑을 하기만 하는 것도 좋지 못합니다.

사실 인류를 지탱해 준 두 가지가 있다면 그것은 모두 여자와 관계되는 것입니다. 하나는 모성애입니다. 어머니는 자식을 열 달 동안 자기 뱃속에 넣고 키웠고 내 배가 아파 아이를 낳았습니다. 그리고 전혀 생존

능력이 없는 아기를 헌신적으로 사랑하고 키운 것입니다. 이것이 우리 인간으로 하여금 사랑을 알게 했습니다. 그리고 또 하나는 나이가 어느 정도 들었을 때 경험하게 되는 이성간의 사랑입니다. 이성간의 사랑은 마치 폭풍처럼 찾아옵니다. 그리고 한번 이 사랑에 빠지게 되면 미친 것처럼 상대방을 차지하려고 합니다. 그러나 이런 사랑은 하나님이 주시는 사랑에 비하면 아무것도 아닙니다. 하나님은 나를 사랑하시되 나를 위하여 하나님의 아들을 죽일 정도로 나를 사랑하셨습니다. 세상에 이런 사랑은 없습니다. 부모님이나 사랑하는 애인도 나를 대신해서 죽어줄 수는 없습니다. 그러나 하나님은 그 아들을 나를 대신하여 죽일 정도로 사랑하셨습니다.

백 년 전 우리나라가 일제에 망할 때 우리 나라 국민들을 사랑해주는 사람은 이 세상에 아무도 없었습니다. 미국도 청나라나 일본도 러시아도 모두 나라를 차지하는데 혈안이 되었지 우리 국민을 사랑하는 사람은 없었습니다. 그때 눈이 파란 외국선교사들이 우리나라에 와서 하나님이 자기 아들을 죽게 할 정도로 우리 민족을 사랑하셨다고 전했습니다. 우리나라 사람들은 그 하나님의 사랑을 믿었고 그때 대부흥이 일어나게 되었습니다.

우리가 예수를 믿으면 존귀한 자기 자신을 되찾게 됩니다. 하나님은 예수님의 십자가를 통하여 하나님의 사랑을 알게 하셨고 그런 사랑을 받는 존귀한 나를 돌려주신 것입니다.

이 세상에 가장 필요한 것은 바로 하나님의 사랑입니다. 사람들은 이 사랑을 모르기 때문에 욕심을 부리고 남을 해치고 미워하는 것입니다.

우리가 하나님의 사랑을 가지고 다른 사람을 보면 완전히 다르게 보이게 됩니다. 즉 우리는 이 세상 모든 사람들이 다 사랑을 받을 자격이 있다는 것을 알게 됩니다. 왜냐하면 모든 사람들이 하나님의 형상으로 지음을 받았기 때문에 누구든지 예수를 믿기만 하면 그들도 존귀해질 수가 있습니다. 그래서 예수 믿는 사람들은 어느 누구도 함부로 대할 수가 없는 것입니다. 왜냐하면 누구든지 하나님의 사랑을 받을 자격이 있기 때문입니다. 그리고 또 한 가지는 그럼에도 불구하고 사람들은 이것을 모르고 돈이나 세상의 명예를 가짐으로 자기 자신을 존귀하게 하려고 한다는 것입니다. 사람들은 가장 중요한 것을 모르고 엉뚱한 것을 추구하면서 살아가고 있는 것입니다.

그러면 우리 그리스도인들이 이 세상을 살아가면서 가장 귀한 것이 무엇일까요? 다른 사람들에게 하나님의 사랑을 알게 해주어서 자신의 가치를 되찾게 해주는 것입니다.

한때 미국 드라마 중에서 병원 응급실을 소재로 한 드라마들이 유행을 했었습니다. 그 인턴이나 레지던트들이 밤에 잠도 제대로 자지 못하면서 병원 응급실에서 일하는 이유는 다른 사람의 생명을 살린다는 자부심 때문인 것입니다. 그러나 육체적인 생명보다 더 중요한 것이 영적인 생명입니다. 그러나 우리 그리스도인들에게는 그런 자부심이 부족한 것을 보게 됩니다.

우리는 하나님의 사랑을 모르고 세상적인 성공만을 위하여 목숨 걸고 살아가는 사람들에 대하여 마음 아파하며 눈물을 흘려야 할 것입니다.

성경은 '내신 이를 사랑하는 자마다 그에게서 난 자를 사랑하느니라'고 말씀을 하셨습니다. 여기서 '내신 이'는 하나님이시고 '그에게서 난 자'는 아들 예수 그리스도이십니다. 우리가 세상에 살면서 다른 사람들과 가장 다른 점이 무엇입니까? 우리는 하나님이 살아계심을 아는 것입니다. 그리고 하나님께서 우리 인간들을 너무나도 사랑하는 것을 아는 것입니다. 이것만으로도 우리의 가치는 어마어마하게 달라지게 됩니다.

세상을 이김

우리가 하나님의 말씀을 지키고 욕심을 십자가에 못 박고 살면 아무래도 이 세상에서 가장 소극적인 삶을 사는 것 같습니다. 왜냐하면 우리가 예수를 믿으면 더 이상 공격적으로 살 수 없기 때문입니다. 그러나 오늘 성경은 그런 삶이 결코 소극적인 것이 아니고 가장 적극적인 삶을 살게 되는 길이라고 말씀을 하십니다.

4-5절 무릇 하나님께로부터 난 자마다 세상을 이기느니라 세상을 이기는 승리는 이것이니 우리의 믿음이니라 예수께서 하나님의 아들이심을 믿는 자가 아니면 세상을 이기는 자가 누구냐

우리 믿는 사람들은 이 세상에 붙어서 기생하는 사람들처럼 생각하기 쉽습니다. 그럴 수밖에 없는 것이 우리 그리스도인들이 이 세상에 적극적인 역할은 하지 않으면서 또 세상을 사랑하지도 않으면서 이 세상에서 먹고 살기 위해서는 밥벌이도 해야 하는 것입니다. 그렇다보니 세상을 위해서는 최선을 다하지 않으면서 이 세상에서는 축만 내는 무용지물 같은 생각이 들 수 있습니다.

그러나 우리가 알아야 할 것은 이 세상에서 가장 위대한 일을 하고 있다는 사실입니다. 왜냐하면 우리는 어느 누구도 하지 못하는 일을 해내고 있기 때문입니다. 가장 중요한 것은 하나님의 백성들은 이 세상에 임할 하나님의 저주의 심판을 축복으로 바꾸는 일을 하기 때문입니다.

이 세상에서 가장 무서운 것은 원자폭탄입니다. 아직도 일본 히로시마나 나가사키를 보면 원자 폭탄이 떨어진 흔적이 남아 있습니다. 그러나 하나님은 원자 폭탄보다 더 무서운 분이십니다. 그러나 하나님의 백

성들은 하나님의 진노를 축복으로 바꾸는 능력이 있습니다.

원자력이 무기로 사용될 때에는 한꺼번에 수십만 명을 죽이는 가공스러운 무기이지만 조절을 하면 전기 에너지와 암을 고치는 에너지로 사용이 되는 것입니다. 이 세상에 임할 하나님의 진노는 마치 원자탄과 같습니다. 그대로 터지면 많은 사람들이 하나님의 심판으로 죽지만 믿는 자들의 예배를 통하여 평화의 에너지로 변하게 되는 것입니다. 그래서 우리 그리스도인들은 이 세상 사람들은 물론이고 우리가 살기 위해서도 하나님 앞에 열심히 모여 기도하고 찬송하며 예배를 드려야 할 것입니다.

또한 중요한 것은 다른 사람을 이기고 정복하는 것이 꼭 이기는 것은 아니라는 것입니다. 더 중요한 것은 다른 사람으로 하여금 자신의 가치를 찾게 만들고 믿음으로 살게 하는 것입니다. 즉 처벌보다 더 중요한 것이 사랑인 것입니다. 우리는 사랑할 수 있는 능력이 있는 자들입니다. 아무리 악한 자라 하더라도 알고 보면 마귀의 하수인입니다. 그들도 하나님의 사랑만 믿으면 변할 수 있습니다. 인간들이야말로 악마와 천사 사이에 있는 존재입니다. 하나님의 사랑은 악마를 천사로 만들 수 있습니다.

그리고 또한 하나님의 백성들은 죄에 있어서 대단히 강한 특성을 나타내고 있습니다. 결국 이 세상은 부패와 음행으로 멸망하게 되는데 하나님의 백성들은 부패와 음행을 이길 수 있습니다. 즉 하나님의 백성들은 죄에 대하여 엄청난 내성이 있습니다.

그 이유는 우리 안에 하나님의 거룩한 성품이 있어서 죄에 대하여 역겨운 감정이 일어나기 때문입니다. 죄가 아무리 달콤한 것처럼 사람을 속여도 하나님의 자녀들은 죄의 본질을 알기 때문에 속아 넘어가지 않습니다. 죄는 추잡한 것이고 역겨운 것입니다. 그리고 우리가 하나님의 말씀을 들으면 죄의 세력이 힘을 잃게 됩니다. 우리가 성령 충만하면 성령의 능력이 이런 유혹과 죄를 우리에게서 밀어냅니다.

지금 우리가 살고 있는 이 세상은 부패 때문에 사람이 살수가 없습니다. 만약 집에서 쓰레기를 일주일만 치우지 않으면 썩는 냄새가 진동을 합니다. 우리나라는 한때 부패공화국이라고 할 정도로 부패하지 않은 곳이 없었습니다. 그러나 하나님을 제대로 믿는 사람이 준비되어 있다면 썩은 냄새나는 세상을 깨끗케 할 수 있습니다.

우리 믿는 사람들에게는 영적인 분별력이 있습니다. 세상 사람들은 앞을 보지 못하기 때문에 누가 하는 말을 그대로 믿고 따라갈 수밖에 없습니다. 그들이 세상을 판단하는 모든 기준은 신문이나 텔레비전입니다. 누가 하는 말에 따라 이렇게 기울어지고 저렇게 기울어집니다. 그렇게 할 수밖에 없는 것이 앞을 보지 못하기 때문에 남들이 다 가는 넓은 길을 갈 수밖에 없는 것입니다. 그러나 우리 그리스도인들은 성령의 인도하심을 받기 때문에 다른 사람들을 따라갈 필요가 없습니다. 왜냐하면 자기 스스로 길을 만들어갈 수 있기 때문입니다. 그래서 처음에는 길을 잃은 것 같고 방황하는 것 같지만 다른 사람들을 이끌 수가 있는 것입니다.

지금 우리가 살고 있는 이 세상이 이처럼 많은 고통 가운데 있고 혼동 가운데 있는 것은 놀랍게도 말씀이 없어서 그런 것입니다. 하나님의 말씀이 있어야 성령의 능력이 나타나고 성령의 능력이 강같이 세상으로 흘러가야 세상이 살수가 있는데 말씀의 능력이 없어서 그런 것입니다.

예수가 하나님의 아들이심을 믿는 자는 하나님의 능력으로 살려고 하는 사람입니다. 예수가 하나님의 아들이심을 믿지 않는 자는 자기 힘으로 살려고 하는 자입니다. 처음에는 사람의 능력이 이기는 것 같지만 결국은 하나님의 능력이 이기게 됩니다.

하나님은 예수님의 십자가를 통하여 우리에게 사랑을 알게 하셨고 또 우리에게 사랑을 가르쳐주셨습니다. 우리는 하나님의 사랑과 성령의 능력으로 죄를 이기고 마귀를 이기고 믿음으로 승리할 것입니다.

JOHN 1

요일 17
(5:6–12)

세 가지 증거

몇 년 전 우리나라에 이름 있는 대학에 초청 받아서 가게 되었는데 그 대학은 모든 건물을 출입하는데 카드 키가 있어야만 문이 열렸습니다. 보통은 들어올 때 카드 키를 사용하는데 그 대학은 나갈 때도 카드 키가 없으면 나가는 문이 열리지 않았습니다. 아마도 그렇게 하는 이유는 그 대학의 중요한 연구 자료나 기구 같은 것이 밖으로 유출되는 것을 막기 위한 것 같았습니다. 최근에 우리나라 대기업체에서 누군가가 중요한 기술이나 자료를 빼내어서 다른 경쟁 업체나 특히 중국 같은 외국에 팔아버리는 바람에 엄청난 손해를 보게 되었다는 신문 보도가 있었습니다. 그래서 요즘은 회사들마다 자신들의 기술이나 연구 자료를 지키기 위해서 더욱 더 보안에 신경을 쓰고 있는 형편입니다.

우리나라에서 중요한 행사나 유명한 사람이 참석하는 파티는 미리 주최측에서 초청장을 보냅니다. 그런 곳에는 아무나 간다고 해서 다 들어갈 수 있는 것이 아니라 초청장을 가진 사람만 들어갈 수가 있습니다.

　하나님께서는 이 시대의 사람들에게 천국의 축복을 가지고 초청하셨습니다. 하나님께서 오늘 시대의 사람들에게 주시는 축복은 무궁무진합니다. 그러나 하나님께서 이 시대의 사람들에게 주시는 축복이 모두 다 같은 것은 아닙니다. 그 중에서도 가장 중요한 핵심적인 복이 있습니다. 이 복은 아무나 가지지 못하고 하나님이 주시는 카드 키를 가진 자만이 그 안에 들어가서 가질 수 있는 것입니다. 오늘 시대의 사람들은 이 부분에 있어서 많이 혼동하는 것 같습니다. 즉 하나님께서 우리에게 주시는 가장 중요한 복은 무엇이며 누구든지 받을 수 있는 복은 무엇인가 하는 것입니다.

　한 가지 예를 들어보면 예수님께서 두로 땅에 가셨을 때 한 이방 여인이 예수님께 와서 딸의 귀신들린 것을 고쳐달라고 부탁을 드렸습니다. 그때 예수님께서는 이 여자의 말을 아예 들은 체도 하시지 아니하시다가 계속 애걸하니까 하신다는 말씀이 '누가 자녀가 먹을 떡을 개에게 주느냐?'고 하면서 거절을 하셨습니다. 즉 예수님의 은혜는 떡인데 이 떡을 자녀에게 주어야지 이방인 개에게는 줄 수 없다는 뜻이었습니다. 이 때 이 여자가 놀라운 말을 했습니다. 즉 '주여 옳습니다. 그러나 개들도 주인의 상에서 떨어지는 부스러기는 먹습니다'라고 대답을 했습니다. 이 여자는 떡이 무엇이며 부스러기가 무엇인지 알고 있었던 것입니다. 이 여자는 자기는 이방인이기 때문에 감히 떡을 먹을 자격이 없다는 것을 알고 있었습니다. 이 여자는 자기는 감히 예수님에게 하나님의 자녀들이 먹는 말씀과 성령을 달라고 하지 않는다는 것입니다. 오직 개들이 먹는 부스러기 즉, 자기 딸의 병이 낫는 것을 원한다고 했습니다. 예수님은 이 여자의 말을 듣고 참으로 충격을 받았습니다. 왜냐하면 하나님의 자녀들은 떡을 먹을 생각은 하지 않고 매일 돈타령이나 하고 이 세상에 있는 것만 찾는데 비하여 이 이방 여자는 무엇이 중요한지 알고 있었기 때문입니다. 그래서 예수님은 이 여자의 믿음을 축복하시면서 그 딸의 병을 고쳐주셨습니다. 우리에게는 이것보다 더 생생한 예가 없을 것입니다. 우리는 예수를 믿는다고 하면서도 세상의 복을 더 원할 때가 많습니다. 어떤 의미에서는 우리도 인간인 이상 자연스러운 현상인지도 모릅니다. 그러나 이 세상에 있는 것들과 도저히 비교할 수 없는 것이 하나님의 말씀이며 성령의 능력입니다. 하나님께서는 이 복들이 누출되지 않기 위해서 이중삼중의 자물쇠로 지키시는 것입니다. 그런데 다행스럽게도 많은 사람들은 이 보물의 가치를 알지 못합니다. 더 놀라운 것은 하나님의 자녀들조차도 이 가치를 모르는 것입니다. 그러나 우리가 이 보물의 가치를 모른다면 이 세상에서 비참하게 살 수밖에 없습니다. 그런데 이단들은 이 보물의 가치를 알고 훔치려고 하는 것입니다.

    초대 교회 때 사마리아에서 빌립 집사를 통해서 한창 부흥이 일어날 때 베드로와 요한이 가서 사람들에게 안수하면 성령이 임했습니다. 그 때 시몬이라는 사람은 이것을 보고 베드로에게 돈을 줄 테니까 성령을 자기에게 좀 팔라고 했습니다. 그래서 시몬은 베드로에게 '네가 돈과 함께 망하리라'는 저주를 받았습니다. 그래도 시몬은 양심적인 편입니다. 왜냐하면 돈이라도 주고 성령을 사려고 했기 때문입니다. 그러나 요즘은 전혀 성경적이지 않은 이단들이 사람들을 모아놓고 성경을 가르치거나 혹은 성령으로 병을 치료한다고 난리를 치는 것을 보게 됩니다. 이것은 가짜 하나님의 은혜입니다. 우리는 하나님의 가장 중요한 은혜를 지켜야 하며 이것을 나의 것으로 삼아야 하겠습니다.

하나님 나라의 비밀

　예수님께서 하신 가장 놀라운 일은 하나님의 나라를 이 세상에 가지고 오신 것입니다. 우리는 여기서 하나님의 나라를 명품에 비유하면 좋을 것 같습니다. 전에 어떤 분이 외국에 갔다가 가짜 명품 시계가 워낙 싸길래 여섯 개를 샀는데 비행기도 타기 전에 그 중에 대부분이 가지 않더라는 말을 했습니다. 옛날에 우리나라에 명품을 취급하는 브랜드 회사가 들어오기 전에는 돈 있는 사람들이 일부러 파리나 이태리까지 가서 명품을 사오고 그런 와중에 가짜에 많이 속기도 했습니다. 그러나 이제는 우리나라에 외국의 유명한 브랜드들이 거의 다 들어와 있기 때문에 이제는 비행기를 타고 외국에 갈 필요도 없이 우리나라에서 얼마든지 명품들을 살 수 있게 되었습니다. 마찬가지로 예수님이 오시기 전에는 사람들이 천국이 있는 줄도 몰랐고 설사 있다 하더라도 죽어야 갈 수 있었습니다. 또 죽는다하더라도 정말 갈 수 있는지는 아무도 몰랐습니다. 그러나 예수님은 이 세상에 죽어서 가는 천국과 똑같은 천국을 가져오셨습니다. 그래서 우리는 이 세상에서 살아 있는 상태에서 마음껏 천국에 들어갈 수 있게 되었고 그 복을 누릴 수 있게 되었습니다. 그러나 천국은 만민에게 개방이 된 것은 사실이지만 누구나 다 들어갈 수 있는 것은 아닙니다. 천국의 복을 가지기 위해서는 반드시 통과해야 하는 비밀 카드 키가 있는 것입니다. 이것이 없는 사람은 천국을 구경만 하지 그 안에 들어 있는 진수는 가질 수가 없습니다.

> **6-8절** 이는 물과 피로 임하신 이시니 곧 예수 그리스도시라 물로만 아니요 물과 피로 임하셨고 증언하는 이는 성령이시니 성령은 진리니라 증언하는 이가 셋이니 성령과 물과 피라 또한 이 셋은 합하여 하나이니라

사도 요한은 예수님에 대하여 말씀하시기를 물과 피로 임하셨다고 말씀하고 있습니다. 이것은 우리가 진정으로 하나의 나라를 소유하기 위해서는 이 비밀 열쇠를 받아야 한다는 뜻입니다.

여기에 보면 '물과 피'가 나오는데 어떤 분은 이 '물과 피'는 예수님께서 십자가위에 못 박히셨을 때 로마 군인이 창으로 옆구리를 찔렀을 때 쏟아져나온 물과 피를 의미한다고 설명을 합니다. 그래서 누구든지 천국이 들어가려고 하면 예수님이 십자가 위에 못 박혀 죽으신 것을 믿어야 한다고 합니다.

본문 말씀은 결코 쉬운 말씀이 아닙니다. 즉 예수님께서는 우리에게 임하셨는데 물과 피로 임하셨다고 했습니다. 그러면서 다시 강조하기를 예수님은 결코 물로만 임하신 것이 아니라 물과 피로 임하셨고 그 증거가 성령이라고 말씀하고 있습니다. 그러면서 다시 성령과 물과 피가 합하여 증거한다고 말씀하고 있습니다. 즉 성령과 물과 피는 우리가 하나님 나라의 축복을 받는 데 아주 중요한 증표인 것입니다.

여기서 가장 먼저 나오는 것은 '물'입니다. 여기서 '물'이라고 하는 것은 우리가 처음 예수를 믿을 때 받는 세례를 말합니다. 예수님께서는 밤중에 찾아온 니고데모에게 '누구든지 물과 성령으로 거듭나지 아니하면 하나님 나라에 갈 수 없다'(요 3:5)고 말씀하셨습니다.

세례 요한은 말씀을 듣기 위하여 나아온 유대인들을 향해서 너희 죄를 자백하고 세례를 받으라고 했습니다. 그러면서 '나는 너희로 하여금 회개케 하기 위하여 물로 세례를 주지만 나 뒤에 오시는 이는 나보다 능력이 많으시니 불과 성령으로 세례를 주실 것이라'(마 3:11)고 했습니다.

우리가 예수를 믿고 세례를 받는 것은 하나님의 뜻입니다. 이것은 지금까지 내가 내 자신을 믿고 살아온 것은 죄이고 이제는 온전히 하나님의 말씀만이 옳고 예수님만 믿고 살겠다는 것을 공적으로 인정하는 것입니다. 그래서 이것을 회개의 세례라고 말을 합니다. 누구든지 예수를 믿고 구원을 얻으려고 하면 세례를 받아야 합니다. 어떤 분은 내가 마음으로 믿기만 하면 되지 세례는 중요하지 않다고 하는데 그렇지 않습니다. 내가 하나님을 믿지 않고 내 자신을 믿고 살아온 것이 죄라는 것을 고백하고 세례를 받아야 합니다. 바로 이것이 기독교 세계 안으로 들어오는 문입니다.

오늘 우리는 물 세례를 받으면서 바로 성령으로 세례를 받는 경우도 있지만 때로는 물로 세례를 받기는 했지만 완전히 거듭나는 체험을 하지 못하는 경우도 있습니다. 우리의 생각으로는 참으로 바로 이해하는 것이 쉽지 않습니다. 즉 우리가 머리로는 예수를 믿고 기독교라는 울타리 안에는 들어와 있지만 아직 진정으로 거듭나는 체험이 일어나지 않는 경우도 있을 수 있습니다. 즉 우리가 믿는다고 하지만 아직 내 삶을 완전히 예수님께 맡기지 못하고 인간적인 열심입니다.

예를 들어서 어떤 사람이 복음을 듣고 예수를 믿는다고 고백을 하고 교회에 다니게 됩니다. 또 때가 되었을 때 세례를 받고 신자가 됩니다. 그럼에도 불구하고 아직 내 모든 죄가 사하여진 것 같지도 않고 여전히 내 자신의 힘으로 하나님을 믿으려고 할 때가 있습니다. 즉 우리가 예수를 믿고 죄 사함을 믿기는 한데 아직 성령의 능력을 받지 못하고 내 힘으로 거룩하게 살려고 몸부림을 치는 것입니다. 물론 이 상태도 대단히 귀한 것입니다. 그리고 이 상태에 있다고 해서 다 구원을 받지 못한다고 말할 수는 없습니다. 그럼에도 불구하고 내 자신의 죄를 심각하게 느끼면서도 예수님의 십자가 위에서 내 죄가 다 씻겨진 것을 믿지 못하고 신앙생활을 할 때가 있습니다.

사도 바울은 에베소에 갔다가 거기에 있는 사람들에게 '너희가 예수를 믿을 때에 성령을 받았느냐?'고 물어보았습니다. 그랬더니 그들은 대답하기를 우리는 요한의 세례만 받았고 성령은 듣지도 못했다고 말을 했습니다. 이 사람들은 하나님을 믿고 성경을 믿기는 하지만 아직 완전히 예수를 자신의 삶에 인격적인 주인으로 영접하지 못한 상태였던 것입니다. 물론 오늘 신약 시대에는 거의 물과 성령은 함께 있다고 보아야 합니다. 그럼에도 불구하고 실제로는 죄의식에서 자유롭지 못할 때도 많이 있습니다. 그러다가 어느 날 예수님의 십자가 보혈의 설교를 심각하게 듣고 내 자신의 모든 죄를 예수님의 십자가에 못을 박는 체험이 있게 됩니다. 이것이 바로 피인 것입니다.

저는 어렸을 때부터 교회를 다녔습니다. 그럼에도 불구하고 거듭남에 대하여 알지 못했습니다. 그러다가 대학생 때 죄에 대하여 심각하게 고민을 하다가 어느 날 예수님께서 너의 죄 때문에 내가 십자가에 못 박혀 죽었다는 생생한 말씀이 생각이 나게 되었습니다. 그래서 그 순간 혼자 어느 조용한 다락방으로 가서 무릎을 꿇고 주님께 항복한다고 기도를 드렸습니다. 그리고 성령이 제 마음이 들어오게 되었습니다. 저의 모든 죄가 다 씻음 받은 것이 믿어졌고 하나님은 사랑이 많으신 내 아버지인 것을 믿게 되었습니다. 그리고 내 자신이 얼마나 소중한 사람인지 깨닫게 되었습니다. 이것이 예수님의 보혈의 공로이고 피의 권세인 것입니다.

우리가 그리스도의 울타리 안에 들어온다고 해도 모든 것이 다 되는 것은 아닙니다. 예를 들어서 어떤 사람이 갑자기 병이 생겨서 아프면 일단 빨리 병원에 데리고 가야 합니다. 그러나 그 사람이 병원에 입원을 했다고 해서 자동적으로 치료가 다 된 것은 아닙니다. 그는 구체적으로 의사의 진찰을 받고 치료를 받아야 하는 것입니다. 우리 영혼을 치료하는 것은 예수 그리스도의 십자가입니다. 예수님이 내 죄를 대신하여 죽으셨다는 것을 진심으로 믿을 때 우리 영혼에는 치료가 이루어지게 됩니다. 그래서 우리에게 십자가 보다 더 능력 있는 것은 없습니다. 그래서 우리에게 피는 가장 중요한 열쇠입니다.

　우리가 하나님을 믿는 것이 믿음의 목표입니다. 그러나 하나님을 바로 믿는 길은 예수님의 십자가 보혈을 믿는 것 밖에 없습니다. 다른 길은 길이 아닙니다. 예수님의 십자가는 하나님의 복으로 들어가는 열쇠입니다. 그래서 우리 신앙에 있어서 예수를 아는 지식보다 더 중요한 것은 없습니다. 사도 바울은 예수를 아는 지식이 너무 고상하기 때문에 자기 모든 세상 자랑을 배설물로 알고 버린다고 했습니다. 그런데 우리가 예수를 믿고 나면 더 놀라운 진수가 있습니다. 그것은 바로 진리의 영이신 성령을 받는 것입니다. 그래서 하나님의 나라는 들어가면 갈수록 더 놀랍고 신기한 것 밖에 없습니다.

　마치 우리가 오래된 석회암 동굴을 탐험하면 처음에는 보잘것없는 동굴인 것 같지만 그 안에 들어가면 큰 광장이 있고 호수가 있고 형형색색의 돌기둥이 있는 것과 같습니다. 그런데 이 모든 것이 하나님의 말씀으로 이루어지는 것입니다.

사람의 증거와 하나님의 증거

　우리가 어렸을 때에는 마치 스펀지가 물을 빨아들이듯이 무조건 받아들입니다. 그러다가 청소년 시기가 되어서 어느 정도 자신의 주관이 생기게 되면 옛날에 맹목적으로 받아들였던 것에 대하여 의심을 하고 회의에 빠질 때가 있습니다. 이런 것은 반드시 나쁜 것이라고 볼 수 없습니다. 왜냐하면 지금까지 아무 비판 없이 받아들인 것을 자신의 것으로 소화시키는 과정이라고 보아야 하기 때문입니다. 그런데 이때 완전히 자신의 이성으로 받아들여지지 않는 진리들도 있습니다. 이때 자칫 성급하게 자기 머리에 뜯어 맞추려고 하다가 믿어지지 않으면 신앙을 버리게 되는 경우도 있습니다.

청소년들 중에는 자기 부모가 하는 말을 잘 받아들이지 않으면서도 친구들이 하는 말이라면 무조건 받아들이는 경향이 있습니다. 그 이유는 부모님은 언제나 옳은 말씀만 하시기 때문에 반박의 여지가 없기 때문입니다. 그러나 친구들이 하는 이야기는 항상 옳지는 않습니다. 때로는 황당하거나 말도 되지 않는 이야기도 합니다. 그것은 재미있습니다. 부모님이 하시는 말씀은 설교조이지만, 친구들이 하는 말은 무엇인가 황당무계한 이야기들입니다. 그래서 귀가 솔깃하고 한번쯤 그런데 빠지고 싶은 마음이 드는 것입니다.

우리 인간들이 기독교를 가장 싫어하는 이유도 기독교는 언제나 우리에게 정답만 제시한다는 것입니다. 다른 종교는 정답은 없는 상태에서 모두 정답을 찾아서 고민하고 방황하고 몸부림치는데 이것이 더 인간적으로 보이는 것입니다. 거기에 비해서 기독교는 정답은 정해진 상태에서 이것만 믿으라고 하니까 사람들은 그러면 우리는 무엇이냐 로봇이냐 하면서 반발을 하는 것입니다. 그래서 많은 사람들이 기독교는 독선적이라고 하면서 싫어하는 것입니다. 그런데 사람들이 기독교에 대하여 이런 반응을 보이는 것은 우리 인간의 실상을 잘 몰라서 그러는 것입니다.

예를 들어서 병원에 어떤 사람이 심한 병에 걸려서 오게 되었을 때 의사는 진단을 내리고 일방적으로 치료를 하게 됩니다. 그 이유는 환자는 자기 스스로를 고칠 능력이 없고 병이나 치료에 대한 지식은 의사만 알고 있기 때문입니다. 만약 의사가 환자에게 우리 서로 의논해서 한번 치료하는 방법을 찾기 위하여 몸부림을 쳐보자고 한다면 이 의사는 돌팔이인 것입니다. 하나님께서 우리에게 주신 진리가 독단적인 이유는 인간들은 스스로를 치료할 능력이 없기 때문입니다. 그럼에도 불구하고 우리 인간들은 하나님의 말씀보다는 인간의 말을 더 좋아하는 것입니다.

9절 만일 우리가 사람들의 증언을 받을진대 하나님의 증거는 더욱 크도다 하나님의 증거는 이것이니 그의 아들에 대하여 증언하신 것이니라

여기에 보면 '사람의 증거'라는 것이 나오고 또 '하나님의 증거'가 나옵니다. 여기서 하나님의 증거라고 하는 것은 예수 그리스도가 하나님의 아들이시며 우리가 예수를 믿어야 구원을 얻는다는 사실입니다. 그리고 성경에 기록된 것은 전부 하나님의 말씀이라는 것입니다. 우리가 예수를 믿으면 구원을 받는다는 것은 인간의 생각이 아니라 하나님의 증거입니다. 그러나 사람들은 이런 정답보다는 인간들이 고민하고 사색한 많은 증거들을 더 좋아합니다. 그 중에 철학이 있습니다. 옛날에는 지성인이라고 하면 모두 철학을 알아야만 했습니다. 그리고 철학적인 개념으로 표현된 것만 지성적이라고 생각했습니다. 그러나 이런 사람의 증거라고 하는 것은 인간의 논리에 불과한 것입니다.

물론 우리가 이 세상에서 살아가기 위해서는 인간의 말이나 논리, 지식이 필요할 때가 많습니다. 그러나 우리가 하나님 앞에 나아가서 하나님의 복을 받는데 있어서는 인간의 생각은 아무 소용이 없습니다. 오직 하나님의 증거만이 효력이 있는 것입니다.

그런데 사람들은 이런 인간적인 생각이나 능력도 우리에게 실제적인 유익이 있다고 주장합니다. 물론 이런 것들도 다 유익한 것이 있습니다. 그러나 그것은 모두 핵심적인 것이 아니라 부스러기에 불과한 것입니다.

그러나 성경은 벌써 그 권세와 능력이 다릅니다. '그것은 그 아들에 관하여 하나님이 증거하신 것'이라고 했습니다. 사람의 증거보다 더 큰 것이라고 말씀합니다.

여기서 인간의 말이라고 하는 것은 우리가 성경을 가지고 가르치거나 혹은 묵상하는 것까지 하지 말라는 뜻은 아닙니다. 만일 우리가 성경 외에는 전부 인간의 말이라고 하면 성경만 읽고 아무 소리도 하지 말아야 할 것입니다. 그러나 우리가 성경을 바로 알고 해석할 때 성령께서는 인간의 말을 사용해서 하나님의 뜻을 나타내게 하십니다.

그러나 우리는 다른 사람들이 훌륭한 체험을 했다고 주장을 해도 하나님의 말씀과 같은 수준에 두고 받아들여서는 안 됩니다. 또 누군가가 예언을 한다고 해도 참고 사항으로 받아들여야 하는 것입니다.

사람의 증거와 하나님의 증거 사이에는 분명한 차이가 있습니다. 그 중의 하나가 사람의 증거는 그저 감동만 주는데, 하나님의 증거는 무엇인가 내 안에 증거를 남겨 놓는다는 사실입니다.

10절 하나님의 아들을 믿는 자는 자기 안에 증거가 있고 하나님을 믿지 아니하는 자는 하나님을 거짓말하는 자로 만드나니 이는 하나님께서 그 아들에 대하여 증언하신 증거를 믿지 아니하였음이라

그리스도에 대한 증거는 반드시 어떤 변화를 마음속에 남겨놓습니다. 예수 그리스도에 대한 증거는 단순한 이야기가 아닙니다. 이것은 하나님께서 그의 아들에 대하여 증거하시는 것이기 때문에 믿는 자는 그 마음에 분명한 하나의 확신이 생깁니다. 우리는 복음을 전할 때 불안한 마음이 있습니다. 나는 이것을 믿지만 도대체 어떻게 다른 사람을 믿도록 설득할 수 있겠느냐 하는 것입니다. 그러나 그리스도에 대한 증거는 다른 인간의 말과는 다릅니다. 거기에는 반드시 하나님의 성령이 함께 하십니다. 그러므로 바른 복음이 전해지는 곳에는 항상 이런 분리현상이 생깁니다. 어떤 사람은 복음을 받아들여서 변화되는가 하면, 또 어떤 사

람은 복음을 거부하고 핍박합니다.

하나님께서는 그 아들의 복음을 통하여 우리를 부르십니다. 그것은 우리를 사랑한다는 것입니다. 하나님께서 아들의 죽음보다 더 강한 사랑으로 우리를 사랑하신다고 말씀하십니다. 이것이 우리의 귀에 들려지는 것입니다. 그냥 귀에 들려지는 것이 아니라 마음에 들려집니다. 예수님께서 이천년 전에 십자가 위에서 죽으신 것이 아니라 마치 지금 눈앞에 죽어서 달려 계신 것 같습니다. 하나님의 음성이 귀에 들리는 것 같습니다. 그래서 복음을 들은 순간 그 마음속에서 다시 돌아갈 수 없는 경계선이 생깁니다. 누가 뭐라고 해도 옛 생활로는 돌아갈 수 없습니다. 지금 아무리 고생스럽고 힘들어도 그리스도안에 있는 것이 더 낫습니다.

그래서 예수님의 십자가를 믿는 사람은 다시 세상으로 돌아갈 수 없습니다. 사도 바울은 우리와 세상 사이에 예수님의 십자가가 있어서 우리가 세상으로 가려고 해도 갈 수 없고 또 세상이 십자가를 넘어서 우리에게 오려고 해도 올 수 없다는 것입니다. 즉 우리가 예수 믿고 난 후의 생활이 아무리 가난하고 고생스러워도 절대로 예수 믿지 않던 과거로는 돌아갈 수가 없습니다. 왜냐하면 예수를 알지 못할 때의 우리의 삶은 미친 사람의 삶과 다를 바가 없었기 때문입니다. 그러나 이제 예수님을 통하여 자신의 소중한 가치를 알게 되었고 하나님의 축복의 풍성함을 알게 되었습니다. 그래서 아무리 세상이 유혹을 하고 꼬리를 친다고 해도 절대로 세상으로는 갈 수 없는 것입니다.

그리스도가 주시는 영생

예수님은 이 세상에 천국을 가지고 오셨습니다. 그래서 우리는 죽기 전에 옛 성도들이 죽은 후에 천국에서 누리는 복을 지금 여기서 누릴 수 있습니다. 그런데 우리에게 혼동이 되는 것은 이 세상에 너무나도 많은 복이 있습니다. 솔직히 말해서 이 세상에 우리가 필요로 하는 것이 다 있습니다. 이 세상에는 직장이 있고 돈이 있고 지식이 있습니다. 이 외에 무슨 복이 또 있겠습니까? 그러나 우리가 알아야 할 것은 이 세상에 있는 복은 모두 모래의 복입니다. 이 세상의 모래로는 다리나 댐이나 백층상가나 높은 빌딩을 지을 수가 없습니다. 이 세상의 복이 진짜 복이 되려면 하늘의 복이 임해야 합니다. 우리가 그 복을 받는 비결이 있습니다.

> **11절** 또 증거는 이것이니 하나님이 우리에게 영생을 주신 것과 이 생명이 그의 아들 안에 있는 그것이니라

여기서 영생이라고 하는 것은 단지 죽은 후에 우리가 받는 복락만 말하는 것이 아닙니다. 이 영생은 우리가 이 세상을 살면서 누리는 능력 있는 삶을 의미합니다. 예수님께서 우리에게 오신 것은 풍성한 삶을 주시기 위해서라고 말씀하셨습니다. '내가 온 것을 양으로 생명을 얻도 풍성히 얻게 하려 하심이니라'고 하셨습니다.

그 풍성한 삶을 어떻게 얻을 수 있습니까? 가장 중요한 것은 하나님이 말씀 안에 모든 복을 다 집어넣어서 문자로 만들어서 주셨습니다. 그래서 성경은 어마어마한 금과 보석이 있는 산과 같습니다. 우리가 이 세상에서 진정으로 천국의 복을 누리려면 이 말씀 안에 있는 진리를 캐내어서 우리 속사람을 채워야 합니다. 사람은 그릇과 같아서 그 안에 담기는 내용에 따라서 가치가 달라지게 됩니다. 병은 그 안에 담기는 내용에 따라서 참기름 병이나 간장병이나 우유병으로 다르게 불리워집니다. 사람도 안에 있는 내용에 따라서 가치가 달라지게 됩니다. 물론 우리가

세상의 지식으로 우리 자신을 채우면 똑똑해질 수 있습니다. 그러나 우리가 하나님 앞에 존귀해지지는 않습니다. 그러나 우리가 하나님의 말씀으로 우리 속을 채우면 우리 자체가 보석이 되어버립니다. 우리가 오직 하나님의 말씀만 붙들고 세상의 것들을 버릴 때 성경이 살아있는 말씀이 됩니다. 그리고 기도가 응답됩니다. 더 놀라운 것은 우리가 예수님의 십자가를 붙들고 말씀을 붙들 때 우리 모임 안에 성령의 샘이 터지게 됩니다. 이 안에서 모든 마음의 병이 낫게 되고 도덕적인 병들이 치료가 되고 망쳐버린 인생이 다시 살아나게 됩니다. 이것이 바로 하나님이 주시는 기적의 복인 것입니다. 바로 이런 공동체가 성전입니다. 하나님이 우리 가운데 임재하셔서 우리의 인도자가 되시고 치료자가 되시며 목자가 되시는 것입니다. 우리가 이렇게 할 때 하나님은 부흥의 복을 부어주십니다. 이 부흥은 우리와 하나님 사이가 하나가 되어서 하늘의 복이 한없이 부어지는 것을 말합니다. 이때 세상은 가장 아름다워지게 됩니다. 세상에 전쟁이나 미움이나 싸움이 없어지게 되고 사자와 어린양이 뛰놀고 어린 아이가 독사굴에 손을 넣어도 물리지 않는 평화의 때가 오게 됩니다. 바로 이 부흥만이 인류의 비참한 멸망을 막을 수 있습니다. 지금 하나님 앞에는 우리를 위하여 헤아릴 수 없는 축복이 준비되어 있습니다. 누구든지 하나님 앞에 용감하게 나가서 그것을 다 가져오는 자가 풍성한 삶을 살 수 있고 또 다른 사람들도 행복하게 할 수가 있습니다.

사도 요한은 하나님의 아들의 이름을 믿는 너희에게는 영생이 있다고 말합니다. 이것은 우리에게 무한한 하나님의 능력이 공급되고 있다는 것입니다. 하나님의 말씀을 믿음으로 모두 능력 있는 삶을 사시기 바랍니다.

요일 18
(5:14–21)

믿는 자의 확신

헤르만 헤세가 쓴 '골드문트와 나르치스'라는 소설을 보면 자신의 감정적 충동을 이기지 못한 골드문트가 학교 기숙사를 떠나서 여러 곳을 방랑하면서 살아갑니다. 때로는 음식을 얻어먹기도 하고 때로는 만나는 여러 여성들과 사랑을 나누기도 하면서 불안정하게 살아갑니다. 때로는 어느 곳에 정착해서 글을 써주기도 하고 또 유명한 조각가를 만나서 조각을 배우기도 하지만 결국 자신의 방랑벽을 이기지 못해서 계속 방황하면서 살아갑니다. 그러다가 당시 독일을 휩쓸었던 페스트에 수많은 사람들이 죽어가는 것을 보고 자기 자신도 사람을 죽이기도 하면서 방랑하다가 나중에 결국 어느 귀족 부인과 정사를 하려고 하다가 붙들려서 사형당하기 전에 거기에 천주교 대표로 와 있던 친구 나르치스의 도움을 받아서 목숨을 건지게 됩니다. 그 후에 골드문트는 다시 수도원 부속학교에 돌아가서 조각을 하다가 다시 방황의 길을 떠나지만 사고를 당해서 병든 몸으로 돌아와서 친구 나르치스 손에 죽습니다.

사람들의 마음속에는 안정하고자 하는 욕구와 그 안정에 만족하지 못하고 자기 욕망을 따라서 끊임없이 방황하고자 하는 욕망이 함께 있는 것 같습니다. 우리가 끊임없이 방황하려고 하는 이유는 자기 자신에게 만족할 수 없기 때문입니다. 그래서 또 다른 자신을 찾아서 방황을 하는 것입니다. 우리가 예수님을 만나기 전에는 끊임없이 방황할 수밖에 없습니다. 그러나 우리가 예수님을 만나고 하나님의 사랑을 받을 때 완전히 새로운 자기 자신을 만나게 됩니다. 그때 우리는 정신적인 방황을 마치게 되는 것입니다.

건축가가 집을 지으려고 하면 일단 그 집의 기초가 튼튼한지 확인을 해야 합니다. 만일 어떤 건축가가 이십층 삼십층 빌딩을 짓는데 지반이 약한 곳이라든지 아니면 밑에 폐건축물 같은 쓰레기가 매립된 것을 모르고 집을 지었다면 얼마가지 않아 그 집은 무너지고 말 것입니다. 마찬가지로 우리는 우리 인생을 튼튼한 기초위에 세워야 합니다. 만약 결혼을 한다고 해도 한 평생 믿고 살 수 있는 사람과 결혼을 해야 하고 직장을 구하더라도 한 평생 내가 안심하고 다닐 수 있는 직장이어야 할 것입니다. 그러나 요즈음 주위를 보면 이런 기초들이 다 무너지고 있는 것을 보게 됩니다. 즉 결혼도 서로에 대하여 신실하지 못하다 보니까 부정한 관계로 인하여 깨어지는 가정들이 많고 직장도 장래를 예측할 수 없게 되었습니다. 이때 우리는 어디에서 우리 인생의 기초를 세워야 한 평생 무너지지 않는 인생을 살 수 있을까요?

그리스도인들은 세상적으로 보면 대단히 불안정하기도 하고 연약하게 보일 수도 있습니다. 그러나 중요한 것은 우리는 하나님의 생명까지 연결된 사람이라는 사실입니다. 그것을 오늘 본문은 영생이라고 말씀하고 있습니다. 누구든지 예수 그리스도를 나의 주 나의 하나님으로 믿는 사람에게는 하나님의 생명이 연결되어 있습니다.

옛날 잠수하는 사람들을 보면 잠수복을 입고 모자를 쓰고 바다에 들어가면 배위에서 펌프질을 해서 공기를 공급시켜주는 것을 볼 수 있었습니다. 비록 몸은 바다 속에 들어가 있지만 배위에서 계속 산소가 공급이 되고 있기 때문에 얼마든지 오랫동안 바다 속에서 활동을 할 수 있는 것입니다. 이 세상 다른 사람들은 자기 힘으로 이 세상을 살아갑니다. 그들은 자기가 갖고 있는 것이 사용할 수 있는 힘의 전부입니다. 그러나 우리 그리스도인들은 자기가 갖고 있는 것보다 하나님이 주시는 능력이 더 중요한 것입니다. 그래서 만일 우리 그리스도인들이 믿지 않는 사람처럼 자기 힘으로 이 세상을 살려고 하면 반드시 실패하게 되어 있습니다. 우리 그리스도인들의 성공 비결은 우리가 얼마나 하나님의 능력을 끌어올 수 있느냐 하는 것입니다. 우리가 하나님의 능력을 많이 끌어오면 많이 끌어올수록 우리는 더 능력 있는 삶을 살 수 있는 것입니다.

그리스도인들은 어떤 사람이냐?

우리 그리스도인들이 이 세상을 살아가면서 가장 중요한 것은 우리가 이 세상 사람들과는 근본적으로 다른 사람들이라는 것을 늘 인식하는 것입니다.

13절 내가 하나님의 아들의 이름을 믿는 너희에게 이것을 쓰는 것은 너희로 하여금 너희에게 영생이 있음을 알게 하려 함이라

우리가 비행기를 타고 가다보면 여러 나라의 사람들이 섞여서 비행기

를 타고 가게 됩니다. 그러나 비행기가 비행장에 내려서 입국을 할 때에는 소속이 달라지게 됩니다. 일단 그 나라 국적을 가진 사람은 '내국인'이라고 적힌 곳을 통해서 쉽게 통과가 되지만 외국인들은 '외국인'이라고 적힌 곳을 통해서 입국을 해야 하고 여러 가지로 까다롭게 심사를 합니다. 한번은 베트남을 다녀오는데 옆 자리에 한 베트남 여성이 타고 있었습니다. 비행기 안에서는 먹을 것도 나누어주면서 왔는데 비행장에서 그 여성은 무엇이 잘못되었는지 모르지만 오래 동안 붙들려서 조사를 받는 것을 보았습니다. 우리가 이 세상에 살 때에는 많은 사람들이 서로 섞여서 살고 있지만 하나님 앞에서는 모두 소속이 달라지게 됩니다. 우리는 하나님께 속한 사람들입니다.

물론 이 세상에서 그리스도인의 신분이 잘 표시가 나지 않습니다. 믿는 사람들이 다른 사람들과 다른 표시를 하고 다니는 것도 아닙니다. 가끔 보면 불교 신자들은 몸빼 비슷한 자비를 입기도 하고 염주를 목에 두르고 다니기도 하지만 우리 믿는 사람들은 들고 다니는 성경책이나 찬송가 외에는 아무런 표시가 없습니다. 그래서 때로는 우리가 크리스천의 신분을 숨기려고 할 때가 많습니다. 왜냐하면 언제나 크리스천인 것을 나타내면 불편하기도 하고 때로는 적대적인 대접을 받거나 혹은 내가 하고 싶은 일을 마음대로 하지 못할 수도 있기 때문입니다. 그러나 우리 크리스천들은 일단 소속이 이 세상이 아니고 하나님께 속한 자들입니다.

19절 또 아는 것은 우리는 하나님께 속하고 온 세상은 악한 자 안에 처한 것이며

우리와 다른 사람들은 서로 속해 있는 소속이 다릅니다. 그런데 이것

이 겉으로는 표시가 나지 않습니다. 그래서 우리 그리스도인들은 지향하는 목표도 다를 뿐 아니라 이 세상을 살아가는 원리도 다릅니다. 물론 세상 사람들은 이 세상에서 인정을 받고 이 세상이 발전하고 잘되기를 바랍니다. 그러나 그리스도인들은 하나님께 인정을 받고 하나님의 뜻을 이루어드리는 것이 더 중요합니다. 그래서 그리스도인들은 하나님의 명령을 받습니다. 그리고 하나님께서 시키시는 것을 해야 합니다. 그리고 다른 사람들은 마귀의 지시를 받고 결국 자기 정욕이 원하는 대로 살아가게 됩니다.

여기서 중요한 것은 '하나님의 아들의 이름을 믿는다'는 것입니다. 우리에게는 '하나님의 아들의 이름'이 있습니다. 이것이 바로 우리 주인의 이름입니다. 우리는 모든 것을 주님의 이름으로 하고 또 모든 결과는 주님께 돌아가게 됩니다. 우리가 잘한 것도 주님께 돌아가고 우리가 못한 것도 주님께 돌아가게 됩니다. 그리고 종들의 특징이 자기 것으로 일하지 않는다는 것입니다. 종들은 모두 주인의 돈이나 주인의 소유를 가지고 일을 합니다. 왜냐하면 그 모든 것이 주인의 일이기 때문입니다. 그래서 우리에게 중요한 것은 어느 것이 주인의 일이냐 하는 것입니다. 우리 주인은 관대해서 '각자가 알아서 주인의 일을 하라'고 하십니다. 그러니까 정말 각자가 열심히 주인의 뜻이라고 생각되는 것을 찾아서 해야 하는 것입니다.

다른 사람에게 일을 시켜보면 어떤 사람은 참 놀랄 정도로 마음에 들게 일을 하는 사람이 있습니다. 이런 사람은 자기 사리사욕이라는 것이 없습니다. 정말 헌신적인 자세로 자기에게 주어진 일을 열심히 합니다. 조금도 꾀를 부리는 것도 없고 엉뚱한 짓도 하지 않습니다. 이런 사람들은 주님께 칭찬과 상급을 받게 됩니다. 그러나 어떤 사람은 말로는 주인의 일을 한다고 하면서 실컷 자기 장사나 하고 돌아다니는 사람이 있습니다. 이런 사람은 나중에 주님 앞에서 엄한 책망과 심판을 받게 될 것입니다.

그런데 우리에게는 '영생'이 있다고 말씀하고 있습니다. 이 영생은 하나님의 생명이 지금 우리에게까지 연결되어 있는 것을 말합니다. 이 하나님의 생명은 죄를 이길 수 있는 능력이고 어려움을 이길 수 있는 능력을 말합니다. 우리는 이 세상에서 얼마든지 하나님의 뜻대로 살 수 있도록 능력을 공급받습니다. 이것은 마치 바다 속에 있는 잠수부에게 배 위에서 계속 산소가 공급되는 것과 같습니다. 그런데 만일 이 공기 호스가 끊어져버린다면 잠수부는 죽게 될 것입니다.

16절 누구든지 형제가 사망에 이르지 아니하는 죄 범하는 것을 보거든 구하라 그리하면 사망에 이르지 아니하는 범죄자들을 위하여 그에게 생명을 주시리라 사망에 이르는 죄가 있으니 이에 관하여 나는 구하라 하지 않노라

여기서 '형제가 죄를 범한다'고 하는 것은 우리가 하나님의 백성들이지만 결코 완전하지 않은 것을 전제로 하는 것입니다. 우리는 하나님을 믿는다고 하지만 여러 가지 부족한 점도 많고 때로는 죄에 빠질 때도 있습니다. 그러나 우리가 그것들을 다 사랑하고 용납하고 위해서 기도하면 얼마든지 훌륭한 사람이 될 수 있습니다.

여기서 '사망에 이르는 죄'가 무엇이냐 하는 것에 대하여 이론들이 있습니다. 어떤 사람들은 살인이나 간음과 같은 중한 죄를 말한다고 생각합니다.

일단 우리가 알아야 할 것은 무슨 죄든지 죄를 지으면 하나님의 생명이 일시적으로 공급이 차단되는 것을 알아야 합니다. 그런데 우리가 회

개하기만 하면 어떤 죄든지 용서가 되고 다시 하나님의 생명과 은혜가 공급이 됩니다.

우리 몸에도 수술을 할 때에 뇌에 산소 공급이 중단될 때가 있는데 어느 시간 이상 산소가 공급이 되지 않으면 뇌사 상태에 빠지게 되는 것입니다.

마찬가지로 끝까지 회개하지 않게 만드는 죄가 있다는 것입니다. 그것은 바로 하나님의 진리에서 떠나는 것입니다.

베드로 같은 경우에는 예수님을 모른다고 세 번씩이나 부인을 했습니다. 그러나 예수님은 그가 사망에 이르는 죄에 빠졌다고 보시지 않았습니다. 그래서 베드로를 위하여 기도하셨고 베드로는 회개하고 다시 귀한 하나님의 종으로 사용되었습니다. 그러나 가룟 유다는 사망에 이르는 죄에 빠졌고 그는 다시 회개하지 못했습니다. 그 이유는 예수님이 하나님의 아들인 것을 부인했기 때문입니다.

어떤 부인은 자기 아들의 불순종 때문에 무척이나 골치를 썩이고 있었습니다. 그는 그런 자식을 미워했고 기질로 꺾어보려고 했지만 실패했습니다. 그는 목사님을 만나서 상담하는 가운데 아들의 영혼을 위하여 담대하게 기도를 드린 적이 없다는 것을 알았습니다. 그 어머니는 염려하고 근심하기만 했지 담대함을 가지고 기도하지 못했던 것입니다. 그 부인은 확신을 가지고 기도하기 시작했고 그 아이는 변하기 시작했습니다. 어떤 분은 이미 자기 품을 떠난 자식의 불신앙이 염려되었습니다. 그래서 하나님 앞에 나아가 어디에 있는지도 모르는 자기 아들의 영혼을 위하여 하나님 앞에 간구하기 시작했습니다. 그는 어느 날 자기 아들의 회심에 대한 소식을 듣게 되었습니다.

우리에게 하나님의 생명이 공급되고 있는 한 우리는 계속 살아 있는 하나님의 백성의 삶을 살 수 있습니다. 즉 하나님의 뜻을 찾아서 그 뜻에 순종해서 사는 것입니다. 가장 중요한 것은 성경의 진리입니다. 이 성경의 진리 안에는 무궁무진한 보화가 들어있습니다. 이것을 캐내어서 붙들고 살아갈 때 어느 누구보다 부요한 믿음의 삶을 살 수가 있습니다.

기도 응답의 약속

우리에게 중요한 확신은 우리가 하나님의 뜻에 맞게 기도하면 하나님께서 반드시 들어주신다는 것입니다.

> **14-15절** 그를 향하여 우리가 가진 바 담대함이 이것이니 그의 뜻대로 무엇을 구하면 들으심이라 우리가 무엇이든지 구하는 바를 들으시는 줄을 안즉 우리가 그에게 구한 그것을 얻은 줄을 또한 아느니라

우리가 하나님께 무엇을 기도하든지 하나님은 다 들으십니다. 우리가 드리는 기도 중에서 하나님께서 듣지 못하시는 기도는 아무것도 없습니다.

만일 부모가 옆방에 어린아이를 재워놓았는데 그 방에서 무슨 소리가 들리면 부모는 귀를 기울여서 아이의 소리를 다 듣습니다. 우리나라 정보 부대에서는 북한 군대의 모든 전화를 다 도청을 하고 있다고 합니다. 하물며 하나님께서 우리가 드리는 기도 중에서 듣지 못하시는 기도는 아무것도 없습니다. 그러나 우리들이 드리는 기도는 대개 하나님의 뜻을 잘 모르고 드리는 기도가 대부분일 것입니다. 그래도 하나님께서는 우리가 드리는 기도를 가장 좋은 방법으로 이루어주십니다. 그래서 우리는 우리가 하나님께 드린 모든 기도에 대하여 하나님께서 어떤 방

법으로 응답을 하셨는지 확인을 해 볼 필요가 있습니다. 그러면 우리가 한두 번 기도를 하고 잊어버렸던 것까지도 하나님께서 놀랍게 응답하신 것을 발견하고 놀랄 것입니다. 우리는 기도를 해 놓고도 잊어버립니다. 그러나 하나님은 잊지 아니하시고 가장 적당한 시간에 가장 적당한 방법으로 이루어주십니다. 그래서 하나님 앞에는 무엇이든지 기도하고서 손해를 보는 것은 없습니다.

그러나 더 중요한 것은 하나님의 뜻에 딱 맞는 기도를 드렸을 때 하나님의 응답은 폭발적이라는 것입니다. 마치 어떤 사람이 큰 금고의 문을 열려고 하는데 아무리 다이얼을 돌려도 정확한 번호가 아닐 때에는 열리지 않다가 번호가 정확하게 일치하면 그 거대한 금고의 문이 삐걱 하면서 열리는 것과 같습니다. 하나님께서는 응답하시지 않고 기다리는 시간을 통해서 우리를 좀 더 하나님의 뜻에 가깝게 이끌려고 하시는 것입니다. 그렇게 하다가 나의 욕심은 다 포기되고 오직 하나님의 뜻만 붙들고 기도할 때 기적적인 하나님의 응답이 나타나게 되는 것입니다.

그래서 성경에 '선을 행하되 낙심치 말지니 때가 이르면 이루리라'고 하셨는데 기도도 여기의 한 선에 해당이 되는 것입니다. 아무리 기도를 해도 응답이 없어도 낙심하지 마시기 바랍니다. 왜냐하면 하나님의 때가 되면 반드시 이루어지기 때문입니다.

그런데 우리가 기도해야 할 것 중에서 가장 중요한 것이 있습니다. 그것은 하나님께서 이 땅에 성령을 부으셔서 놀라운 부흥의 역사가 일어나는 것입니다. 부흥이라고 하는 것은 하나님의 말씀이 권세 있게 선포되면서 세상을 향했던 사람들의 마음이 하나님께로 돌아오는 것입니다. 이때 하늘에 준비되어 있었던 하나님의 축복들이 성도들의 마음속에 비 오듯이 쏟아지게 되는 것입니다.

다른 영혼에 관심이 있는 자는 말씀의 사역자를 위하여 담대함을 가지고 기도합니다. 그 이유가 무엇입니까? 이 말씀의 사역자를 통하여 진리가 선포되기 때문입니다. 사도행전 12장을 보면 헤롯이 교회를 핍박하여 먼저 야고보 사도를 죽이고, 그 다음에 베드로를 죽이려고 옥에 가두었습니다. 교회는 베드로를 위하여 열심히 기도하고 있었습니다. 그들은 뇌물을 주어서 옥졸獄卒을 매수하거나 베드로를 구출할 특공대를 보내지도 않았습니다. 그들에게는 그럴 수 있는 힘이 전혀 없었습니다. 오직 담대함을 가지고 하나님께 기도할 뿐이었습니다. 그 결과 하나님께서는 천사를 보내어 베드로를 구출하셨습니다.

14절 그를 향하여 우리가 가진 바 담대함이 이것이니 그의 뜻대로 무엇을 구하면 들으심이라

하나님은 어떤 분이십니까? 그의 뜻에 따라서 기도하면서 반드시 들으시는 분입니다. 우리의 가장 강한 무기는 하나님의 기쁘신 뜻을 발견하여 그것을 가지고 담대하게 하나님의 보좌 앞에 나아가는 것입니다.

15절 우리가 무엇이든지 구하는 바를 들으시는 줄을 안즉 우리가 그에게 구한 그것을 얻은 줄을 또한 아느니라

우리가 하나님께 기도하는 것은 하나님께서 다 들어주십니다. 그렇다면 하나님께서는 우리의 기도를 듣기만 하시는 것이 아니라 우리에게 필요한 것도 더 주실 것입니다. 우리는 이것을 믿어야 합니다. 즉 우리는 나에게 필요한 것은 하나님이 다 공급해주신다는 것을 믿어야 합니다. 그러나 하나님이 주시지 않으실 때에는 하나님이 더 좋은 계획을 가지고 계시는 것입니다.

가장 위대한 계명

그러나 우리에게는 기도할 때 담대함을 가지고 끈질긴 자세로 집요하게 기도하는 것이 필요합니다. 이것은 기도에 있어서 끈기입니다. 이것이 하나님의 뜻이라는 확신이 설 때 끝까지 집요하게 매어 달리면 하나님께서 결국 일이 되게 하십니다. 왜 기도하는데 이렇게 시간이 걸리는 것일까요? 천사들은 하나님의 명령에 따라 번개같이 움직이지만 사람은 그렇게 빨리 움직이지 않기 때문입니다. 사람은 감정이 있고 자존심이 있고 의심이 있기 때문에 모든 것이 분명해질 때까지 움직이려고 하지 않습니다. 그러나 우리가 낙심하지 않고 매어달리면 좋은 결과를 보게 될 것입니다.

특히 우리가 기도하고 싶지 않을 때, 전혀 기도에 대한 확신이 없고 하나님의 임재를 느낄 수 없을 때에도 기도해야 합니다. 왜냐하면 기도의 응답은 우리의 상태에 있는 것이 아니라 하나님의 신실하심에 있기 때문입니다.

무엇보다 우리에게 말씀이 있을 때 우리는 담대하게 하나님의 보좌를 움직이는 기도를 해야 할 때입니다. 왜냐하면 하나님께서 지금 우리들을 축복하시기를 원하기 때문입니다. 하나님께서는 우리들을 통하여 가장 귀한 능력있는 일을 일으키기를 원하시기 때문입니다. 우리가 기도하기 위하여 무릎을 꿇었을 때 이미 하나님께서는 무엇인가 하시기 시작하십니다.

그리스도인의 확신

오늘 본문에는 세 번에 걸쳐서 '안다'라는 표현이 나옵니다. 18절을 보면 '하나님께로서 난 자마다 범죄치 아니하는 줄을 우리가 아노라'고 말씀하고 있습니다. 19절에는 '또 아는 것은'이라고 시작하고 있고, 20절도 '또 아는 것은'이라고 말씀하고 있습니다. 여기서 '안다'라고 하는 것은 모든 그리스도인들이 반드시 알아야만 하는 가장 중요한 진리라는 뜻입니다. 다시 말해서, 우리가 어떤 유혹과 혼동에도 넘어가지 않기 위하여 반드시 붙들어야만 하는 세 가지 확신을 말하는 것입니다.

모든 그리스도인은 자기 자신에 대하여 적어도 세 가지 확신을 가지고 있어야 합니다.

첫째 우리 그리스도인들은 죄에 거하지 않습니다.

18절 하나님께로부터 난 자는 다 범죄하지 아니하는 줄을 우리가 아노라 하나님께로부터 나신 자가 그를 지키시매 악한 자가 그를 만지지도 못하느니라

믿는 자의 특징은 '범죄치 아니한다'는 것입니다. 이것은 우리 믿는 자들이 어떠한 유혹에도 빠지지 않고 나쁜 생각을 한번도 하지 않는다는 뜻은 아닙니다. 어떤 분들은 그리스도인들이 한번 성령의 체험을 하면 완전한 상태에 들어가기 때문에 어떠한 죄도 저지르지 않는다고 합니다. 그러나 아무리 거듭난 그리스도인이라고 하더라도 죄의 유혹에 빠질 때가 있습니다.

여기서 '범죄치 않는다'는 헬라어의 현재시제는 계속적인 의미를 가지고 있습니다. 즉 '범죄치 않는다'는 말은 계속적으로 죄스러운 상태에 있지 않는다는 뜻입니다. 무슨 말입니까? 하나님의 자녀들은 한번도 나쁜 생각을 하지 않고 유혹에 빠지지 않는다는 것이 아니라 계속 죄를 생활을 하지 못한다는 것입니다. 그 이유는 악한 자가 다시 그를 사로잡아 가지 못하도록 하나님께서 지켜주시기 때문입니다. 악한 마귀는 우리

를 향하여 소리를 지를 수는 있지만 삼키지는 못합니다. 악한 자는 우리들을 충돌질은 할 수 있지만 죄의 노예가 되게 할 수는 없습니다. 그래서 반드시 회개해서 다시 믿음의 삶을 살게 되는 것입니다. 그래서 그리스도인들은 자기가 죄에 빠졌을 때에 회개하지 않고서는 견디지 못하는 것입니다.

오늘날 우리는 죄스러운 본성이 마치 거머리처럼 달라붙는 것을 압니다. 떼면 또 달라붙고 떼어놓으면 어느새 달라붙어서 피를 빨아먹고 있습니다. 우리에게 있어서 죄는 찰거머리와 같습니다. 얼마나 끈질기게 달라붙는지 모릅니다. 그럼에도 불구하고 하나님의 자녀들이 계속 범죄하는 상태에 있지 않습니다. 하나님의 말씀에 강한 능력이 있기 때문입니다. 결국 주님이 다시 우리가 죄의 종살이를 하지 못하도록 지켜주십니다.

'하나님께로부터 나신 자가 그를 지키시매 악한 자가 그를 만지지도 못하느니라'

우리는 실수하기도 하고 죄에 빠지기도 하지만 회개하기만 하면 얼마든지 하나님께서 치료하여 주시고 회복시켜주십니다.

두 번째는 우리가 하나님께 속했다는 사실입니다.

19절 또 아는 것은 우리는 하나님께 속하고 온 세상은 악한 자 안에 처한 것이며

우리 그리스도인들은 이 세상에 다같이 살지만 소속이 다릅니다. 믿는 자는 하나님께 속해 있습니다. 그러나 그 외에 온 세상은 악한 영의 통치 아래 있습니다. 그래서 같은 어려움을 당해도 그 종류가 다릅니다. 우리 믿는 자들은 하나님이 주시는 연단을 받고 있는 것이고 그 연단이

끝나면 정금과 같은 모습으로 나타날 것입니다. 같은 병실에 입원해 있어도 의미가 다르고 같은 실업자라도 의미가 다릅니다. 그러나 세상 사람들은 자신의 욕심의 심판을 받는 것입니다. 우리 그리스도인들은 어려울 때 더 큰 성령의 체험을 하고 더 큰 은혜를 받습니다. 그리고 다시 이 세상에서 멋지게 살 수 있도록 하나님께서 인도해주시는 것입니다.

그리고 세 번째는 우리가 하나님을 안다는 사실입니다.

20절 또 아는 것은 하나님의 아들이 이르러 우리에게 지각을 주사 우리로 참된 자를 알게 하신 것과 또한 우리가 참된 자 곧 그의 아들 예수 그리스도 안에 있는 것이니 그는 참 하나님이시요 영생이시라

가장 중요한 것은 참된 분, 하나님을 안다는 사실입니다. 여기서 안다는 것은 하나님과 우리 사이에 가족 관계가 있다는 뜻입니다. 우리는 단지 피상적으로 하나님을 아는 것이 아니라 하나님과 서로 아는 사이입니다. 그래서 우리는 하나님의 모든 복을 가질 수 있습니다.

우리가 예수를 믿지 않을 때에는 이 세상에 살기는 살지만 자기가 누구인지 무엇 때문에 살아야 하는지 몰랐는데 하나님을 아는 순간 모든 것을 갑자기 깨닫게 됩니다. 그래서 우리는 이 세상을 살아도 주인의식을 가지고 살게 됩니다. 즉 남의 인생을 살아주는 것이 아니라 바로 자신의 인생을 사는 것입니다. 노예들은 아무리 열심히 살아도 주인의 인생이기 때문에 의미가 없습니다. 그러나 자유인은 자기 자신의 인생을 살기 때문에 작아도 의미가 있는 것입니다. 그뿐만 아니라 하나님께서는 우리로 하여금 사탄을 이길 수 있는 지각을 주십니다. 하나님을 모를 때에는 어떤 식으로 사탄이 움직이는지 몰랐는데 이제는 사탄의 전략을 알 수 있습니다. 그리고 사람들은 무엇인가 확신이 없기 때문에 자꾸 의

심을 합니다. 그러나 그리스도인들은 하나님께서 나의 길을 인도하시는다는 것을 압니다. 적어도 하나님은 하나님이 기뻐하시지 않는 일은 나에게 일어나지 않도록 막으실 것입니다. 그러니까 지금 내가 하나님의 뜻대로 걸어가고 있다는 확신이 있으니까 두려움이 없습니다. 하나님이 기뻐하시지 않는 일은 우리에게 일어나지 않을 것입니다.

21절 자녀들아 너희 자신을 지켜 우상에게서 멀리하라

우상이 무엇입니까? 이것은 사람이 의미를 부여한 것들입니다. 우상은 모두 생명이 없는 꼭두각시와 같은 것입니다. 우상은 우리로 하여금 아무 생각 없게 하는 것입니다.

오늘날 우리 인간들에게 가장 위대한 것이 무엇인지 아십니까? 그것은 우리의 지각을 사용하여 하나님을 깨닫고 표현하는 것입니다. 하나님에 대하여 알아가는 것보다 더 위대한 것은 없습니다. 어떤 사람이 가장 위대한 사람입니까? 그는 하나님에 대하여 깨닫고 많은 지각을 소유한 사람입니다.

우리는 하나님에 대한 위대한 지각으로 후회 없는 멋진 인생을 사시기 바랍니다.

JOHN 2

요이
(1:1-13)

진리 안에 있는 사랑

　옛날에는 고등학생들이 대학 입시 준비를 할 때 생물 과목 때문에 애를 먹었던 적이 있었습니다. 그 이유는 고등학교 생물 교과서에 버젓이 진화론이 나오고 또 간혹 입시 문제에 그것이 출제될 때가 있었기 때문입니다. 그러면 교회 다니는 학생들은 자신은 진화론을 믿지 않는데 답을 어떻게 써야 할지 고민을 하곤 했습니다. 믿음이 좋은 학생들은 옛날 사드락 메삭 아벳느고처럼 한두 문제를 틀릴 각오를 하고 답을 적지 않는 학생들이 있는가 하면 현실적인 학생들은 마음으로는 진화론을 인정하지 않지만 일단 점수는 받아야 하니까 교과서대로 답을 쓰는 학생들도 있었습니다.
　사람들은 누구든지 청소년 시기가 되면 지금까지 부모나 학교 선생님으로부터 주입식으로 받아들였던 지식이나 가치관을 다시 자기 것으로 만들기 이전에 비판적으로 생각을 하게 됩니다. 이때 어른들이 보기에는 반항하는 것처럼 보이기도 하고 또 기존 질서를 모두 부정하는 것처럼 보이기도 하기 때문에 위험하게 보일 수 있습니다. 그러나 이때 중요한 것은 청소년들이나 청년들이 자기 자신에게 납득이 가는 것은 받아들이고 강요되는 것이나 납득이 가지 않는 것은 절대로 받아들이지 않으려 한다는 사실입니다. 그래서 청소년들이나 청년들에게는 잔소리하듯이 야단치는 것보다는 일단 그를 믿어주고 인격적으로 대화를 나누는 것이 중요합니다.

C. S. 루이스는 자기가 무신론자가 된 계기 중의 하나가 중학교 때 만났던 여선생님의 영향이 있었다고 말을 했습니다. 루이스는 자기가 처음으로 좋아했던 여선생님이 무신론자였고 더 나아가서 미신적이었는데 자기도 모르는 사이에 이 여선생님의 영향을 받아서 무신론자가 되었다고 말을 하고 있습니다.

대개 사람들이 신앙을 받아들일 때 자기가 배우는 진리에 대하여 충분한 지식을 갖고 있는 경우는 별로 없습니다. 그러니까 사람들은 어떤 인도자를 만나느냐에 따라서 바른 진리를 배울 수도 있고 완전히 엉뚱한 방향으로 갈 수도 있습니다. 그런데 초대 교회 때에는 이미 믿는 자들에게 이상한 신앙을 가진 자들이 다른 신앙을 따라가게 하는 이단들이 활약을 하고 있었습니다. 그 중의 하나가 갈라디아 지방을 휩쓸었던 유대주의 열풍이었습니다. 이 사람들은 예수만 믿어서는 안 되고 할례를 받아야 한다고 주장해서 많은 기독교인들이 할례를 받게 되었습니다.

그런데 그 후에 들이 닥친 열풍은 영지주의 사상이었습니다. 이것은 유대교와는 정반대였습니다. 즉 우리가 가진 육체는 사악하고 의미가 없는 것이기 때문에 어떤 신비한 지식을 배워야 한다는 것이었습니다. 교인들이 막상 그들의 이야기를 들어보면 또 그런 것 같았습니다. 즉 교인들이 보기에 교회에서 배우는 것은 너무나도 따분한 것 같고 평범한 것 같은데 이들이 가르쳐주는 지식은 아주 어렵고 고차원적인 것이었기 때문입니다. 그래서 하나님의 백성들은 언제나 양쪽에서 공격을 당하게 됩니다. 하나는 전통적이고 습관적인 유대교의 공격이고 다른 하나는 신비적이고 지적인 그리스 철학의 공격이었습니다.

기독교의 진리의 특징은 우리가 예수 그리스도를 믿음으로 죄 사함을 받고 하나님의 말씀대로 사는 것입니다. 이것은 유대교의 입장에서 보면 시시한 것 같았고 그리스의 영지주의자들의 입장에서 보면 무식한 것 같았습니다. 그래서 교인들 중에서 특별히 더 잘 믿으려고 하는 자들은 더 잘 믿기 위해서 할례도 받고 더 잘 믿어보려고 영지주의 가르침을 받다가 진리에서 떠나게 되는 것입니다.

요한이서는 사도 요한이 신앙이 좋았던 여자 신도와 그 자녀들에게 보내는 편지로 되어 있습니다. 그런데 편지 서두에 보면 이 편지를 쓴 사람이 자신을 '장로'라고 소개하고 있습니다. 대개 사도들이 편지를 보낼 때에는 이 편지가 공적인 서한이라는 것을 나타내기 위해서 자신을 '사도'라고 밝힙니다. 그런데 요한이서에서는 자신을 '장로'라고 밝히고 있습니다. 그래서 유세비우스라는 역사가는 에베소에 요한이라는 이름을 가진 사람이 두 명이 있었는데 한 사람은 사도 요한이었고 다른 한 사람은 장로 요한이라고 주장을 하기도 합니다. 그런데 사실 요한이라는 이름은 그 당시에나 지금이나 아주 흔한 이름이었습니다. 그런데 이 짧은 편지가 성경 안에 포함이 된 것을 보면 아마도 초대 교회 성도들이 이 서신이 가지는 진정성이 진리에 합당하다고 판정을 내렸기 때문입니다. 즉 편지의 내용이 아주 사적이기는 하지만 바른 진리가 무엇이며 이단을 경계해야 하는 이유가 정통 신앙의 입장에 맞는 것이었기 때문입니다. 그래서 정통적인 입장에서는 이 '장로'는 사도 요한이라고 짐작하고 있습니다.

이 요한이서를 받는 사람은 '택하심을 입은 부녀요 그의 자녀'라고 했는데 여기서 '택하심을 입었다'는 것은 예수를 믿는 사람들을 말합니다. 아마도 이 여성은 아주 신앙이 뜨거웠던 것 같고 그의 자녀들도 그 어머니처럼 열정적인 신앙을 가졌던 것 같습니다. 아마 옛날에는 귀부인들 중에는 자기 집에서 교회로 모이는 집들이 더러 있었습니다. 아마도 이 부인의 집도 그런 집이었던 것 같고 이 편지를 쓴 장로와는 아주 가까운 사이였던 것입니다. 이 여성과 자녀들은 분명히 예수를 믿는 사람이었습니다. 그러나 이들이 처음에 복음을 듣고 순수하고 아름다운 신앙생활을 하다가 영지주의라는 이단과 만나면서 장로 요한과는 거리가 멀어진 것 같습니다. 즉 장로 요한이 그런 가르침을 멀리하라고 자꾸 잔소리를 하니까 그런 소리가 듣기 싫어서 멀리하게 되고 이제는 거의 교제가 단절된 상태까지 이르게 된 것입니다.

장로 요한은 이 편지를 통해서 그들이 영지주의를 버리고 옛날의 그 신앙을 회복하라고 권면을 하고 있는 것입니다.

사랑의 편지의 필요성

1-2절 장로인 나는 택하심을 받은 부녀와 그의 자녀들에게 편지하노니 내가 참으로 사랑하는 자요 나뿐 아니라 진리를 아는 모든 자도 그리하는 것은 우리 안에 거하여 영원히 우리와 함께 할 진리로 말미암음이로다

여기서 '장로'는 전통적인 입장에서는 당시 에베소 교회에서 목회하고 있던 요한이라고 보고 있습니다. 그런데 '사도 요한'이라고 말하지 않고 그냥 '장로'라고 말하는 이유는 요한이 이 문제를 공식화 하지 않

고 개인적인 관계에서 해결하려는 생각이 있기 때문입니다. 즉 사람들이 모든 것을 공식화시키는 것이 반드시 정의롭고 지혜로운 것은 아닌 것입니다. 특히 청년들이나 부인들이 일시적으로 겪는 어려움들은 개인적인 관계에서 권면하고 바로잡아 주는 것이 훨씬 덕이 될 수 있습니다.

사실 사람들마다 정신적으로 위기를 겪을 때가 있습니다. 이때 누군가가 이 사람을 잘 도와주어서 이 위기를 넘기기만 하면 얼마든지 훌륭하게 신앙생활을 할 수 있습니다. 그런데 이때 너무 정죄를 하거나 감정을 상하게 하면 끝까지 돌아오지 못하는 경우가 생기게 됩니다. 그래서 누군가가 잘못에 빠졌을 때에도 그 사람의 감정을 건드리지 않으면서 위기를 넘길 수 있도록 도와주는 지혜가 필요합니다.

사람들은 한때 아무리 친한 사람이라 하더라도 서로 오해하거나 감정이 틀어져 있을 때에는 관계가 서먹서먹하고 대화가 잘 되지 않습니다. 특히 이럴 때에는 얼굴을 마주 대하는 것 자체가 부담스러울 수 있습니다.

이때 우리가 사용할 수 있는 방법이 편지를 써서 보내는 것입니다. 편지는 읽는다고 해서 당장 감정이 흥분되거나 화를 내는 것은 아니기 때문에 비교적 끝까지 읽게 되고 그래서 서로 감정을 덜 자극하면서 나의 생각을 알릴 수 있습니다.

예를 들어서 자녀가 정신적으로 방황하고 있는데 부모가 자꾸 붙들고 이야기를 하려고 하면 더 피하려고 할 때가 있습니다. 이때 그 아이가 볼 수 있는 책상 위에 사랑의 편지를 적어서 얹어 놓으면 그 편지를 통해서 기본적인 신뢰나 사랑을 확인할 수 있게 되어 대화할 마음이 생기게 되는 것입니다. 이것을 보면 장로가 진리에 혼동을 겪고 있는 어떤 여성에게 얼마나 지혜롭게 접근하고 있는지 알 수 있습니다.

장로는 이 부인을 '택하심을 받은 자'라고 말을 하고 있습니다. 그것은 이 부인과 그의 자녀들이 분명히 예수 믿고 구원받은 성도라는 사실을 확인해주고 있는 것입니다. 그러면서 '참으로 사랑하는 자요 진리를 아는 모든 사람도 다 그렇다'라고 말을 하고 있습니다. 여기서 '참으로 사랑한다'는 것은 인간적으로 요한이 이 여성을 좋아한다는 뜻이 아니라 같은 진리 안에서 한 형제요 자매라는 뜻입니다. 그러면서 자기만 그런 것이 아니라 진리를 아는 모든 사람도 다 사랑한다고 말하고 있습니다. 이것은 요한이 이 여성에게 어떤 권면을 하기 이전에 먼저 신뢰 관계를 분명히 확인을 해주는 것입니다.

아마도 별로 친하지도 않고 잘 모르는 사이인데 신앙적인 충고나 권면을 하는 것은 별로 소용이 없을 것입니다. 사실 예전에는 장로와 이 부인과의 관계 또는 성도들과의 관계는 아주 좋았습니다. 그런데 이 부인이 잘못된 어떤 가르침에 빠지면서 조금씩 멀어지게 된 것입니다. 그래서 장로 요한이 이 부인과 가족을 만나고 싶어도 이 부인은 설득 당하기 싫으니까 요한은 만나는 것을 피하고 또 막상 만난다 하더라도 서로 얼굴을 붉히면서 상처를 주고 끝날 가능성도 있었습니다.

요한은 이 부인과 자녀들에게 '내가 참으로 사랑하는 자'라고 말을 하고 있습니다. 이것이 굉장히 중요합니다. 우리가 다른 사람에게 어떤 충고를 할 때 사랑을 전제로 한 충고여야 상대방이 받아들이게 됩니다. 사랑하지도 않는 사람이 아무리 열을 올리면서 이야기를 해도 본인의 귀에는 들어오지 않기 때문입니다. 그래서 우리는 어떤 청소년이나 청년들의 잘못을 충고해줄 때 먼저 내가 그 사람을 얼마나 아끼고 사랑하는지 확인을 해주는 것이 필요합니다. 그래서 내가 지금 이 이야기를 하는 것은 단순히 분풀이나 인신공격이 아니라 정말 필요한 충고라는 것을 인식하는 것이 필요합니다. 왜냐하면 보통 사람들은 다른 사람의 이야기는 들어보지도 않고 자기 마음에 들지 않는다고 일방적으로 공격을 퍼붓는 경우가 많기 때문입니다. 그럴 때는 아무리 이야기를 해도 귀에 들어오지 않고 편지를 써도 첫줄만 읽고는 그대로 쓰레기통에 넣어버리는 것입니다.

잘못된 길에 빠져들고 있는 아이를 돌아오게 할 때 내가 그 아이를 얼마나 사랑하며 얼마나 신뢰하고 있는지 먼저 이야기를 해 주어야 합니다. 무조건 야단만 치면 반발심으로 더 못된 길로 빠져들기 때문입니다.

이것은 이단에 빠진 사람도 마찬가지입니다. 기독교가 이단보다 더 강한 것은 바로 잘못된 길로 빠져 들어간 사람에 대한 사랑입니다. 그래서 죄인을 사랑할 수 없는 기독교라고 하면 한 사람도 설득할 수 있는 힘이 없는 것입니다.

아마도 이 부인과 아이들은 자기들이 교회도 잘 나가지 않고 다른 모임에 빠져들고 있기 때문에 요한이나 다른 교인들이 굉장히 미워할 것이라고 생각하고 있었던 것 같습니다. 그러나 요한은 내가 가장 사랑하는 부녀요 진리를 아는 모든 사람들도 다 너를 그렇게 사랑하고 있다고 말을 하고 있습니다. 그 이유는 당신들의 상태가 어떠하든지 우리는 너희를 변함없이 사랑하고 있다는 뜻입니다. 이때 이 부인은 안심이 되면서 마음을 조금 열게 됩니다. 그런데 여기서 요한은 교인들을 '진리를 아는 모든 자들'이라고 말을 하고 있습니다. 이것은 다분히 영지주의자들은 의식하고 한 말입니다. 영지주의자들은 진정한 진리를 아는 자들은 자기들밖에 없다고 주장을 했습니다. 그러나 요한은 성경이야말로 유일한 진리이며 성경을 아는 자들이 진정으로 진리를 아는 자들이라고 말씀하고 있는 것입니다.

그러면서 '우리 안에 거하여 영원히 우리와 함께 할 진리를 인함이라'고 말씀하고 있습니다. 하나님께서는 하나님의 진리를 천사들에게 맡기지 아니하시고 우리 믿는 자들에게 맡기셨습니다. 그런데 성경은 너무나도 평범한 언어로 기록되어 있기 때문에 사람들은 별로 가치 있게 생각하지 않습니다. 그러나 하나님이 우리에게 맡기신 이 성경은 온 천지는 변하여도 없어지지 않을 하나님의 약속이고 축복인 것입니다. 세상의 다른 많은 진리나 지식들은 인간이 생각하고 경험한 것들을 모아놓은 것입니다. 그러나 성경은 하나님의 진리입니다. 우리가 이 하나님의 진리를 붙들고 지킬 때 우리는 영원히 살 수 있습니다. 영원히 생명에 넘치는 삶을 살 수 있는 것입니다. 그리고 우리가 하나님의 진리를 붙들 때 모든 성도들과 연합되고 교제할 수 있습니다. 우리가 하나님의 진리를 붙드는 성도들을 만나면 우리 사이에 전혀 벽이 없다는 것을 깨닫게 됩니다. 즉 진리는 모든 하나님의 백성들을 연결시키는 것입니다. 그러나 다른 진리는 이미 우리를 하나될 수 없게 만듭니다. 왜냐하면 자기들의 지식을 가지지 않은 자는 자기들보다 열등하다고 가르치기 때문입니다.

3절 은혜와 긍휼과 평강이 하나님 아버지와 아버지의 아들 예수 그리스도께로부터 진리와 사랑 가운데서 우리와 함께 있으리라

진정한 기독교는 사랑과 진리가 함께 있는 것입니다. 우리는 진리 때문에 서로를 사랑합니다. 결국 진리가 깨어질 때 교만이 들어와서 우리는 결코 서로 사랑할 수 없게 만듭니다.

요한은 진리를 떠나려고 하는 어떤 여자 성도를 향하여 우리는 너희를 여전히 사랑하고 있다고 말하고 있습니다. 그리고 이 사랑이 영구적인 사랑이 되려면 그가 성경적인 진리 안에 들어와야 한다고 말씀하고 있습니다.

아마 이 여자의 마음을 흔든 것은 변함없는 사랑이었을 것입니다. 결국 사람을 돌아오게 하는 것은 어떤 이론보다는 사랑입니다. 사랑하는 사람이 있기 때문에 그 진리로 돌아오게 되는 것입니다.

하나님의 진리의 특징

4절 너의 자녀들 중에 우리가 아버지께 받은 계명대로 진리를 행하는 자를 내가 보니 심히 기쁘도다

아마도 이 부인의 자녀 중에서 일부는 여전히 옛날 그 신앙을 그대로 고수하고 있는 자녀도 있었던 것 같습니다. 즉 이 부인과 다른 자녀들도 완전히 영지주의에 빠진 것은 아닌 것 같고 지금 조금씩 빠져들고 있었던 것 같습니다.

여기서 요한은 '하나님께 받은 계명'이라는 말을 사용하고 있습니다. 여기서 이 '계명'이라고 하는 것은 하나님께서 우리의 구원을 위하여 주신 진리를 말합니다. 영지주의자들이나 다른 종교를 가진 자들은 구원을 자신들이 하나님을 찾아가는 과정이라고 생각합니다. 그래서 그들은 무엇인가 남들이 가지지 않는 지식을 가지는 것이 구원에 더 가깝다고 믿는 것입니다. 그러나 하나님은 그렇게 하시지 않으십니다. 하나님의 말씀을 주심으로 그것을 믿는 자는 단번에 구원을 얻습니다. 그리고 나서는 구원을 받는 자로서 이 세상을 하나님을 믿는 믿음으로 살아가는 것입니다. 그래서 우리는 이 세상에서 구원을 받기 위하여 몸부림치는 것이 아니라 하나님의 말씀을 우리 인생의 기초로 놓고 그 위에서 새로운 삶을 사는 것입니다. 그래서 영지주의자들의 '지식'은 굉장히 위험한 것이었습니다. 왜냐하면 영지주의자들의 지식은 이미 구원받는 자들의 구원의 기초를 빼내어가는 것이기 때문입니다. 그런데 사람은 하나님께서 우리에게 구원을 주신 것을 좋아하지 않습니다. 사람은 우리가 아직 구원을 얻지 못한 상태에서 헤매고 고민하면서 구원을 자신들이 직접 찾아가는 것을 더 좋아합니다.

그래서 우리가 타종교를 대할 때 조심해야 하는 부분이 바로 여기에 있습니다. 타종교 사람들이 자신이 아직 구원을 받지 못한 상태에서 고민하고 몸부림치면서 구원에 이르려고 애를 쓰는 것이 인간적으로 아름답게 생각합니다. 그 대신에 우리가 이미 구원을 얻는 상태에서 기뻐하고 감사하면서 즐겁게 사는 것을 보면 무엇인가 깊이가 없는 것 같고 가벼운 것 같은 느낌을 주는 것입니다. 그러나 구원이라는 것은 느낌으로 받는 것이 아닙니다. 구원은 우리가 얼마나 고민을 했고 몸부림을 쳤느냐로 받는 것이 아닙니다. 구원은 하나님이 주신 믿음으로 받는 것입니다. 이 모든 것은 나의 고민이나 열정에 달려 있는 것이 아니라 하나님께 영광 돌리는데 있습니다.

여기서 장로 요한은 이 부인에게 담대하게 이렇게 권면을 합니다.

5절 부녀여, 내가 이제 네게 구하노니 서로 사랑하자 이는 새 계명 같이 네게 쓰는 것이 아니요 처음부터 우리가 가진 것이라

여기서 '부녀여, 우리가 서로 사랑하자'라는 말을 들을 때 우리는 당황해 할 필요가 없습니다. 보통 사람들은 모르는 사람에게 '우리가 서로 사랑하자'라고 하면 무슨 부정이라도 저지르는 것처럼 깜짝 놀랄지 모릅니다. 그러나 여기서 서로 사랑하자는 것은 진리 안에서 아름다운 관계를 회복하자는 뜻입니다. 우리가 진리 안에서는 모든 사람들을 진정으로 사랑할 수 있습니다. 어린 아이는 어린 아이대로 노인은 노인대로 진정으로 사랑할 수 있습니다. 우리의 사랑은 깨끗할 수 있습니다. 그러나 마음에 나쁜 생각을 먹으면 오히려 더 바른 사랑을 할 수가 없는 것입니다.

지금 교회와 이 부인은 영적인 교제가 단절된 상태입니다. 좋지 못한

가르침이 들어와서 서로가 예전처럼 가깝지 않고 멀어지게 된 것입니다. 그래서 더 이상 이런 식으로 서로 멀리하지 말고 이번 기회에 과감하게 신앙으로 하나가 되자는 뜻입니다. 이전에 교회에 아주 충성했던 것 같이 다시 그런 아름다운 믿음을 되찾자라고 말하고 있습니다.

새로운 지식의 가르침이 어떻습니까? 처음에는 성경에 없는 것을 가르쳐주고 또 철학적이고 신비적이기 때문에 굉장한 자부심과 영적인 짜릿함을 줄 것입니다. 그러나 이런 지식은 결코 구원의 확신을 주지 않습니다. 한 단계를 따라가면 또 다음 단계가 있고 다음 단계를 가면 또 다음 단계가 있습니다. 그래서 끝까지 이런 가르침의 종이 되게 만드는 것입니다. 특히 이런 가르침에는 사랑이 없습니다. 이런 가르침은 사람을 잠시도 편안하게 놓아주지 않습니다. 이런 가르침은 계속 사람을 몰아붙여서 자꾸 배우게 만듭니다. 그래서 무엇인가 많이 배운 것 같은데 마음속에는 사랑과 기쁨과 감사는 없어지고 마는 것입니다. 이때 요한이 편지를 보내어서 '사랑을 되찾자'는 말을 하고 있습니다. 이 세상에서 하나님의 말씀보다 더 사랑과 평안이 가득차 있는 진리는 없습니다. 우리는 있는 그대로 받아주고 아무리 못나고 아무리 무지해도 하나님은 우리를 있는 그대로 사랑하시며 잔잔한 물가로 인도하시는 것입니다.

6절상 또 사랑은 이것이니 우리가 그 계명을 따라 행하는 것이요

우리가 하나님의 말씀을 배우고 그대로 사는 것이 하나님의 사랑 안에서 사는 것입니다. 왜냐하면 성경 말씀은 하나님의 사랑의 편지입니다. 그리고 그대로 살면 하나님의 사랑이 우리 안에 넘쳐나게 됩니다. 왜냐하면 말씀 자체가 사랑의 능력이기 때문입니다.

영지주의의 정체

요한은 이제 드디어 이 부인에게 영지주의가 무엇이 잘못되었는지 분명히 지적합니다.

7절 미혹하는 자가 세상에 많이 나왔나니 이는 예수 그리스도께서 육체로 오심을 부인하는 자라 이런 자가 미혹하는 자요 적그리스도니

영지주의는 그리스 철학에서 나온 것입니다. 그리스 철학자들은 사람을 이분법으로 나누어서 영혼은 거룩하고 육체는 악하고 부정하다고 주장했습니다. 그리고 육체는 영혼의 감옥이며 육체를 벗는 것이 영생하는 것이라고 주장을 했습니다.

사실 우리는 영지주의자들이나 그리스 철학자들이 고민한 것은 이해할 수 있습니다. 우리 인간은 모순되게 만들어졌습니다. 육체는 티끌로 만들어졌는데 그 안의 영혼은 하나님의 형상으로 만들어진 것입니다. 그래서 인간들은 하나님의 형상과 인간의 육체적 욕구사이의 갈등을 영원히 겪을 수밖에 없습니다. 그 사이에서 영지주의는 자꾸 어떤 지적인 발견으로 나가려고 한 것입니다. 이것은 거의 모든 타종교가 가진 특징과 비슷합니다. 즉 불교에서 '해탈'을 하려고 하는 것처럼 신비적인 지식을 자꾸 배워야 육체의 정욕을 떨쳐버리고 영생할 수 있다는 것입니다.

이런 입장에서는 하나님의 아들이 육체로 이 세상에 오셨다는 것을 도저히 인정할 수가 없었습니다. 그리고 예수님께서 다시 육체로 부활하셨다는 것도 인정할 수가 없었습니다. 그러나 하나님의 진리에서 가장 중요한 것은 하나님이 우리에게 몸을 주셨다는 것입니다. 하나님께서는 우리의 영혼만 구원하시는 것이 아니라 우리의 몸까지 다 구원하

시는 것입니다.

우리에게 놀라운 사실은 우리가 영혼과 육체의 갈등을 겪는 것은 사실이지만 우리가 하나님의 말씀을 배우고 순종할 때 우리 몸은 어마어마한 축복의 도구로 변한다는 사실입니다. 이것을 영지주의자들은 알지 못했습니다. 그들은 우리의 육체가 정욕이나 채우고 죄나 짓는 줄로만 생각하고 부정했는데 우리에게 성령이 임할 때 우리 몸은 하나님께 영광을 돌리는 가장 중요한 수단이 되는 것입니다. 우리에게 몸을 가졌다는 것보다 더 놀라운 축복은 없습니다. 우리는 몸이 있기 때문에 찬양을 하고 몸이 있기 때문에 봉사를 하는 것입니다.

그래서 만일 신자들이 영지주의를 받아들이면 어떻게 될까요?

8절 너희는 스스로 삼가 우리가 일한 것을 잃지 말고 오직 온전한 상을 받으라

영지주의는 하나님의 상을 다 빼앗아가는 신앙입니다. 왜냐하면 우리의 구원은 몸으로 하나님을 찬양하고 영광 돌려드리는 것인데 몸으로는 아무것도 하지 않고 정신만 수도를 하기 때문입니다. 우리가 몸으로 말씀대로 살지 않고 머리만 자꾸 키우면 우리는 상이 없습니다.

그리고 더 심각한 것이 있습니다.

9절 지나쳐 그리스도의 교훈 안에 거하지 아니하는 자는 다 하나님을 모시지 못하되 교훈 안에 거하는 그 사람은 아버지와 아들을 모시느니라

우리의 신앙은 너무 머리로 치우쳐도 안 되고 너무 율법적으로 치우쳐도 안 됩니다. 우리는 말씀과 생활에 균형을 잡아야 하나님을 우리 가

운데 모실 수 있습니다. 너무 신비주의에 치우쳐도 안 되고 너무 율법주의에 치우쳐도 안 됩니다. 우리의 신앙은 정확하게 하나님이 원하시는 거기에 맞추어야 하는 것입니다.

이것이 사실이라면 이 부인이나 영지주의를 가까이 하는 분들은 어떻게 해야 할까요? 영지주의와 성경적인 가르침에 양다리를 걸쳐서는 안 되는 것입니다. 결단을 내려서 영지주의자들의 출입을 막아야 합니다. 그래서 요한은 이런 교훈을 가진 사람들이 집에 왔을 때 집안에 들이지도 말고 인사도 하지 말라고 했습니다. 관계를 완전히 끊어버리라는 것입니다.

10절 누구든지 이 교훈을 가지지 않고 너희에게 나아가거든 그를 집에 들이지도 말고 인사도 하지 말라

어떤 사람들은 이단과 논쟁을 해서 이겨야 한다고 생각하는 분들도 있는데 그것은 공연한 시간 낭비입니다. 왜냐하면 이 세상에 잘못된 확신을 가지는 것보다 더 교만한 것은 없기 때문입니다. 우리는 진리를 알지만 다 안다고 생각하지 않습니다. 우리는 이제 겨우 진리 안에서 눈을 떠서 자라고 있는 중입니다. 그런데 이단들은 자기들이 모든 진리를 다 안다고 생각하기 때문에 끊임없는 궤변을 쏟아 놓을 것입니다. 일반 성도들은 이것을 감당할 수 없습니다. 심지어는 목회자들조차도 모든 이단에 대해서 다 알지는 못합니다. 그래서 이런 자들은 집안에 들여서도 안 되고 심지어는 인사를 해서도 안 된다고 했습니다. 즉 우리 믿는 자들은 거짓된 진리를 믿는 자들과는 일체 교제를 할 생각을 하지 말라는 뜻입니다. 이단은 이미 자신들의 영혼을 잘못된 진리에 바친 것입니다.

요한은 이 정도의 서신으로 이 부인이 충분히 돌아올 것으로 확신했

습니다. 그래서 이제는 얼굴을 대면해서 보자고 말을 하고 있습니다.

12절 내가 너희에게 쓸 것이 많으나 종이와 먹으로 쓰기를 원하지 아니하고 오히려 너희에게 가서 대면하여 말하려 하니 이는 너희 기쁨을 충만하게 하려 함이라

사람들의 성장을 보면 처음부터 끝까지 똑바로 성장하는 사람이 있는가 하면 조금씩 옆으로 가기도 하면서 자라는 사람들도 있습니다. 이때 무조건 권위로 누르는 것보다는 사랑으로 믿어주고 기다려주는 것이 중요합니다. 사랑으로 믿어주고 기다려주는 것이 자신감입니다. 이런 자신감이 잘못된 길로 간 사람을 돌아오게 합니다.

요한은 먼저 편지로 이 부인의 마음을 많이 누그러트린 후에 이제 얼굴을 보자고 합니다. 이번에 얼굴까지 보면 이것은 틀림없이 다시 진리로 하나가 되는 것입니다. 아무리 이단들이 속임수를 쓴다고 해도 진리에서 나오는 사랑보다 더 강할 수는 없습니다.

그런데 여기에 보면 '너희를 대면하여 보겠다'라는 말을 하고 있습니다.

복음을 전하는데 있어서 인격적인 접촉은 대단히 중요합니다. 하나님의 말씀을 전할 때에는 반드시 사람이 나와서 직접 복음을 전해야 합니다. 그러나 어떤 교회에서는 아예 예배를 드리면서 사람은 나오지 않고 비디오를 트는 경우가 있다고 합니다. 이것은 예배에서 옳지 않은 것입니다. 반드시 사람이 나와서 하나님의 말씀을 전해야 하고 특히 이런 이단이나 죄에 빠졌을 때에는 대면해서 바로 권면하고 바로 잡아주어야 하는 것입니다. 우리는 우리에게 주어진 이 진리를 소중하게 지켜야 합니다. 그리고 한 평생 이 진리 안에서 아름다운 삶을 사시기 바랍니다.

JOHN 3

요삼
(1:1-15)

축복의 비결

　우리는 겉으로 볼 때에는 멋있는 것과 실제로 내용이 충실한 것은 다를 때가 많습니다. 저희들이 어렸을 때 무우를 시장에서 사서 가져왔는데 나중에 집에서 반으로 잘라보면 가운데 바람이 들어서 영 먹을 수 없는 것들이 있었습니다. 또 여름에는 수박을 샀는데 겉으로는 너무 크고 맛있게 생겼는데 나중에 수박을 잘라서 먹으려고 하면 너무 익었든지 아니면 너무 익지 않아서 맛이 없는 수박이 있습니다. 또 조심해야 하는 것이 영덕 대게입니다. 영덕 대게라고 해서 큰 놈을 샀는데 어떤 것은 속이 꽉 차서 맛이 있는 대게가 있는가 하면 어떤 것은 겉은 크게 생겼는데 나중에 먹으려고 열어보면 속이 비어있고 검은 물만 나오는 대게도 있는 것입니다.
　이것은 교회나 성도들의 신앙에 있어서도 마찬가지입니다. 어떤 교회나 성도들은 겉으로 보기에는 대단히 화려하고 멋이 있는 것 같은데 실제로 한번 겪어보면 너무나도 형편없는 신앙이 있는가 하면 어떤 교회나 성도들은 겉으로 보기에는 초라하고 보잘것없는 것 같은데 한번 겪어보면 깊이 있고 은혜가 충만한 교회나 성도들이 있는 것입니다.

요한삼서는 장로 요한이 제자이면서도 목회자인 가이오라는 사람에게 보낸 편지입니다. 그런데 이 가이오라는 사람은 그렇게 화려하고 멋진 목회를 하는 사람이 아니었던 것 같습니다. 거기에 비해서 이 요한삼서에 나오는 디오드레베라는 사람은 아주 크고 유명한 목회를 하는 사람이었던 것 같습니다. 요한은 디오드레베라는 사람이 겉으로 보기에는 아주 성공적이고 멋진 목회나 신앙생활을 하는지 모르지만 실제로는 자기밖에 모르는 아주 악하고 못된 사람이라고 지적을 하고 있습니다. 거기에 비해서 비록 큰 사역을 감당하고 있는 것은 아니지만 순회하면서 복음을 전하는 선교사들을 열심히 섬기고 돕는 가이오는 정말 알찬 목회를 하고 있다고 칭찬을 하고 있습니다.

우리가 이 요한삼서를 보면 정말 오늘 현대 도시 교회에서 얼마나 절실한 말씀인가 하는 것을 깨닫게 됩니다. 왜냐하면 오늘 교회들은 목회자들 중에서 교회를 자기 사유물처럼 생각해서 자기밖에 모르는 목회자들도 많이 있기 때문입니다.

축복의 순서

1-2절 장로인 나는 사랑하는 가이오 곧 내가 참으로 사랑하는 자에게 편지하노라 사랑하는 자여 네 영혼이 잘됨 같이 네가 범사에 잘되고 강건하기를 내가 간구하노라

요한이 가이오에게 이 편지를 보낸 것은 어려운 가운데도 순회하면서 복음을 전하는 선교사들을 잘 돕는 가이오를 칭찬하면서 감사하고 또 반대로 최고가 되려고 하면서도 선교사들은 돕지 않고 또 돕지 못하게 방해하는 디오드레베를 책망하기 위한 것이었습니다.

요한은 서두에서 '나는 사랑하는 가이오 곧 내가 참으로 사랑하는 자에게 편지하노라'고 말씀하고 있습니다. 이것은 요한이 가이오를 얼마나 사랑하고 아끼는지 잘 보여주는 말씀입니다.

사람의 눈은 너무나도 예민해서 우리 눈에 작은 티끌만 들어가도 아파서 견디지 못합니다. 그런데 도대체 얼마나 사랑하는 사람이면 그 큰 사람을 눈에 넣어도 아프지가 않을까요? 그것은 자기가 영적으로 키운 자식이기 때문인 것입니다.

우리는 이 세상을 살아가면서 많은 사람들을 만나고 헤어집니다. 그 중에서는 거의 대부분이 같이 있을 때에는 친하게 지나지면 헤어지고 나면 별 볼일 없는 사람들이 많이 있습니다. 그러나 정말 자신에게 하나님의 말씀을 주었고 정말 자신을 사랑으로 낳은 영적인 부모나 자식은 아무리 세월이 흘러도 잊혀지지가 않습니다. 그런 사람은 정말 눈에 넣어도 아프지 않은 사람이고 '사랑하는 가이오 내가 참으로 사랑하는 가이오'가 되는 것입니다.

그래서 진정으로 기독교가 생명을 가지려면 다된 사람을 주워서 키우면 안 됩니다. 그런 사람은 그냥 있을 동안에만 친하고 좋은 것이지 '눈에 넣어도 아프지 않을' 정도로 사랑하는 영적인 자녀는 될 수 없는 것입니다.

그러나 처음부터 하나님의 말씀을 모르는 자들에게 하나님의 말씀을 가르치면 신앙 생활하면서 어려움을 많이 겪습니다. 즉 하나님의 말씀을 잘 알아듣지도 못하고 또 약간의 시험에도 자주 넘어집니다. 그러나 마치 어린 아이가 자라듯이 이들의 신앙도 자라게 되는데 나중에는 너무나도 순수하고 신뢰에 넘치는 신앙의 사람들이 만들어지게 됩니다. 이렇게 해서 생긴 관계는 아무리 시간이 지나고 세상이 변하여도 변하지 않습니다. 그리고 이런 분들의 신앙이 조금씩 자라면서 경험하는 기쁨이라고 하는 것은 이 세상 어느 즐거움과 비교할 수 없습니다. 교회에서 목회를 하려고 하면 이미 다 성장한 사람들을 모아서 목회를 하는 것보다는 이런 새신자들을 가르쳐서 키우는 것이 훨씬 보람이 있습니다. 그러면 서로가 서로를 영원히 잊지를 못합니다.

요한은 가이오에게 이렇게 축복을 합니다.

'사랑하는 자여 네 영혼이 잘됨 같이 네가 범사에 잘되고 강건하기를 내가 간구하노라'

여기서 그 유명한 '삼박자 구원'이 나오게 됩니다. 저는 삼박자 구원을 결코 나쁘게 보지 않습니다. 오히려 이 간단한 성경 구절에서 어떻게 그 엄청난 축복의 교리가 나올 수 있는지 신기할 따름입니다.

요한은 먼저 '사랑하는 자여'라고 부르고 있습니다. 우리 믿는 사람에게 하나님이 주신 최고의 복은 남을 축복할 수 있는 권한이 있다는 사실입니다.

하나님께서는 처음 아브라함을 부르시면서 '너를 축복하는 자에게는 내가 복을 내리고 저를 저주하는 자에게는 내가 저주하겠다'고 말씀하셨습니다. 이것은 다시 말하면 하나님께서 아브라함에게 축복권을 주시는 것입니다. 아브라함에게 축복하는 자를 하나님께서 축복하시고 아브라함이 저주하는 자는 하나님께서 저주하시겠다는 것입니다.

그런데 놀라운 것은 우리가 다른 사람에게 굳이 축복의 말을 하지 않아도 다른 사람에 대하여 좋은 마음만 가지고 있어도 축복이 임할 때가 많은 것입니다. 저는 교회의 다른 청년이나 교인들에 대해서 '저 분은 참으로 사랑받을만한 귀한 분인데 하나님께서 이러이러한 식으로 복을 주셨으면 좋겠다'라고 생각만 했는데도 그것이 그대로 이루어질 때가 많았습니다.

그래서 요한이 가이오에 대하여 '사랑하는 자여'라고 부를 때 이미 가이오는 복을 받고 있는 것입니다. 이것을 볼 때 우리가 다른 사람에 대하여 선한 마음, 축복의 마음을 가지는 것이 얼마나 중요한지 알 수 있습니다.

예수님은 우리가 다른 사람에게 대하여 복을 빌면 그 사람이 복을 받기에 합당하면 그 사람에게 복이 임할 것이고 만일 합당하지 않으면 그 복이 우리 머리에 돌아올 것이라고 하셨습니다.

우리가 다른 사람에 대하여 '사랑하는 자여 네가 정말 하나님의 복을 받기를 원한다'는 마음만 가져도 이미 그 사람은 복을 받고 있는 것입니다.

그런데 요한은 여기서 한 걸음 더 나아가서 가이오의 영혼이 먼저 잘 되기를 축복하고 있습니다. 여기서 우리가 다른 어떤 것보다 영혼이 복을 받는다는 것이 중요합니다. 왜냐하면 우리에게 가장 중요한 곳은 영혼입니다. 즉 영혼은 우리의 내면적인 속사람이며 우리 자신의 가치를 결정하는 가장 중요한 곳입니다. 사람은 영혼이 병들면 인격이 병들고 정신도 이상해지게 됩니다. 그래서 하나님께서는 가장 먼저 우리 속사람을 하나님의 말씀으로 건강하게 하십니다. 그때 우리는 하나님을 알게 되고 하나님의 사랑을 받게 되며 하나님이 주시는 영적인 복을 받을 수 있습니다. 그래서 우리의 영혼이 복을 받을 때 우리는 고상해지고 존귀해지게 됩니다. 이미 사람의 품격 자체가 달라지게 되는 것입니다.

그래서 하나님께서는 우리를 축복하실 때 육체의 병부터 고치시지 않습니다. 혹은 물질적인 복부터 주시지 않으십니다. 왜냐하면 영혼이 고침을 받지 않은 상태에서 다른 것을 아무리 받아도 소용이 없기 때문입니다. 가장 중요한 것은 우리 마음에 은혜가 임하는 것입니다.

그리고 본문에는 바로 '범사에 잘 되고'라고 말씀하고 있습니다. 그러나 사실은 우리 영혼이 고침을 받았다고 해서 바로 범사가 잘 되지는 않습니다. 우리 영혼이 고침을 받았지만 우리의 감정이나 인격에는 아직 문제가 많이 남아 있습니다. 즉 영혼은 고침을 받았지만 아직 상한 감정과 열등감이 남아 있고 성경적인 결함들이 남아 있는 것입니다. 우리가 이런 부분들은 아주 정밀한 치료가 필요합니다. 성형 수술을 할 때 보면 한꺼번에 얼굴을 뜯어고치는 것이 아니라 여러 차례에 걸쳐서 섬세하게 고쳐나갑니다. 우리의 감정 속에는 부모님으로부터 받은 콤플렉스나 성장 과정에서 다른 사람들과 비교되거나 혹은 신체적인 결함이나 실패했던 기억들 등등으로 인한 많은 아픔들이 있습니다. 우리가 이런 것들 하나하나를 치료받지 못한다면 결코 풍성한 삶을 살 수가 없습니다.

옛날에 사람들은 상한 마음을 치료받는 것을 중요하게 생각하지 않았습니다. 그러나 현대에 와서는 심리학의 영향도 있고 또 워낙 사람들의 마음에 많은 병이 드니까 마음의 병에 대하여 관심이 많아지게 되었습니다. 그래서 다윗의 시편을 보면 '상한 마음을 고쳐 달라'는 기도가 꽝장히 많은 것을 볼 수 있습니다. 성경은 이미 오래 전부터 우리 사람의 마음이 병드는 것을 알았고 하나님께서 성령으로 치료하시기를 구하고 있는 것을 볼 수 있습니다. 우리의 신앙 품격은 바로 이 상한 감정이 치료되는데서 오는 것을 보게 됩니다.

그러면서 육체의 병도 치료가 됩니다. '강건하기를 간구하노라'고 했는데 성령 충만하고 기쁨이 충만하니까 그 동안 나를 괴롭게 하던 병들까지 다 치료가 되는 경우가 많이 있습니다. 제 같은 경우에도 저를 고통스럽게 하던 풍치라든지 다른 병들이 모두 다 깨끗하게 다 낳았습니다. 이것이 얼마나 꿈과 같은 일인지 모릅니다. 나중에는 비만까지도 깨끗하게 다 치료가 되었습니다. 그러면서 하나님의 축복이 범사에 나타나기 시작합니다. 하나님께서 가정을 치료해주셔서 아름다운 가정을 이룰 수 있게 하십니다. 좋은 직장을 주셔서 멋진 사회생활도 하게 하십니다. 더욱이 하나님께서 좋은 집도 주시고 좋은 차도 주시고 또 직장에서 승진하게도 하시고 명예도 주셔서 유명하게 하시는 것입니다. 결국 하나님의 치료는 전인적인 치료인 것을 알 수 있습니다. 나중에는 자연도 사랑하게 되고 음악도 좋아하게 되고 하나님이 주신 모든 것을 사랑하게 됩니다.

우리는 모두 다 세계의 최고의 장인의 손에서 만들어지고 있는 도자기와 같습니다. 우리가 일단 하나님의 손에 붙잡혔다면 우리가 발악만 하지 않는 이상 최고로 좋은 작품으로 만들어지게 되어 있습니다. 그래서 우리는 하나님의 손에서 연단을 받으면서 앞으로 하나님이 주실 복을 기대하시기 바랍니다.

축복된 삶의 비결

요한은 가이오에 대하여 가장 감사한 것은 그가 하나님의 진리를 계속 붙잡고 살고 있다는 사실이었습니다.

3-4절 형제들이 와서 네게 있는 진리를 증언하되 네가 진리 안에서 행한다 하니 내가 심히 기뻐하노라 내가 내 자녀들이 진리 안에서 행한다 함을 듣는 것보다 더 기쁜 일이 없도다

여기서 '진리 안에서 행한다'는 것은 오직 성경 말씀만 믿고 하나님의 말씀을 붙들고 살아가는 것을 말합니다. 이것은 우리가 이 세상에서 성공하는 것과는 정반대되는 것입니다. 세상에서 우리가 성공하려면 유능해야 하고 좋은 학벌을 가져야 하고 출세의 기회를 잡아야 합니다. 그러나 우리가 하나님의 복을 받는데는 하나님의 말씀을 붙드는 것이 가장 중요합니다. 하나님은 여호수아가 가나안 땅을 정복하기 전에 '이 율법책을 네 입에서 떠나게 하지 말고 그 가운데 기록한대로 다 지켜 행하라'고 하셨습니다. 이스라엘 백성들이 가나안 땅으로 진격할 때 그들의 무기나 생활 도구는 가나안 사람들에 비하여 수십 년 이상이나 뒤져있는 상태였습니다. 그러나 하나님은 오직 하나님의 말씀만 믿고 나가라고 했습니다. 그 이유는 하나님의 말씀은 창조하는 능력이 있기 때문입니다.

아마도 가이오는 다른 사람들처럼 크고 유명한 성공적인 목회를 하는 사람은 아닌 것 같습니다. 그러나 요한은 형제들로부터 가이오가 오직 하나님의 진리만 붙들고 진리 안에서 행한다는 보고를 받게 되었습니다. 여기서 '진리 안에서 행한다'는 말은 '결코 진리를 벗어나지 않았다' 혹은 '오직 진리만 붙잡았다'는 식으로 이해할 수 있는 말입니다. 가이오는 목회를 하면서 다른 철학이나 윤리가 당시에 유행하던 사조를 일체 추종하거나 따라가지 아니하고 하나님의 복음 진리만 붙잡고 있었습니다.

우리가 이 말을 통하여 이미 이 당시에 '하나님의 진리'가 사람들에게 얼마나 인기가 없었는지를 짐작할 수 있습니다. 이미 이 당시에 성경만 붙잡는 사람은 앞뒤가 꽉 막힌 무식하고 시대에 뒤떨어진 사람으로 취급을 받았던 것입니다. 그러나 가이오는 남들이 어떻게 생각하고 평가하든지 전혀 흔들리지 않고 꿋꿋하게 성경 진리를 붙잡고 있었습니다. 요한은 이것보다 더 기쁜 것이 없다고 말을 했습니다.

하나님의 백성들에게 성경 진리를 붙잡고 사는 것 보다 더 위대한 것은 없습니다. 하나님께서 우리에게 주신 사명은 어떤 일이 있어도 이 성경 진리를 붙잡고 진리의 불을 밝히라는 것입니다.

예를 들어서 바닷가에 등대가 있는데 다른 사람들은 모두 술집에 가서 춤을 추고 놀고 있다고 합시다. 그러나 등대지기는 외롭더라도 등대의 불을 밝혀야 하는 것입니다. 남들이 같이 놀지 않는다고 욕을 한다고 해서 등대를 밝히지 않으면 큰 사고가 나게 됩니다. 하나님은 성경 진리 안에 어마어마한 복을 감추어 놓으셨습니다. 성경은 어마어마한 원유가 들어있는 유전과 같습니다. 목회자는 이것을 파내어서 사람들에게 이 복을 공급해 주어야 합니다. 그러나 땅에서 나는 기름은 검은 기름이지만 성경에서 나는 기름은 하얀 기름 곧 성령의 축복입니다.

교회는 규모만 중요한 것이 아닙니다. 사실은 그 중심이 훨씬 더 중요합니다. 사실 얼마나 많은 교회들이 실제로 하나님의 말씀으로 충만한지는 걱정할 수준인 것입니다. 교회는 크든지 적든지 하나님의 진리로 충만할 때 그들은 충분히 자신의 역할을 다 할 수가 있는 것입니다.

가이오가 두 번째로 잘 한 것은 그가 선교사를 적극적으로 도왔다는 사실입니다.

5절 사랑하는 자여 네가 무엇이든지 형제 곧 나그네 된 자들에게 행하는 것은 신실한 일이니

이 당시에는 복음을 전하기 위해서 나그네 된 자들이 많이 있었습니다. 이 사람들이 사실은 선교사들이었습니다. 이 선교사들은 이방인들에게 복음을 전하면서 이방인들에게 아무것도 받지 못하는 자들이었습니다. 사실 이방인들 중에서 선교사에게 돈을 줘가면서 복음을 들을 사

람들은 아직 아무도 없었던 것입니다. 그래서 결국 교회는 누구든지 복음을 전하는 이런 나그네들이 오면 영접을 해서 먹여주고 재워주고 다음 선교지에서 복음을 전할 돈까지 주는 것이 필요했습니다. 그런데 가이오가 이것을 아주 잘했던 것 같습니다. 즉 아무리 모르는 사람이라 하더라도 복음을 전하는 선교사가 오면 재워주고 먹여주고 여비를 주었던 것입니다.

사도 바울은 이것이야말로 선교에 동참하는 것이라고 했습니다.

8절 그러므로 우리가 이같은 자들을 영접하는 것이 마땅하니 이는 우리로 진리를 위하여 함께 일하는 자가 되게 하려 함이라

요즘은 선교에 있어서도 '가는 선교사' '보내는 선교사'라는 말을 쓰고 있습니다. 즉 직접 선교지에 가서 선교하지 않아도 뒤에서 물질로 후원을 하고 기도하는 것도 선교하는 것입니다.

결국 선교사가 선교할 수 있는 정신적인 힘이나 물질적인 힘은 교회로부터 받아야 합니다. 그래서 교회는 선교사들의 처지에 대하여 깊은 이해가 있어야 합니다. 우리가 이해하지 않고 돕는다는 것은 오래가지도 않고 또 적절하게 도울 수도 없습니다. 우리는 선교사들이 선교 현지에서 어떤 문제를 겪고 있으며 무엇이 필요한지는 자세하게 들을 필요가 있습니다. 이것이 바로 선교를 배우는 것이고 선교는 여기에서부터 실제로 시작이 되는 것입니다.

우리 개신교가 천주교에 비해서 부끄러워해야 할 것은 개신교가 교리 싸움으로 정신을 차리지 못하는 동안에 천주교에서는 예수회를 중심으로 남미 같은 곳에 선교사를 많이 보내서 전도를 한 것입니다. 로마 시대 때에도 보면 아리우스파가 이단으로 정죄가 되는데 아리우스파가

쫓겨나면서 게르만족들에게 가서 그들을 전도하게 됩니다. 그래서 나중에 게르만족들이 로마로 쳐들어오면서 아리우스파가 주도권을 잡게 됩니다. 이것을 보면 결국 선교하고 복음을 전하는 자들이 역사를 쥐게 된다는 것을 배우게 되는 것입니다.

지금 우리나라가 전 세계에 미국 다음으로 많은 선교사를 보내고 있는데 이것은 대단히 잘하는 것입니다. 사실 이것이 한국을 지키고 있는 힘인 것입니다.

디오드레베의 교만과 이기심

우리는 디오드레베가 어떤 사람인지 알지 못하지만 그가 대단히 교만하고 이기적인 자라는 것은 알 수가 있습니다.

9-10절 내가 두어 자를 교회에 썼으나 그들 중에 으뜸되기를 좋아하는 디오드레베가 우리를 맞아들이지 아니하니. 그러므로 내가 가면 그 행한 일을 잊지 아니하리라 그가 악한 말로 우리를 비방하고도 오히려 부족하여 형제들을 맞아들이지도 아니하고 맞아들이고자 하는 자를 금하여 교회에서 내쫓는도다

아마도 디오드레베는 상당히 크고 영향력 있는 목회를 하는 자였던 것 같습니다. 요한은 그에 대하여 '으뜸 되기를 좋아한다'고 했습니다. 아마도 이 사람은 최고가 되려고 하는 야망 같은 것이 강했던 것 같습니다. 요즘으로 치면 추기경이나 총회장같은 자리에 오르려는 정치적인 야망이 강했던 사람이었던 것입니다.

콜린 맥그로우가 쓴 『가시나무새』라는 작품은 호주에서 만들어진 아주 유명한 소설입니다. 거기에 보면 호주 시골에 드브리카사르라는 야심만만한 잘 생긴 젊은 신부가 부임을 하는데 거기에 아주 넓은 땅을 가진 부인의 마음에 들어서 그 땅을 기증을 받아서 교황청에 바치고 이 사람은 나중에 추기경까지 올라가게 됩니다. 그러면서 그 농장에서 자란 매기라는 소녀와 관계를 해서 나중에 아이를 갖게 됩니다. 물론 이것은 소설이지만 종교인이 겉으로는 성스러운체 하지만 실제로는 얼마나 탐욕스러운 이중 인격을 가질 수 있는지 잘 보여주는 작품이라고 생각을 합니다.

디오드레베는 순수한 사람이 아니었습니다. 그가 높은 자리에 올라가려고 하면 교회가 커져야 하고 또 자기 자신도 어느 정도 유명한 사람이 되어야 하니까 그렇게 되기 위해서 자꾸 외모를 키우고 꾸며야 했던 것입니다. 그런데 사람들 중에는 그런 것을 좋아하는 사람들도 상당히 있습니다. 즉 기왕 믿을 바에는 외모도 멋있고 세상적으로도 영향력을 나타내어야 한다는 것입니다. 특히 이런 사람들, 세상적의 권력을 잡은 자들과 손을 잡는 것을 좋아합니다.

디오드레베는 으뜸이 되는 것을 좋아하는 사람이었습니다. 이런 사람들은 성경적이고 복음적인 사람을 별로 좋아하지 않는 것입니다. 그 이유가 무엇일까요? 순수한 하나님의 종들이 자기 눈에는 촌스럽고 융통성 없는 사람처럼 보이기 때문입니다. 디오드레베는 요한이 방문했는데도 영접지 않았다고 했습니다. 그 이유는 요한이 오직 성경만 중요하게 생각하는 사람인데 자기는 이미 성경적이지 않기 때문에 할 이야기가 없었던 것입니다.

요한은 자신이 가게 되면 절대로 디오드레베가 한 것을 용서하지 않겠다고 말씀했습니다. 왜냐하면 그가 잘못한 것이 너무나도 분명했기 때문입니다.

그는 요한과 같은 성경적인 목회자들을 나쁘게 욕을 했습니다. 그리고 그것도 부족해서 교인들에게 선교사들을 돕지 못하게 하고 돕는 자들은 교회에서 내어 쫓는 일을 했기 때문입니다. 그러니까 디오드레베는 복음 증거에는 관심이 없는 사람이었습니다. 오직 자기 자리나 지키고 사람들에게 유명해지는 것밖에 관심이 없는 사람이었습니다.

그러나 아이러니컬하게도 이 세상에서는 가이오 같은 사람보다는 디오드레베같은 사람이 훨씬 더 영향력이 있고 유명한 것이 사실입니다. 그러나 나중에 죽고 나면 디오드레베같은 사람은 전혀 기억도 되지 않고 가이오 같은 참 목자가 교인들의 마음속에 살아서 존경을 받는 것을 보게 됩니다.

그래서 어떻게 보면 목회자도 인기를 따라가는 자는 하루살이같이 금방 나타났다가 없어지는 것 밖에 되지 않습니다. 그러나 교인들을 매일 진리로 꾸준히 먹이는 목자는 끝까지 존경을 받고 교인들의 가슴 속에 살아남아 있게 되는 것입니다. 요한은 가이오에게 디오드레베가 하는 나쁜 것은 본받지 말라고 권면을 하고 있습니다.

11절 사랑하는 자여 악한 것을 본받지 말고 선한 것을 본받으라 선을 행하는 자는 하나님께 속하고 악을 행하는 자는 하나님을 뵈옵지 못하였느니라

가이오는 디오드레베가 워낙 영향력이 있고 유명하기 때문에 혹시 자기가 틀린 것이 아닌가 생각할 수 있었습니다. 그러나 요한은 분명하게 말을 하기를 디오드레베의 악한 것을 본받지 말라는 것입니다. 왜냐하면 이런 식으로 자기 야망을 위해서 나가는 사람은 이미 하나님께 속한 자가 아니기 때문입니다. 하나님께 속한 자의 특징은 겸손한 것입니다. 그리고

그들은 진실하고 야망이나 명성 같은 것을 별로 좋아하지 않습니다.

장로 요한은 가이오에게 오히려 디오드레베 대신에 데메드리오를 본받으라고 말을 하고 있습니다.

12절 데메드리오는 뭇 사람에게도 진리에게서도 증거를 받았으매 우리도 증언하노니 너는 우리의 증언이 참된 줄을 아느니라

아마도 데메드리오는 사도행전 19장에 나오는 은장색 데메드리오는 아닐 것입니다. 사도행전에 나오는 데메드리오는 사도 바울이 에베소에서 복음을 전하자 우상 장사가 되지 않아 사람들을 선동해서 폭동을 일으킨 적이 있었습니다. 아마 여기에 나오는 데메드리오는 이름도 없이 빛도 없이 혼자서 묵묵하게 말씀을 전하고 선교의 사명을 감당하는 목회자였던 것 같습니다. 요한은 이 사람은 진리에도 참된 증거를 받았고 목회도 참 하나님의 말씀대로 하고 있다고 칭찬을 하고 있습니다. 아마 데메드리오는 요한이 자기를 칭찬했다는 말을 들으면 굉장히 힘을 내었을 것입니다.

요즘 우리는 주위에서 잘 나가는 사람들을 본받지 않는 것이 참으로 어렵습니다. 그러나 자기 인기를 위해서 야망을 위해서 목회를 하는 사람은 이미 하나님께 속한 자가 아니라고 말하고 있습니다. 목회자는 가이오같이 남이 알아주지 않더라도 하나님의 진리를 붙잡고 열심히 선교사들을 돕는 사람이어야 하는 것입니다. 우리는 겉으로만 화려하기 보다는 진리 안에서 행하며 실속 있는 교인들이 다 되시기 바랍니다.

J U D E

유 01
(1:1-10)

단번에 얻은 구원

　우리가 이 세상에서 출세를 하는데 밑바닥에서부터 한 걸음씩 꾸준히 올라가서 높은 자리까지 올라가는 방법이 있는가 하면 다른 사람의 도움으로 단숨에 높은 자리에 올라가는 방법도 있을 것입니다. 누군가가 높은 자리에 올라가는데 자기 실력으로 밑에서부터 차근차근하게 올라가면 이미 객관적으로 그의 자격이 인정이 되기 때문에 어느 누구도 문제 삼지 못할 것입니다. 그러나 어느 날 갑자기 아는 사람을 통해서 갑자기 높은 자리에 발탁이 되면 자기 자신도 불안하고 다른 사람들도 이 사람을 그냥 두지 않고 계속 자격을 물고 늘어져서 그 자리에 있지 못하게 할 것입니다.
　밑에서부터 하나씩 하나씩 올라가는 좋은 예가 군대의 계급 제도입니다. 군대는 누구든지 사병은 이병부터 그리고 장교는 소위부터 한 단계씩 올라가게 되어 있습니다. 군대는 아무리 똑똑한 사람이고 대통령의 아들이라 하더라도 단번에 상사가 되거나 대령이 될 수 없습니다. 그러니까 군대에서의 계급은 누구든지 인정을 해주고 본인도 당당할 것입니다.

그런데 우리의 신앙에 있어서 가장 심각한 문제는 우리가 가장 밑의 계급에서 한 단계씩 올라가는 것이 결코 아니라는 사실입니다. 우리는 예수 믿는 즉시 신분이 급상승하게 됩니다. 즉 우리가 예수 믿기 전에는 마귀의 종이고 노예였는데 예수 믿는 순간 천사보다 더 높은 가장 존귀한 자가 됩니다. 이것은 우리 자신들에게도 얼떨떨한 것이고 잘 믿어지지 않는 것입니다. 그리고 사탄도 우리가 한 순간에 변했다는 것을 인정하지 못해서 집요하게 자격을 가지고 문제를 삼게 되는 것입니다.

우리가 성경을 보면 인생 밑바닥에 있다가 한 순간에 최고의 높은 자리로 올라간 사람들이 있습니다. 그 대표적인 사람이 요셉이었습니다. 요셉은 감옥의 노예로 있다가 한 순간에 바로에 의해서 애굽의 총리로 발탁이 됩니다. 그런데 놀라운 것은 요셉이 절대로 불안해하지 않고 오히려 그 총리직을 성공적으로 잘 마쳤다는 것입니다. 그리고 또 한 사람은 페르시아의 왕비가 되었던 에스더였습니다. 에스더는 포로로 끌려간 사람의 딸이었는데 한 순간에 페르시아의 왕비로 발탁이 되었습니다. 에스더도 한순간에 바뀐 자신의 신분에 당황해하지 않고 오히려 민족을 살리는 왕비가 되었습니다. 그래서 우리가 예수 믿고 난 후에 제대로 신앙생활을 하려면 우리의 변화된 신분과 나의 새로운 자아상에 대한 충분한 지식을 가지고 있어야 합니다. 우리가 예수 믿고 난 후에 계속 혼동을 겪는 것이 '도대체 어떻게 해서 나 같은 것이 구원을 받았을까? 그리고 어떻게 나 같은 것이 하나님의 사랑을 받는다고 말할 수 있을까?' 하는 의문이 생기는 것입니다.

그때 우리가 다른 것을 보면 안 되고 오직 성경 말씀을 믿어야 합니다. 그러면 하나님께서 우리를 무조건 사랑하신 것과 우리는 오직 예수를 믿음으로 단번에 하나님의 자녀가 된 사실이 수도 없이 기록이 되어 있습니다. 그러나 우리가 우리 자신을 보면 구원에 자신이 없어지게 됩니다. 예수 믿는다고 하면서도 자주 넘어지고 위선적이고 말씀에 불순종하는 나 자신을 보면 도저히 구원받을 자격이 없는 사람 같습니다. 그러나 우리는 하나님의 은혜와 사랑을 믿어야 합니다. 그렇지 않으면 사탄의 불같은 공격을 감당하지 못할 것입니다. 요즘 국회에서 청문회 하는 것을 보면 공직 후보자들의 사소한 잘못도 캐내어서 공격을 하는데 이것을 잘 감당하지 못하면 그 아까운 자리를 놓치고 엄청난 불명예를 뒤집어쓰게 될 것입니다. 사탄은 우리를 향해서 우리는 결코 그렇게 쉽게 구원을 받을 수 없으며 우리가 구원받으려면 다른 많은 공로를 쌓아야 한다고 말합니다. 즉 우리가 예수만 믿어서는 안 되고 우리 스스로 공을 쌓아야 한다는 것입니다. 그러나 이것은 예수님의 공로와 하나님의 은혜를 부정하는 무서운 시험인 것입니다.

유다서는 예수님의 동생이었던 유다가 쓴 것입니다. 물론 예수님의 제자 중에서도 가룟 유다 외에도 유다가 있었습니다. 그러나 유다서를 쓴 유다는 야고보서를 쓴 야고보의 동생이었습니다. 유다는 예수님이 부활하실 때까지는 예수님을 믿지 않았다가 예수님이 부활하신 후에 예수님을 하나님의 아들로 믿고 크리스천이 되었습니다. 유다가 이 유다서를 쓴 목적은 교회 안에 가만히 들어온 자들이 우리가 예수를 믿음으로 '단번에 얻는 구원'을 부정하게 하는데 이들을 물리치는 것입니다. 즉 이 사람들은 사탄의 사자이고 멸망이 예정된 자들이기 때문에 조금도 그들을 동정하지 말고 물리치라는 뜻입니다.

그런데 유다서를 정작 어렵게 만드는 것은 중간에 두 군데 기록된 모세에 대한 것과 에녹에 대한 기록입니다. 즉 모세의 시체를 두고서 미가엘 천사와 마귀가 싸우는 것과 에녹이 그 당시 사람들의 경건치 않음에 대하여 지적하고 책망한 내용입니다. 이런 내용은 성경에 나오는 내용이 아니고 외경에 있는 내용이기 때문에 학자들은 과연 외경을 인용한 책을 성경으로 볼 수 있느냐 하는 논란이 있었던 것입니다. 그래서 유다서의 정경성은 의문이 많았습니다. 그러나 성경 저자가 성경 외의 글에서 인용을 했다고 정경이 못하는 이유는 없습니다. 특히 유다서가 가르치고 있는 '단번에 얻은 구원'은 너무나도 복음적이며 중요한 교리이기 때문에 충분히 성경의 가치가 있는 것으로 인정받았던 것입니다.

그리스도인의 자아상

유다는 이 서신을 받는 성도들에게 이렇게 인사를 하고 있습니다.

1절 예수 그리스도의 종이요 야고보의 형제인 유다는 부르심을 받은 자 곧 하나님 아버지 안에서 사랑을 얻고 예수 그리스도를 위하여 지키심을 받은 자들에게 편지하노라

사람들에게 있어서 자아상은 참 중요합니다. 왜냐하면 만일 우리가 자신에 대한 자아상이 없다면 이것은 마치 얼굴이 없는 사람과 같아서 도저히 다른 사람과 관계를 맺을 수 없기 때문입니다. 한때 영화중에서 '페이스오프'라고 해서 다른 사람의 얼굴을 떼어서 자기 얼굴에 갖다 붙이는 성형 수술을 하는 영화가 있었습니다. 그런데 얼마 전에 그런 수술이 실제로 성공했다는 신문 기사가 있었습니다. 어떤 사람이 사고로 얼굴이 심하게 손상이 되었는데 죽은 사람의 얼굴을 떼어다가 붙이는데 성공을 한 것입니다. 앞으로는 사람이 죽더라도 자기 얼굴을 잘 지켜야

할 것입니다.

사람들은 모두 얼굴이 있기 때문에 다른 사람들과 떳떳한 관계를 가질 수 있습니다. 그러나 죄를 지은 사람들은 얼굴을 들지 못하고 다른 사람과 떳떳한 관계를 맺을 수 없습니다. 예수 믿는 사람들은 두 개의 자아상을 가지고 있습니다. 하나는 예수 믿기 전에 가지고 있었던 자아상이고 다른 하나는 예수를 믿고 난 후에 새로 갖게 된 자아상입니다. 우리가 옛날에 가졌던 자아상은 이 세상에서 통하던 자아상이고 두 번째 자아상은 하나님 앞에서 통하는 자아상인 것입니다. 그래서 우리는 이 새 자아상 때문에 세상에서 오히려 어려움을 당할 때가 많습니다.

유다는 자기 자신을 소개하면서 '예수 그리스도의 종'이라고 소개하고 있습니다. 유다는 자신을 소개하면서 '예수님이 제 형님 되시는 분이십니다'라고 말하지 않습니다. 유다는 예수님이 부활하시기 전까지는 예수님의 동생이라고 생각을 했습니다. 유다는 다른 형제들과 함께 예수님이 가족들을 돌보지 않고 말씀 전하러 다닐 때 귀신이 들렸다고 해서 예수님을 데리러 간 적도 있었습니다. 그러나 유다는 예수님이 죽음에서 부활하신 후에 예수님이 하나님의 아들이심을 알게 되었고 이것을 결코 육신의 동생과 혼동하지 않았습니다. 유다는 자기가 예수님의 육신의 동생이라는 사실보다는 하나님의 아들의 종이라는 사실이 훨씬 더 가치가 있다는 것을 알게 되었습니다.

예수님은 모친 마리아를 '여자여'라고 불렀습니다. 우리가 인간적으로 생각해보면 이것은 자식이 정신이상이 아닌 이상 불가능한 일입니다. 그러나 예수님은 마리아를 '여자여'라고 부른 것은 예수님이 더 이상 아들이 아니라 신앙의 대상인 것을 의미하는 것입니다. 마리아도 예수님을 믿어야 죄 용서를 받을 수 있었던 것입니다. 유다는 새로운 자아상을 가지게 되었습니다. 옛날에는 자기가 예수님의 동생이었는데 이제는 그의 종이었던 것입니다.

　우리는 이 시대에 과연 내가 누구인지 확실한 자아상을 말할 수 있어야 합니다. 오늘 우리는 자기 자신에게 '나는 과연 누구입니까' 나는 누구입니까? 나는 목사입니까? 나는 신자입니까? 나는 직장인입니까? 나는 실업자입니까? 나는 하나님의 백성입니까? 이것이 오늘 우리에게 가장 어려운 문제입니다. 유다는 자기는 예수 그리스도의 종이라고 했습니다. '종'은 자유가 없습니다. 종은 오직 주인이 하라고 하는 것만 할 수 있습니다. 종은 자기가 하고 싶다고 무엇을 할 수 있는 사람이 아닙니다. 유다는 예수 그리스도의 종으로서 한 평생을 마치는 것을 최고의 자랑으로 생각했습니다.

　로마 시대 때 보면 로마에 노예로 팔려온 자들이 많이 있었습니다. 그 노예들 중에서는 과거에 장군도 있었고 왕자나 공주도 있었고 학자도 있었습니다. 그러나 이런 과거가 노예들에게는 전혀 인정되지 않았습니다. 오직 하나의 노예일 뿐입니다. 그러나 노예들 중에는 자기 주인이 상당한 세도를 가졌을 경우 자기 주인에 대한 자부심을 가졌습니다. 노예들 중에는 주인의 비서 같은 역할을 하는 노예들도 많이 있었습니다. 그래서 외부인들이 주인을 만나려고 하면 이런 노예들을 통해야 가능했던 경우도 있었습니다. 노예는 정말 주인에게 충성을 다 했고 주인을 위해서 욕을 먹었으며 나중에 주인이 죽으면 같이 죽는 노예들도 있었습니다.

　유다는 자기가 예수 그리스도의 종이라는 것을 결코 부끄럽게 생각하지 않았습니다. 그 이유는 이 세상에서 가장 높은 분이 그리스도였기 때문입니다. 그리스도는 그 종들에게 자신의 말씀과 능력을 모두 다 맡겨 주셨습니다. 우리는 종이지만 다른 어느 누구보다 자유롭고 능력이 있는 것입니다. 그리고 종은 주인이 하라고 하는 것만 하면 됩니다. 그 모든 책임은 주인이 다 지십니다. 사실 오늘 우리가 하루하루를 살아가는데 있어서 예수님을 우리 주인으로 삼아야 합니다. 우리는 종이기 때문에 성경대로만 하면 모든 것을 주님이 다 책임져주십니다.

1절을 다시 보면 '부르심을 입은 자 곧 하나님 아버지 안에서 사랑을 얻고 예수 그리스도를 위하여 지키심을 입은 자들에게 편지하노라'고 했습니다.

하나님께서 우리를 부르신 것은 정말 위대한 부르심입니다. 하나님께서 우리를 부르신 것은 그냥 부르신 것이 아니라 엄청난 축복을 주시기 위해서 부르셨습니다. 즉 하나님은 우리를 죄의 구렁텅이에 건져내셔서 천사보다 더 존귀한 하나님의 아들이 되게 하셨습니다. 길거리에서 우리를 부르는 사람들을 많이 봅니다. 어떤 사람은 음식점에 오라고 부르기도 하고 택시를 타고 가라고 부르기도 하고 핸드폰을 '공짜'로 줄 테니까 바꾸라고 부르기도 합니다. 백화점에 가보면 물건을 세일하니까 사 가라고 부르기도 합니다. 그러나 하나님의 부르심은 믿는 그 순간 바로 죄 용서받고 하나님의 자녀가 되는 부르심입니다. 즉 천국의 대바겐세일인 것입니다. 우리는 너무나도 엄청나게 귀한 것을 너무 싸게 사게 되었을 때 혹시 속은 것이 아닐까 의심이 될 때가 있습니다.

사도 바울이 복음을 전할 때에도 유대교인들 중에는 바울이 이방인들에게 인기를 얻으려고 엉터리 복음을 전한다고 공격하는 사람들이 있었습니다. 그 이유는 유대인들이 수천 년 동안 얻으려고 했던 구원을 아무 공로도 없이 이방인들이 단숨에 얻어버렸기 때문입니다.

그래서 하나님이 주신 구원은 그 가치는 너무 어마어마한데 우리는 이것을 거저 공짜로 받았기 때문에 가치를 깨닫지 못하기 쉽습니다. 그래서 하나님께서 우리를 그냥 두시면 우리는 이 엄청난 축복을 빼앗겨 버릴 것입니다. 예를 들어서 한두 살 된 아이가 백만 원짜리 수표를 가지고 놀고 있다면 아마 누구든지 그것을 빼앗아서 가져가려고 할 것입니다. 왜냐하면 아이는 그 수표의 가치를 모르기 때문입니다. 그래서 우리도 이 놀라운 구원의 가치를 모르기 때문에 잘못했다가는 어물어물하는 사이에 이 축복을 사기당하는 수가 있습니다. 그래서 하나님께서는 우리를 위하여 두 가지를 하셨습니다. 하나는 우리를 사랑하셨고 다른 하나는 우리를 지켜주셨습니다. 여기서 우리를 사랑하셨다고 하는 것은 우리가 감정적으로도 하나님의 사랑을 느낄 수 있게 하신 것입니다. 만약 우리가 머리로만 하나님의 구원을 이해한다면 이것이 나의 것으로 실감이 나지 않을 것입니다. 그러나 하나님은 우리가 이 구원을 실제로 느낄 수 있도록 성령을 주시고 실제적인 복을 주셨습니다. 그리고 하나님께서는 우리를 모든 사탄의 공격으로부터 지켜주셨습니다. 이 공격 안에는 속임수도 들어 있을 것입니다. 사탄은 어떻게 해서든지 우리의 구원을 빼앗으려고 할 것입니다. 그러나 하나님은 우리를 지켜주십니다.

여기에 보면 세 가지를 기원하고 있습니다. 이것이 바로 하나님이 우리를 사랑하시고 지키시는 내용인 것입니다.

2절 긍휼과 평강과 사랑이 너희에게 더욱 많을지어다

먼저 하나님은 우리를 긍휼히 여겨주십니다. 긍휼이라는 것은 불쌍히 여기고 동정하는 것을 말합니다. 하나님은 우리의 부족한 것에 대하여 언제나 불쌍히 여겨주십니다. 그래서 우리의 부족한 모든 것을 하나님이 책임져주십니다. 그리고 평강이라는 것은 우리 안에 일어나는 갈등을 이기는 것입니다. 불안을 이기고 두려움을 이기는 것입니다. 우리가 우리 자신을 보면 사랑받을 자격이 없지만 믿음으로 평안할 수 있는 것입니다. 그리고 우리는 다른 사람들까지 사랑할 수 있습니다. 이것은 다른 사람에게 뿜어져 나오는 것입니다.

단번에 주신 구원

본문 3절을 보면 유다서에게 가장 중요한 두 가지 표현이 나타나고 있습니다. 그 하나는 '일반으로 받은 구원'이라는 말이고 다른 하나는 '단번에 주신 믿음의 도'라는 말입니다. 이 두 가지는 같은 것입니다.

> **3절** 사랑하는 자들아 우리가 일반으로 받은 구원에 관하여 내가 너희에게 편지하려는 생각이 간절하던 차에 성도에게 단번에 주신 믿음의 도를 위하여 힘써 싸우라는 편지로 너희를 권하여야 할 필요를 느꼈노니

유다는 우리가 얻은 이 구원에 대하여 성도들에게 편지를 해야 되겠다는 생각이 간절했다고 말하고 있습니다. 그 이유는 우리가 너무나도 갑작스럽게 엄청난 구원을 받았기 때문에 이것을 제대로 감당하지 못하고 있기 때문입니다. 유다는 이것을 위해서 '싸우라'고 말씀합니다. 이것은 대단히 전투적인 표현입니다. 즉 우리가 대충 믿어서는 안 되고 이 진리를 지키기 위해서는 대단히 방어적이면서 투쟁적인 자세를 취해야 하는 것입니다.

아마 누군가가 내가 가지고 있는 전 재산을 빼앗아 가려고 한다면 우리는 싸워서 지켜야 할 것입니다. 우리는 거저 얻은 진리이기 때문에 남의 것 구경하듯이 뻔히 눈뜨고 있다가는 자칫 잘못하면 그 축복을 빼앗길 수가 있습니다. 우리는 이것을 지키기 위해서 싸워야 하는 것입니다.

여기서 '일반으로 받은 구원'이라는 말은 우리 모두 다 똑같은 믿음으로 구원을 받았다는 뜻입니다. 즉 지식이 있는 자나 무식한 자나 자유인이나 노예나 백인이나 흑인이나 남자나 여자 모두 오직 예수를 믿음으로 구원을 받았다는 뜻입니다. 우리가 지금은 이것이 당연하게 생각될

지 몰라도 옛날에는 이것이 엄청난 이야기였습니다. 어떻게 흑인이 백인과 같이 구원받을 수 있으며 어떻게 노예가 자유인과 같이 구원을 받을 수 있습니까? 이것은 그 당시 사람들에게는 상상할 수도 없는 일이었습니다. 그러나 하나님은 모든 인간들을 아무 차별 없이 받아주셨습니다. 이것이 일반으로 얻은 구원입니다.

그러나 사람들 중에는 이것을 인정하지 못하는 사람들이 많이 있었습니다. 즉 결코 똑같이 구원받을 수 없다는 것입니다.

거기에 비해서 '단번에 주신 믿음의 도'를 믿지 못하는 자들도 있었습니다. 이 사람들은 우리가 오직 예수를 믿음으로 단번에 구원받은 것을 믿지 못했습니다. 역시 우리는 무엇인가 구원을 위해서 공로를 쌓아야 하고 남들과 달리 기도를 많이 해야 하고 남들과 다른 체험을 해야 한다고 주장하는 자들이 있었던 것입니다.

우리는 오직 예수를 믿음으로 누구든지 단번에 구원을 받습니다. 여기에 다른 어떤 것도 더 들어와서는 안 되는 것입니다. 유다는 여기서 다른 것이 들어오는 것이 얼마나 위험한 것인지 지적하고 있습니다.

4절 이는 가만히 들어온 사람 몇이 있음이라 그들은 옛적부터 이 판결을 받기로 미리 기록된 자니 경건하지 아니하여 우리 하나님의 은혜를 도리어 방탕한 것으로 바꾸고 홀로 하나이신 주재 곧 우리 주 예수 그리스도를 부인하는 자니라

유다는 이들을 '가만히 들어온 자'라고 말하고 있습니다. 즉 몰래 들어온 스파이인 것입니다. 스파이는 같은 편인 것처럼 해놓고 모든 것을 정반대로 바꾸어버립니다. 즉 나라를 지켜주는 것처럼 하면서 멸망시키는 일을 하고 있는 것입니다. 유다는 이 사람들은 이미 하나님의 심판의 책

에 멸망당하는 자로 이름이 기록되어 있는 자들인 것입니다. 우리는 이 사람들이 이 세상에 할 일이 그렇게 많은데 왜 이런 거짓된 진리로 교회를 해치는 일을 하는지 이해가 되지 않습니다. 그러나 그것이 마귀에게는 가장 중요한 전략인 것입니다. 이 사람들은 겉으로는 경건한 것같이 행동을 하지만 실제로는 경건치 않은 자들입니다. 물론 말하는 것을 보면 굉장히 경건한 것 같은데 실제로는 너무나도 사납고 공격적인 것입니다. 그리고 자기 외에는 일체 다른 사람의 이야기를 들으려고 하지 않습니다. 경건의 가장 중요한 특징이 무엇입니까? 진리 앞에서 겸손한 것입니다. 그러나 복음을 믿지 않는 자는 중심의 변화가 없기 때문에 누구의 말도 듣지 않습니다. 그리고 굉장히 교만합니다. 더욱이 하나님의 은혜를 '방탕한 것'으로 만든다고 했습니다. 여기서 '방탕'이라는 말은 아주 저질스러운 것을 말합니다. 우리가 가끔 사람들이 어떤 우스갯소리를 하는 것을 보면 너무 저질스러워서 도저히 듣고 있을 수 없는 것들이 있습니다. 사람들은 복음을 그렇게 저질스러운 것처럼 만들려고 하는 것입니다.

우리의 구원은 하나님이 행하신 것을 믿고 받아들이는 것인데 자기가 생각한 이상한 짓을 자꾸 하는 것입니다. 이것은 결국 염불을 외우는 것이나 무당 굿하는 것과 다를 바가 없는 것입니다. 결국 가장 심각한 것은 주재이신 예수 그리스도의 십자가 공로를 믿지 못하는 것입니다. 그래서 가장 고상하고 순결한 것은 역시 성경 그대로 믿는 것입니다. 여기에 자기 생각이나 자기 체험이나 환상이 들어갈 때 수준이 올라가는 것이 아니라 형편없이 그 믿는 수준이 떨어져버립니다. 결국 가장 고상한 것은 예수님의 십자가이고 하나님의 값없는 은혜인 것입니다.

하나님이 심판하신 사람들

유다는 성경을 통해서 지금까지 하나님의 확실한 심판을 당한 자들이 어떤 자들인지 보여주고 있습니다.

그 첫째가 모세가 출애굽할 때 모세의 말에 순종치 않던 애굽인들이었습니다.

5절 너희가 본래 모든 사실을 알고 있으나 내가 너희로 다시 생각나게 하고자 하노라 주께서 백성을 애굽에서 구원하여 내시고 후에 믿지 아니하는 자들을 멸하셨으며

애굽인들도 하나님의 말씀을 들었고 하나님의 말씀의 능력을 체험했습니다. 그러나 그들은 그 말씀을 믿지 않고 대적했습니다. 심지어 바로 같은 경우에는 모세에게 개구리가 물러가게 해 달라고 기도까지 부탁했습니다. 그러나 바로는 하나님의 말씀을 끝까지 대적했습니다. 그 이유는 바로 이 값없는 하나님의 은혜를 믿지 못했기 때문입니다. 하나님은 겸손한 자에게 은혜를 주시는 분이십니다. 그리고 말씀 앞에 겸손한 것이 은혜 받는데 가장 중요한 조건입니다.

두 번째는 자기 지위를 지키지 않은 천사 사탄의 멸망입니다.

6절 또 자기 지위를 지키지 아니하고 자기 처소를 떠난 천사들을 큰 날의 심판까지 영원한 결박으로 흑암에 가두셨으며

사탄은 하나님의 존귀한 천사였지만 자기 위치를 지키지 아니하고 하나님의 말씀을 대적했기 때문에 영원한 심판을 받았습니다. 사탄은 지

금도 사람들에게 신의 경지에 오르라고 충동질을 하고 있습니다. 그러나 이것이 바로 멸망하는 길인 것입니다. 우리가 살 수 있는 길은 우리가 피조물인 것을 인정하고 받아들이는 것입니다. 절대로 우리의 위치를 넘어서지 않는 것입니다. 우리의 모든 것에 하나님에게 의존하고 하나님께 영광을 돌려드리는 것입니다. 사탄은 결박당해 있지만 그럼에도 불구하고 활동을 하고 있습니다. 결박당한채 설치고 있기 때문에 무한정으로 능력을 나타내지는 못하지만 그럼에도 불구하고 믿음 없는 자들을 멸망시키기에는 충분한 것입니다. 그러나 우리 믿는 자들에게는 결박당한 천사입니다. 사자는 사자이지만 쇠사슬에 묶인 사자입니다. 그러나 우리는 조심해야 합니다. 왜냐하면 쇠사슬에 결박을 당했지만 우는 사자처럼 쇠사슬을 달고 돌아다니고 있기 때문입니다.

사탄은 하나님의 백성들이 구원받는 것을 영원히 시기하고 질투합니다. 왜냐하면 사탄은 우리가 얼마나 형편없이 타락했던 자들인지 너무나도 잘 알기 때문입니다. 그런데 우리는 영광스러운 하나님의 자녀가 되고 자기는 영원히 지옥의 심판을 받으니까 시기심이 나서 견딜 수가 없는 것입니다. 그래서 할 수만 있으면 단 한 명이라도 지옥에 끌고 가려고 별 수단과 방법을 다 사용할 것입니다. 우리는 단 한명이라도 마귀에게 빼앗겨서는 안 됩니다.

세 번째는 소돔과 고모라 성의 사람들이었습니다.

7절 소돔과 고모라와 그 이웃 도시들도 그들과 같은 행동으로 음란하며 다른 육체를 따라 가다가 영원한 불의 형벌을 받음으로 거울이 되었느니라

소돔과 고모라 사람들은 하나님이 주신 자유를 너무 남용했습니다. 그들은 하나님이 주신 정상적인 남녀 관계를 타락시켰습니다. 그 결과

한 사람도 빼놓지 않고 모두 유황불에 타죽었습니다. 사람들은 사랑은 자유라고 생각합니다. 그러나 사랑만큼 책임이 따르는 것이 없습니다. 하나님은 사랑에 가장 큰 책임을 지우셨습니다. 그러나 소돔과 고모라 사람들은 남녀의 정상적인 관계를 깨트리고 동성애를 했습니다. 또 남의 여자를 밤에 몰려와서 집단적으로 성폭행했습니다. 그 결과가 유황불의 심판이었습니다. 우리 인간들은 자기 나름대로 엄청난 궤변과 이유를 갖다 붙이지만 결국 모든 것은 하나님의 말씀대로 되어지는 것입니다.

그러면서 이 사람들은 모두 꿈꾸는 자들이라고 말을 합니다.

8절 그러한데 꿈꾸는 이 사람들도 그와 같이 육체를 더럽히며 권위를 업신여기며 영광을 비방하는도다

'꿈꾼다'는 것이 무슨 뜻입니까? 성경이 아닌 자기 생각을 가지고 제멋대로 이야기를 해대는 것입니다. 그것은 근거도 없고 자기 경건에도 도움이 되지 않습니다. 오히려 성경의 권위를 부정하며 하나님의 영광을 훼방하는 것 밖에 되지 않습니다. 그래서 자기 방식으로 믿는 것은 너무나도 좋지 못합니다.

10절 이 사람들은 무엇이든지 그 알지 못하는 것을 비방하는도다 또 그들은 이성 없는 짐승 같이 본능으로 아는 그것으로 멸망하느니라

성경대로 믿지 않고 자기 생각이나 체험을 가지고 믿으려고 하는 것은 본능적인 신앙밖에 되지 않습니다. 왜냐하면 사람의 잠재의식 속에는 우리가 알지 못하는 수많은 것들이 들어 있기 때문입니다. 그래서 자

극을 주기에 따라서 상상하지 못했던 이상한 체험들이나 현상들이 나타나게 됩니다. 그러나 그것은 모두 본능 밖에 되지 않습니다. 왜 타종교를 가진 자들이 자기들의 종교를 믿습니까? 그 안에도 나름대로 체험이 있고 신비가 있기 때문입니다. 그러나 이것은 하나님이 주신 응답이 아니고 동물의 본능에 불과한 것입니다. 동물의 본능이 아무리 예민하다 하여도 결국 사냥꾼의 총을 피할 수 없고 함정을 피하지 못하는 것과 같습니다. 우리의 본능이 아무리 예민하다 하여도 성경이 최고로 정확합니다. 성경만이 우리를 살릴 수 있습니다.

여기서 유다는 다시 한 번 사탄을 이기는 방법을 가르쳐줍니다.

9절 천사장 미가엘이 모세의 시체에 관하여 마귀와 다투어 변론할 때에 감히 비방하는 판결을 내리지 못하고 다만 말하되 주께서 너를 꾸짖으시기를 원하노라 하였거늘

모세가 죽었을 때 모세의 시체를 두고서 미가엘 천사와 사탄이 다투었다는 것은 우리에게는 정말 생소한 내용입니다. 하나님께서는 모세의 시체가 이스라엘 백성들의 눈에 뜨이게 될 때 그들이 모세의 시체를 우상 숭배하듯이 할까 우려하신 것 같습니다. 그래서 모세가 죽었을 때 모세의 시체를 아무도 보지 못하게 감추셨습니다. 그런데 사탄이 나타나서 그 시체를 자기에게 달라고 한 것 같습니다. 특히 모세는 살인자였기 때문에 자기가 그 시체를 처리해야 한다고 한 것 같습니다. 그때 미가엘은 사탄을 저주하지는 못하고 '하나님이 너를 책망하실 것이다'라고 하면서 그 요구를 거절한 것입니다.

사탄은 모세의 시체를 가지고 이스라엘 백성들을 시험에 빠트리려고 했던 것 같습니다. 그 당시 이스라엘 백성들은 모세가 아니라 하나님의

말씀을 들고 가나안으로 진격해야 하는데 모세의 시체가 있으면 말씀을 붙잡을 수가 없는 것입니다. 그때 미가엘은 역시 말씀으로 사탄을 책망했습니다.

예수님께서도 마귀의 시험을 받으셨을 때 육체의 혈기로 이기려고 하지 아니하시고 오직 말씀으로 승리하셨습니다. 이것이 그 막강한 마귀를 이기는 비결을 보여주는 것입니다. 우리가 혈기로는 마귀를 이기지 못합니다. 오직 하나님의 말씀을 가지고 선포할 때 마귀는 물러가게 되어 있습니다.

유다는 하나님의 말씀이 이렇게 강력한 것인데 왜 말씀을 물리치고 자기 꿈이나 공상을 믿느냐고 책망하고 있습니다. 우리가 그런 것을 따라가면 이 엄청난 구원을 빼앗길 가능성이 있는 것입니다. 이 구원을 끝까지 지키는 성도들이 다 되시기를 바랍니다.

유 02
(1:11–25)

잘못된 결과

　우리나라에서 처음으로 우주선을 발사하려고 했을 때 과학자들은 엄청난 열의를 가지고 우주선을 만들고 그 안에 최고의 장비들을 넣어서 준비를 했습니다. 그러나 우주선을 우주에 올리려고 하면 발사 기술이 있어야 하는데 우리나라는 러시아 기술의 도움을 받아서 발사할 수밖에 없었습니다. 그러나 두 번씩이나 우주선이 발사한지 얼마 되지 않아서 공중에서 폭발하는 바람에 그 많은 준비와 정성이 헛수고가 되고 말았습니다. 우리가 이런 것을 보면 미국이나 러시아는 사람이 탄 유인 우주선을 달까지 쏘아서 다시 돌아오는데 우리나라는 지구 궤도까지 우주선을 올리는데도 계속 실패하는 것을 보면 기술의 차이가 얼마나 엄청난지 알 수 있습니다. 그러나 미국도 우주선을 발사하면서 실패를 여러 번 해서 한번은 발사한지 얼마 되지 않아서 우주선이 폭발하는 바람에 그 안에 탔던 사람들이 다 죽었던 적도 있었습니다. 우리나라에서는 아직 우주선은 자체적으로 보내지는 못하지만 세계 어느 나라 사람들보다 정확하게 발사할 수 있는 것이 양궁입니다. 우리나라 양궁은 올림픽 경기 때마다 금메달을 휩쓸고 있습니다. 양궁에서 가장 중요한 것은 정확성입니다. 바람이 불어도 절대로 자세가 흔들려서는 안 되고 손이나 다리가 떨려서도 안 됩니다. 양궁 선수는 정확하게 목표를 겨냥을 해서 쏘아야 과녁 한 가운데를 맞출 수가 있는 것입니다. 지난번 올림픽 때에는 우리나라 여자 양궁 선수가 얼마나 정확하게 쏘았던지 과녁 한 가운데 있는 카메라를 쏘아서 깨트릴 정도였습니다.

학문 중에서 가장 정확성을 요하는 학문이 수학일 것입니다. 옛날에 수학 시험 칠 때 많은 학생들이 푸는 공식은 맞는데 계산이 틀려서 점수를 얻지 못하는 경우도 있었습니다. 그러나 수학은 푸는 공식만 맞아서 되는 것이 아니라 계산까지 정확하게 맞아야 하는 것입니다.

오늘 말씀을 보면 우리가 신앙 생활하는데 있어서도 정확해야 한다고 말씀하고 있습니다. 즉 우리의 신앙이 너무 철학적이거나 혹은 감정에 들뜬 것이 아니라 마치 공학적으로 하듯이 정확하게 성경적이어야 오래 가고 능력이 나타날 수 있습니다. 즉 기계라고 하는 것은 거짓말을 하지 않기 때문에 일단 정확하게 맞지 않으면 소리가 나든지 덜거덕거리든지 해서 제 기능이 발휘가 되지 않습니다. 전에 우리나라 자동차를 운전해보면 설계는 훌륭한 것 같은데 부품이라든지 조립 부분이 불완전해서 성능을 제대로 발휘 못할 때가 많이 있었습니다. 그러나 요즘은 그 부분의 기능이 개선되니까 외국에서도 호평을 받고 있습니다 마찬가지로 우리의 신앙이 하나님의 말씀과 정확하게 일치할 때 부흥이 일어나며 능력이 나타나게 됩니다. 그러나 많은 사람들은 우리의 신앙이 은혜스럽고 결과가 좋으면 되는 것이지 굳이 너무 골치 아프게 믿을 필요가 없다고 생각하는 분들도 있습니다. 물론 우리의 신앙이라고 하는 것이 수학

문제를 푸는 것처럼 공식에 딱 맞아떨어지는 것은 아닙니다. 그럼에도 불구하고 우리가 하나님의 말씀대로 믿지 않고 자기 생각이나 자기 열심으로만 믿을 때는 애는 쓰지만 전혀 다른 결과가 나타날 수 있습니다.

우리는 대개 다음 몇 가지로 잘못된 신앙적인 가르침을 생각해볼 수 있습니다.

첫째는 아예 가르침 자체가 비성경적인 경우입니다. 예를 들어서 예수님이 육신으로 온 것을 부정하거나 혹은 예수님이 하나님의 아들이신 것을 부정하는 것은 이단입니다. 이단들에게는 아예 성령의 역사가 없고 믿음 자체가 죽어있습니다. 이단들은 아무리 성경을 배우고 열심을 내어도 그들의 신앙은 살아날 수가 없습니다. 여호와의 증인이나 안식교, 통일교 같은 신앙은 그 자체가 죽은 신앙입니다. 초대 교회 당시에는 영지주의자들의 신앙도 복잡하고 철학적인데 죽은 신앙이었습니다. 이들은 그리스 철학의 영향을 받아서 영적인 지식만 추구했습니다. 그들은 예수님이 육신으로 오신 것과 육체로 부활한 것을 믿지 않았습니다. 이것은 완전히 틀린 것입니다.

거기에 비해서 가르침은 성경적인데 자기 자신은 성경대로 살지 않는 것입니다. 그 대표적인 사람이 민수기에 나오는 발람이라는 사람이었습니다. 발람은 완전히 엉터리 선지자는 아니었습니다. 그런데 발람의 삶은 결코 성경적이 아니었습니다. 만약 발람이 진정으로 하나님을 사랑하는 자였다면 모압왕이 뇌물을 주면서 이스라엘을 저주해 달라고 했을 때 아예 가지 않았을 것입니다. 그러나 발람은 돈을 받고 이스라엘을 저주하기 위해서 가다가 나귀의 책망을 받은 사람입니다. 그리고 발람은 이스라엘을 저주하지는 못했지만 나중에 모압왕에게 미인계를 쓰게 해서 이스라엘을 크게 범죄하게 했습니다. 그러니까 발람같은 사람은 말은 아주 그럴듯하게 하고 설교는 아주 은혜스럽게 하는데 그 마음 중심에서는 돈에 대한 욕심이 가득 차 있는 사람입니다. 사도행전에는 시몬이라는 사람이 베드로에게 돈을 주고 성령을 사려고 했다가 책망을 받습니다. 이런 사람은 겉으로는 성경적인데 실제로는 성경적이지 않았습니다. 예수님은 당시 서기관들에 대하여 말씀하시면서 그들의 가르침은 본받되 그들이 행위를 본받지 말라고 말씀하셨습니다.

또 어떤 사람들은 성경 전체를 가르치지 않고 은혜스럽고 좋은 부분만 골라서 가르치는 것입니다. 즉 이들은 성경에 나오는 죄에 대한 말씀은 가르치지 않고 오직 축복에 대한 말씀만 가르치는 것입니다. 사실 구약의 대부분의 거짓 선지자들이 나쁜 사람들은 아니었습니다. 오히려 그들은 사람이 너무 좋아서 사람들에게 정직하게 설교하지 못했습니다. 예를 들어서 '마지막 잎새'라는 동화에서 아픈 아이를 낫게 하기 위해서 화가가 밤새 창밖에 그린 나뭇잎은 진짜 나뭇잎이 아닙니다. 화가는 그림을 그릴 것이 아니라 아이를 병원에 데리고 가서 수술을 받게 했어야 하는 것입니다. 그러나 그 아이에게 실망을 안겨주지 않기 위해서 화가는 거짓으로 나뭇잎을 그렸습니다. 구약의 거짓 선지자들도 사람들에게 실망을 안겨주기 싫어서 성경대로 죄를 책망하지 못했습니다. 단지 그들은 언제나 사람들에게 듣기 좋은 이야기만 하다가 결국 수술 받을 시기를 놓치고 말았던 것입니다. 오늘날 많은 목회자들은 교인들에게 매주 죄에 대하여 책망을 하지 못할 것입니다. 오히려 교인들에게 희망을 주기 위해서 모든 것이 잘될 것이라고 가르칠 것입니다. 그러나 이런 식으로 진리의 한쪽만 들은 사람들은 결국 자신들의 치명적인 오류를 고치지 못해서 망하고 말았던 것입니다.

그래서 하나님께서는 우리의 신앙이 양궁 선수들같이 정확하게 하나님의 말씀에 일치해야 한다고 말씀하십니다. 즉 성경 가르침 자체가 성경적이어야 할 뿐 아니라 성경이 말하는 것을 정확하게 전부 다 가르쳐야 하고 또 가르치는 자신도 그렇게 살아야 한다는 것입니다.

오늘 성경 말씀은 이렇게 정확하지 못한 가르침이 얼마나 허망한 결과를 만들어내는지 경고하고 있습니다. 만약 미국 나사 본부에서 우주선을 발사를 했는데 정확하지 못하여 엉뚱한 곳으로 발사를 하면 우주선이 폭발을 하든지 아니면 영원히 돌아오지 못하게 될 것입니다. 마찬가지로 정확하게 성경에 뿌리내리지 못한 가르침이나 신앙은 일시적으로는 요란한데 결국은 멸망하고 마는 것입니다.

잘못된 신앙의 길

11절 화 있을진저 이 사람들이여, 가인의 길에 행하였으며 삯을 위하여 발람의 어그러진 길로 몰려 갔으며 고라의 패역을 따라 멸망을 받았도다

성경이 주는 유익은 어떤 사람이 걸어간 것의 결과까지 다 보여주는 것입니다. 우리는 오늘 우리 시대에 유명한 사람들이 결국 마지막에 어떻게 되는지 모르고 따라갈 때가 많습니다. 물론 성경 시대에도 당시 유명하고 성공하는 사람들이 많이 있었지만 성경은 그들의 결과까지 우리에게 보여줄 수 있습니다. 성경에는 한때는 성공적이었지만 결국 잘못된 신앙을 따라가서 멸망에 이른 자들의 예를 보여주고 있습니다.

첫 번째가 가인입니다. 가인은 아담의 아들로서 처음에 부모나 다른 사람들로부터 대단한 기대를 모았던 사람이었습니다. 가인은 기특하게도 하나님께 제사를 드렸습니다. 그러나 자기가 농사를 지어서 추수한 것으로 하나님께 제사를 드렸습니다. 그런데 가인의 제사에는 중요한 한 가지가 빠져 있었습니다. 그것은 바로 피가 없었다는 것입니다.

하나님께서는 가인의 제사가 믿음이 없는 제사라고 판단하셨습니다. 하나님께서는 자기가 기른 양을 잡아서 드린 아벨의 제사를 받으셨습니다. 왜냐하면 아벨의 제사에는 피가 있었기 때문입니다. 가인은 제사 형식은 있었는데 그 안에 가장 중요한 내용이 없었습니다. 결국 가인의 제사는 거부당하고 가인은 제사 드리고 더 은혜가 없어져서 자기 동생을 시기해서 죽여 버렸습니다. 그는 인류 역사상 첫 번째 살인자가 되었습니다. 그리고 가인은 한 평생을 죄의식에 쫓겨서 불안하게 살았습니다.

두 번째는 발람이었습니다. 발람은 하나님의 예언자였습니다. 발람은 이방인으로서 하나님의 성령과 영감이 임하는 아주 귀한 사람이었습니다. 발람은 하나님의 말씀으로 예언을 하고 이스라엘을 축복했습니다. 그러나 발람은 하나님의 말씀대로 행하지 않았습니다. 발람의 말만 들어보면 틀린 것이 아무것도 없습니다. 그러나 발람이 한 행동을 보면 그의 말과는 전혀 달랐습니다. 다시 말해서 발람은 설교는 그럴듯하게 하지만 실제로는 말씀을 믿지 않는 사람이었습니다.

거기에 비하여 고라는 이스라엘의 족장 중 한 사람이었습니다. 그런데 그는 모세만 이스라엘 전체를 이끌어 나가는 것이 불만이었습니다. 즉 우리 모든 이스라엘은 다 똑같은 사람들이고 모세도 인간인데 왜 모세만 이스라엘 백성들을 이끌어야 하느냐 우리 모두 다 똑같이 돌아가면서 지도자가 되자는 것이었습니다. 어떻게 보면 고라는 대단히 민주적인 생각을 가진 자였습니다. 요즘으로 치면 대단히 개혁적인 사람이었는데 평신도나 목회자의 차이가 없다는 식입니다. 고라는 모세에게 왜 당신 말씀만 하나님의 말씀이냐 우리도 똑같은 하나님의 종이라는 것입니다. 그러나 고라의 마음속에는 자기가 최고가 되어야 한다는 교만한 마음이 있었습니다. 결국 고라는 하나님의 성령을 훼방한 사람이 되어서 땅이 갈라지면서 땅 속에 파묻혀 죽임을 당하고 말았습니다.

우리가 이런 것을 볼 때 반드시 사람이 좋다거나 혹은 열정만 있다고 해서 이것이 반드시 하나님의 뜻에 맞는 신앙은 아니라는 것을 알아야 합니다.

우리가 일단 하나님의 뜻에 맞는 신앙을 가지려면 가장 중요한 것이 먼저 하나님의 말씀 앞에 한번 거꾸러지는 체험이 있어야 합니다. 사도 바울 같은 사람이 철저하게 하나님의 뜻에 맞는 사람이 된 것은 그가 다메섹으로 가다가 철저하게 거꾸러진 체험이 있었기 때문입니다. 사도 바울은 다메섹으로 가다가 주님 앞에서 완전히 거꾸러져서 '나는 하나님 앞에 완전히 죄인이고 나에게는 전혀 소망이 없다는 것'을 깨닫게 되었습니다. 그는 예수님을 만난 순간 소경이 되어서 앞을 볼 수 없었는데 실제로는 죽었어야 하는 것이었습니다. 우리가 한번 하나님 앞에서 거꾸러져야 하나님의 말씀에 사로잡힐 수 있고 그 말씀대로 믿을 수가 있습니다. 이때는 내가 하나님의 말씀을 잡고 요리를 하는 것이 아니라 하나님의 말씀이 나를 끌고 가시는 것입니다.

가인이나 발람이나 고라는 모두 다 아직 하나님 앞에서 거꾸러진 체험이 없는 사람들이었습니다. 그러니까 그들이 마음으로는 하나님의 뜻대로 살고 싶었지만 마음속에 있는 욕망이 너무 강해서 결국 욕망의 포로가 될 수밖에 없었습니다. 결국 이 사람들은 자기도 망하고 남들도 망하게 하는 사람이 되었습니다. 그래서 바른 지도자가 되려고 하면 너무 사람이 좋기만 해도 안 됩니다. 오히려 바른 지도자는 다른 사람에 대하여 너무 애정만 있을 수가 없습니다. 왜냐하면 우리는 다 죄인이기 때문입니다. 우리는 사람을 사랑하는 것보다는 하나님께 더 정직해야 하며 그래서 항상 수평적인 관계는 부족하게 됩니다. 우리는 대인관계에서 능숙하지 못할 때가 많습니다. 우리는 다른 사람에게 잘해주기 보다는 내 자신을 하나님의 말씀에 쳐 복종시켜야 합니다.

유다는 정확하게 하나님의 뜻에 맞지 않는 신앙이 어떤 결과를 가져오게 되는지 보여주고 있습니다.

12-13절 그들은 기탄 없이 너희와 함께 먹으니 너희의 애찬에 암초요 자기 몸만 기르는 목자요 바람에 불려가는 물 없는 구름이요 죽고 또 죽어 뿌리까지 뽑힌 열매 없는 가을 나무요 자기 수치의 거품을 뿜는 바다의 거친 물결이요 영원히 예비된 캄캄한 흑암으로 돌아갈 유리하는 별들이라

우선 이들은 성도들과 '기탄 없이 함께 먹는다'고 했습니다. 이것은 이들이 자기 자신은 아주 좋은 신앙을 가진 사람이라고 스스로 믿고 있고 조금도 틀렸다고 생각하지 않는 것입니다. 그러나 그들은 애찬의 암초라고 했습니다. 애찬의 암초라는 말은 의심 없이 식사를 하다가 자기도 모르게 암초에 걸려드는 것을 말합니다. 예를 들어서 우리가 밥을 먹다가 갑자기 돌을 씹어 이빨이 너무나 아플 때가 있습니다. 저는 그런 고통을 몇 번 겪었는데 한번은 음식을 먹다가 무엇인가 이물질이 씹혔는데 그만 이빨이 부러지고 말았습니다. 결국 이 사고 덕분에 찬란한 금이빨을 하게 되었습니다. 그런데 그보다 더 위험했던 것은 대구 요리를 먹다가 저도 모르게 가시가 목에 걸린 것입니다. 그런데 아무리 가시를 삼키려 해도 너무 커서 넘어가지 않았습니다. 아마 그때 가시가 넘어갔더라면 더 위험했을지도 모릅니다. 결국 화장실에 가서 손으로 가시를 끄집어내어서 살게 되었습니다. 그런데 이런 사람들은 애찬의 암초였습니다. 그냥 좋은 분 인줄 알고 식탁의 교제를 나누었는데 나중에 보니까 큰 암초에 부딪쳐서 배가 파선을 당하고 만 것입니다. 즉 이 사람들의 말에 속아서 배를 제대로 조정하지 않았던 것입니다. 이것은 보통 무서운 것이 아닙니다.

우리는 모두 죄인이기 때문에 언제나 잘못될 수 있습니다. 그런데 인도하는 자가 잘못되면 그 영향은 더 크고 치명적입니다. 예를 들어서 버스에 사람들이 잔뜩 타고 가고 있는데 운전자가 술에 취했다면 결국 대형사고가 나게 되는 것입니다. 그래서 우리는 나의 신앙과 교회 전체의 방향을 알아야 합니다. 그리고 제대로 가고 있는지 확인을 해야 합니다.

그러나 이것을 인간의 힘으로는 완전히 다 알 수 없습니다. 또 우리는 우리 스스로를 믿을 수가 없습니다. 그렇기 때문에 철저하게 성경적으로 믿게 되는 것입니다. 그러면 결국 말씀이 우리의 속도를 조절하고 우리의 잘못된 부분은 바로 잡아주는 것입니다.

그런데 이 사람은 자기만 살찌우는 목자라고 했습니다. 선한 목자는 양을 살찌워야 하고 양들을 위해서 자기 자신이 상처를 입어야 하는데 이 목자들은 어떻게 된 경우인지 양은 빼빼 마르고 자기들만 디룩디룩 살이 쪄있는 것입니다. 이런 목자를 만난 양들은 참으로 불쌍합니다. 목자가 해야 할 일은 양들을 푸른 풀밭으로 맑은 시냇물가로 인도하는 것입니다. 그렇게 하기만 하면 양들이 스스로 풀을 뜯어 먹고 살찌게 되어 있습니다.

어떤 교회에서 목사님이 설교는 신통찮게 하면서 교인들에게 자꾸 헌금을 내라고 하니까 어느 교인이 '젖을 주지도 않으면서 자꾸 짜내기만 한다'고 불평을 했습니다. 그리고 '이 사람들은 물이 없는 구름'이라고 했습니다. 오랫동안 날씨가 가물었는데 드디어 구름이 생겼습니다. 사람들은 이제 시원하게 비가 쏟아지겠구나 하고 기대를 했는데 비는 오지 않고 구름은 다른 곳으로 바람에 밀려가고 말았습니다. 어떤 때에는 제법 마른 번개도 치고 천둥도 치는데 비는 한 방울도 오지 않는 경우도 있습니다. 이런 경우 사람들에게 기대만 잔뜩 가지게 하고 아무것도 주지 못하는 것입니다.

그리고 이 사람들은 '죽어서 뿌리까지 뽑힌 열매가 없는 나무'라고 했습니다. 보통 나무는 생명이 오래 가는 법인데 이 나무는 뿌리까지 뽑혔기 때문에 절대로 살 수 없는 마른 나무인 것입니다. 덩치는 크지만 그 안에 생명이 없습니다. 산에 올라가는 사람에게 가장 위험한 것은 번개를 맞아서 죽은 나무를 붙잡는 것입니다. 이런 나무는 힘이 전혀 없기 때문에 붙잡으면 힘이 전혀 없어 뽑히고 맙니다. 이런 사람들은 '바다의 거품같이 자기 수치'를 뿜어냅니다. 바다가 바위에 부딪칠 때 물결이나 거품을 끊임없이 만들어내듯이 이런 사람들은 쉴새 없이 말을 쏟아냅니다. 그러나 그 물로는 전혀 목을 축일 수도 없는 짠 소금물인 것입니다. 이런 웅장한 물보다는 졸졸 흐르더라도 소금기 없는 샘물이 사람들의 목도 축이고 농사도 지을 수 있을 것입니다. 그리고 이들은 '캄캄한데 들어갈 멸망의 별'이라고 했습니다. 가끔 신문을 보면 신성의 대폭발이라고 해서 별이 한번 폭발하고 난 후에는 영원히 없어지는 별들이 있습니다. 이런 별들은 전혀 사람들의 길을 안내하는데 도움을 주지 않습니다. 우주를 공부하는 물리학자들은 우주 공간에 블랙홀이 있는데 모든 것을 다 빨아들이는 공간이어서 빛까지도 흡수한다고 했습니다. 결국 이들에게는 영원한 죽음만 있는 것입니다.

심판의 예고

결국 우리 인간들은 이 세상에 아무렇게나 태어나서 아무렇게나 살아도 되는 것이 아닙니다. 만약 축구장에서 선수들이 아무 규칙도 없이 자기 멋대로 운동을 하면 당장 심판에서 쫓겨나고 말 것입니다.
우리가 이 세상에서 하고 싶은 것도 많고 갖고 싶은 것도 많습니다.

그러나 우리 인간들이 빨리 깨달아야 하는 것은 이 세상을 사는 하나님의 룰을 발견하는 것입니다. 그리고 그 하나님의 법칙대로 한 평생을 사는 사람이 실패하지 않습니다.

아마 사람들이 가장 문란하게 살았을 때가 노아 홍수 전이었습니다. 이때 이미 에녹은 사람들에게 경고를 했습니다.

14-15절 아담의 칠대 손 에녹이 이 사람들에 대하여도 예언하여 이르되 보라 주께서 그 수만의 거룩한 자와 함께 임하셨나니 이는 뭇 사람을 심판하사 모든 경건하지 않은 자가 경건하지 않게 행한 모든 경건하지 않은 일과 또 경건하지 않은 죄인들이 주를 거슬러 한 모든 완악한 말로 말미암아 그들을 정죄하려 하심이라 하였느니라

이 내용은 정식 성경에는 나오지 않는 내용입니다. 아마도 '에녹서'라는 외경에 나오는 내용인 것 같습니다. 아마도 에녹 때 사람들은 굉장히 문란한 생활을 했던 것 같습니다. 에녹 때 사람들은 무차별한 폭력을 휘두르고 또 성적으로 대단히 문란한 생활을 하였습니다. 이때 에녹은 사람들에게 장차 주께서 오셔서 경건하지 않은 모든 것을 다 심판하신다고 했습니다. 즉 경건하지 않은 자들이 경건하지 않게 행한 모든 경건하지 않은 일과 경건하지 않은 말까지 다 심판하신다고 증거한 것입니다. 여기에 보면 '경건하지 않은'이라는 말이 무려 네 번이나 나옵니다. 즉 사람의 방법과 행동과 말이 모두 경건하지 않은 것입니다. 여기서 경건하다는 것은 하나님을 두려워하는 마음으로 자신의 모든 욕망을 통제하는 것입니다. 예수 믿는 사람들에게 가장 큰 스트레스는 하나님이 모든 것을 보고 계시기 때문에 마음대로 죄를 지을 수가 없다는 것입니다. 그러나 이것이 우리가 사는 길입니다. 결국 에녹은 죽음을 보지 않고 하늘

에 올라가고 이 세상은 노아의 심판으로 모두 멸망받게 됩니다. 즉 에녹의 믿음은 죽음을 이길 수 있는 믿음이었습니다. 에녹은 항상 하나님과 동행을 했습니다. 이 말은 에녹은 아무것도 자기 마음대로 하지 못했다는 뜻입니다. 그런데 에녹은 죽음도 이기고 하늘로 올라갔습니다. 그러나 잘나고 똑똑한 사람들은 모두 홍수로 멸망했습니다.

옛날에 어린아이들의 예방주사가 엉터리가 있었습니다. 그 주사를 맞았던 아이들도 다시 그 병에 걸려서 많이 죽게 되었습니다.

지금 우리들은 무제한의 자유와 무제한의 쾌락을 누리고 있습니다. 오늘 이 시대 사람들은 못할 것이 없습니다. 사람들은 일단 돈만 있으면 자기가 원하는 것은 무엇이든지 할 수 있습니다. 그러나 무제한의 자유보다 더 무서운 것은 없습니다. 지혜 있는 자는 모든 자유를 자기 마음대로 다 쓰지 않습니다. 우리는 이 세상에서 누릴 수 있는 많은 행복이나 자유를 포기하고 자신을 진리에 잡아매어야 합니다. 그래야 심판의 태풍이 밀어닥칠 때 살 수 있습니다.

그래서 우리는 신앙 생활하면서 조심을 해야 할 대상들이 있습니다.
그 중에 하나가 시도 때도 없이 원망하고 불평하는 사람들입니다.

16절 이 사람들은 원망하는 자며 불만을 토하는 자며 그 정욕대로 행하는 자라 그 입으로 자랑하는 말을 하며 이익을 위하여 아첨하느니라

원망과 불평을 많이 하는 자들은 멀리 해야 합니다. 정상적인 하나님의 백성들은 감사하게 되어 있기 때문입니다. 늘 감사하는 사람은 아름답습니다. 그러나 늘 불평하고 늘 비판하는 사람은 자기가 최고가 되어야 한다고 생각하는 사람들입니다. 이런 사람들이 하는 말은 맞는 말이 참 많습니다. 그러나 그 중심에는 자기가 모든 것을 다 쥐고 주장하고 싶

가장 위대한 계명

은 교만이 있는 것입니다. 이런 사람들은 마음대로 물리칠 수 없습니다. 대개 이런 교만한 사람들은 우리에게 가시가 될 때가 많습니다. 그러나 기도를 하면 하나님께서 우리를 이런 가시로부터 지켜주십니다.

18-19절 그들이 너희에게 말하기를 마지막 때에 자기의 경건하지 않은 정욕대로 행하며 조롱하는 자들이 있으리라 하였나니 이 사람들은 분열을 일으키는 자며 육에 속한 자며 성령이 없는 자니라

사람들 중에는 생활이 경건하지 않은 자들이 있습니다. 그리고 조롱하는 자들이 있다고 했습니다. 이들은 말을 하는데도 농담이 지나치고 자기가 하고 싶은 대로 다 하는 경건하지 않은 자들입니다. 하나님의 백성들이 타락하지 않으려면 늘 긴장하는 수밖에 없습니다. 우리는 말이나 행동이나 늘 긴장해야 합니다.

바른 성경적 기초위에 신앙을 건축하라

결국 우리의 신앙은 무조건 사람이 좋다고 해서 따라가거나 혹은 열정이 있다고 해서 따라가서는 안 되고 정확한 성경적인 기초위에 세워야 합니다. 그래서 우리는 지나치게 어느 한쪽으로 치우치는 것은 좋지 않습니다.

20-21절 사랑하는 자들아 너희는 너희의 지극히 거룩한 믿음 위에 자신을 세우며 성령으로 기도하며 하나님의 사랑 안에서 자신을 지키며 영생에 이르도록 우리 주 예수 그리스도의 긍휼을 기다리라

우리는 자신을 지극히 거룩한 신앙 위에 세워야 합니다. 여기서 지극히 거룩한 신앙이라고 하는 것은 다른 불순물이라고는 전혀 섞이지 않는 성경적 신앙을 말합니다. 결국 기초가 불순하면 언젠가는 그 위에 세워진 집이 무너지게 되어 있습니다. 사실 신앙은 처음 시작이 중요합니다. 그래서 사도 바울은 디모데에서 말하기를 '네가 뉘게서 배웠으며'라고 말씀하고 있습니다. 결국은 처음 배운 신앙대로 끝까지 가게 되어 있습니다. 처음에 잘못 배웠으면 나중까지도 그 잘못된 부분을 바로 잡는 것이 아주 어렵습니다.

어거스틴은 처음에 그리스 철학에 빠졌다가 나중에는 마니교에 빠지게 되었습니다. 어거스틴의 어머니 모니카는 당시 암브로스 주교를 찾아가서 제발 자기 아들을 좀 권해서 바른 신앙으로 돌아오게 해 달라고 부탁을 합니다. 그때 암브로스 주교는 어거스틴의 어머니에게 '지금은 어거스틴이 마니교에 너무 빠져 있어서 어느 누구의 말도 듣지 않을 것이라'고 충고를 했습니다. 그러면서 유명한 말을 합니다. '눈물의 아들은 결코 망하는 법이 없습니다.' 결국 어거스틴은 바른 신앙으로 돌아오기는 하는데 너무 멀리 돌아서 오게 되었습니다. 그러나 어거스틴은 한번 정신을 차린 후에는 정말 성경적인 신앙으로 돌아왔기 때문에 유명한 신학자가 될 수 있었습니다.

그래서 처음 신앙생활을 시작할 때 바른 목자를 만나는 것이 아주 중요합니다. 바른 목자 밑에서 진정한 부흥을 체험할 때 그 신앙의 불은 죽을 때까지 꺼지지 않고 마음속에 남아 있게 됩니다. 그리고 이 사람은 어디에 가든지 마음속에 불이 있습니다. 그리고 언제든지 바른 말씀을 듣기만 하면 불이 또 일어나게 됩니다.

그런데 가만히 있지 말고 성령으로 기도하라고 했습니다. 이것은 계속 바른 신앙을 사모하라는 뜻입니다. 우리는 가장 중요하게 생각하는 것이 있으면 언제나 사모할 것입니다. 우리는 이 세상에서 가장 사모해야 할 것이 바른 이 순수한 신앙입니다. 왜냐하면 이것이야말로 진정한 우리의 영적인 보물입니다.

그리고 무엇보다 자기 자신을 지키라고 했습니다.

'하나님의 사랑 안에서 자신을 지키며'

바른 하나님의 말씀을 붙든 자는 이미 축복의 길로 들어섰습니다. 우리는 이 길 저 길로 돌아다니지 않고 우리에게 주어진 이 보물만 잘 지키면 부흥은 일어나게 되어 있습니다. 산에서 길을 모르는 자의 특징이 여기저기를 마구 돌아다니는 것입니다. 그러면서 점점 더 깊은 골짜기로 들어갈 때가 많습니다. 그러나 길을 찾은 자는 결코 서두르지 않습니다. 왜냐하면 이 길로 꾸준히 가기만 하면 목적지가 나온다는 것을 알기 때문입니다. 우리가 높은 산에 올라가는 비결은 바른 길을 찾아서 꾸준히 올라가는 것입니다. 그러면 시간이 지난 후에는 상당히 높은 곳까지 올라가 있고 조금만 더 노력을 하면 정상까지 갈 수 있습니다. 그래서 우리는 바른 방향을 잡는 것이 중요한 것입니다. 이미 성경적인 신앙을 가진 자는 이미 하나님의 축복의 길 안에 들어와 있습니다. 우리는 이 길을 따라서 꾸준히 가기만 하면 하나님께서 우리의 길을 인도해 주실 것입니다. 그러나 우리가 불필요하게 욕심을 부리게 되면 오히려 이 신앙을 버리게 되고 크게 손해를 보는 것입니다. 우리가 이 성경적인 신앙 하나만 붙잡고 있어도 대단한 일을 하는 것입니다.

결국 우리가 바른 신앙을 붙들 때 하나님의 특별하신 보호하심이 있습니다.

24절 능히 너희를 보호하사 거침이 없게 하시고 너희로 그 영광 앞에 흠이 없이 기쁨으로 서게 하실 이

　우리가 하나님을 붙들고 나가면 가장 힘이 없는 자 같지만 사실은 가장 강한 자입니다. 왜냐하면 하나님께서 우리가 넘어지지 않도록 지켜 주시고 하나님의 영광 앞에 흠이 없이 즐거움으로 서게 하시기 때문입니다. 하나님 앞에서 이 귀한 축복을 받는 성도들이 다 되시기 바랍니다.